希臘之道

伊迪絲・漢彌爾頓——著
林耀福——譯

by
Edith Hamilton

THE GREEK WAY

目次

推薦序一

古道新義：歷久彌新的《希臘之道》

中央研究院歐美研究所特聘研究員
單德興

參訪西方大博物館的人都會發現，館內有關希臘羅馬神話以及基督教聖經的收藏品琳瑯滿目，美不勝收，令人歎為觀止。若是取下乞靈於這兩大傳統的歷代藝術品，恐怕便只剩下寥寥無幾的物件以及空空洞洞的廳堂與迴廊了。由此可見希臘與希伯來兩大文化在西方世界與人類文明中舉足輕重的地位。如能對源遠流長的文化有更深的認識，不僅有助於了解人類的過去，並可從中汲取知識與經驗，以面對並反思當前的處境。因此許多有心人致力於提倡古典文化，而這些文化傳統也因為學者、作家、譯者不斷地鑽研、詮釋、改寫與翻譯而注入活水，生生不息。在近代英文世界提倡與推廣西方古典文化的有心人士中，本書作者漢彌爾頓（Edith Hamilton, 1867-1963）為佼佼者。

漢彌爾頓生於德國，長於美國，家學淵源，七歲隨父親學習拉丁文，後來又加上希臘文、法文、德文，先後於美國著名的女子文理學院布林瑪爾學院（Bryn Mawr College）取得學士與碩士學位，並獲得獎助金遊學德國，研究西方古典文明。之後返回美國擔任創立不久的布林瑪爾學校（Bryn Mawr School）校長，專門教育有意深造的女子，前後二十六年，一九二二年退休後繼續鑽研古籍，發奮著述，不知老之將至。

在漢彌爾頓的著作中，以《希臘羅馬神話：永恆的諸神、英雄、愛情與冒險故事》（*Mythology: Timeless Tales of Gods and Heroes*, 1942）在華文世界流傳最廣，在臺灣至少是三代的外文系學生必讀之作，中譯本不勝枚舉。筆者於二〇一四年為余淑慧博士的新譯本撰寫推薦序時，特以〈轉世與再生——《希臘羅馬神話》的新譯與新意〉為題，強調經典透過翻譯不斷獲得新生，而此新譯本一再重印，廣為流傳，既印證了古代西方神話對當代華文世界的吸引力，也顯示了翻譯對文學、思想、文化傳播的重要性。

其實，在名聞遐邇的《希臘羅馬神話》問世之前，漢彌爾頓已經出版了《希臘之道》（*The Greek Way*, 1930）、《羅馬之道》（*The Roman Way*, 1932）、《以色列先知》（*The Prophets of Israel*, 1936），並翻譯了《希臘三劇》（*Three Greek Plays*, 1937），由此可見她對西方文明源流的熟悉，以及對希臘文學的重視。之後的作品更顯示了她以弘揚西方古典文明為己任，如《希臘文學的偉大時代》（*The Great Age of Greek Literature*, 1943）、《見證真理：耶穌及其詮釋者》（*Witness to the Truth: Christ and His Interpreters*, 1948）、《上帝的代言人》（*Spokesmen for God*, 1949）、《希臘的回聲》（*Echo of Greece*, 1957），以及與人合編的《柏拉圖對話錄》（*The Collected Dialogues of Plato*, 1961）。

《希臘之道》初試啼聲便表現不凡，為漢彌爾頓早期的成名作，開啟了三十餘年的著述生涯。此書出版至今將近九十年，一直維持著相當高的可見度，根據筆者寓目的資料，此書為美國每月一書俱樂部（Book of the Month Club）一九五七年與一九九一年的選書，去年（二〇一七）由以出版教科書聞名的諾頓出版社（W. W. Norton & Company, Inc.）重新印行，足見為歷久彌新的長銷書。也有出版社將此書與《羅馬之道》合併印行，讀者一卷在手，就能掌握希臘羅馬文化要義。

《希臘之道》共十六章，始於〈東方與西方〉，終於〈現代世界之道〉，兩者均強調人類的均衡發展，如首章在結語時強調：「我們是有靈魂也有肉體、有心靈也有精神的複合體。」末章在結論時指出，雅典融合了「法律與自由、真理與宗教、美與善、客觀與主觀……其結果是平衡與明晰、和諧與完整，這就是希臘這個字所代表的東西」，並斷言當時的雅典為世所僅見，成為後代仰望的對象。其他各章分述心靈與精神、藝術、文學、貴族、歷史、宗教等方面，論及品達、柏拉圖、希羅多德、修昔底德、色諾芬等人，而於文學著墨最多，如詩人品達、喜劇家亞里斯多芬和悲劇家艾斯奇勒斯、索福克里斯、尤瑞皮底斯。由全書對希臘之道的闡釋，可看出作者的衷心推崇，並視其為現代世界的「希望之道」，期盼能為混亂的現世提出解方。

此書以論述的方式闡釋作者心目中的「希臘之道」，其中的微言大義與殷殷期盼值得吾人深自領會。若與已有中譯的《希臘羅馬神話》並讀，相互參照，當能對希臘的文學與文明有更深入、生動的領會。倘能進而閱讀漢彌爾頓其他有關希臘文學與思想以及基督宗教的論述，不僅能對西方思想兩大源頭有一通盤的認識，也會更體認與佩服作者的學養與用心。

有鑒於此書的內容精要，呈現手法深入淺出，很值得引介給華文世界。根據林師耀福教授的回憶，當時應叢書主編顏師元叔教授之邀，於赴美深造前的一九六八年夏天譯出，列為淡江文理學院（今淡江大學）的淡江學術譯叢。也許因為受限於時間、體例或篇幅，未有較長的附文本（paratext）對原作進一步詮解，但由譯者於三處註明中譯未能保持原文韻律，可知態度之誠懇審慎。此中譯本受到知識界矚目，發揮了相當的引介效用。本書收錄的〈古典世界向你召喚〉，為一九七〇年代初的大學生、現今的聯經出版公司發行人林載爵先生所撰，回憶當年閱讀此書，透過作者「全面的視野、優美的文字，在林耀福教授的翻譯下，放射出古典世界的光芒」，有如「一個生動的古典世界開敞了面貌向你迎來」，見證了佳作翻譯對異地異語的讀者可能具有的巨大影響力。

臺灣出版界早年欠缺版權觀念，雖然翻譯了許多著作，後來因智慧財產權觀念之興，於一九九四年著作權法的「六一二大限」之後無法在市面上流通，以致湮沒無聞，其中不乏優秀原著的翻譯，實為華文知識界的重大損失。晚近由於科技發展，閱讀習慣改變，書市面臨重大挑戰，臺灣的出版界步步為營，戒慎恐懼以待。在此之際，聯經出版公司鎖定經過時光淘洗的佳譯，取得版權，在整整半世紀之後再度出版，不僅讓舊譯重獲新生，作者的思想得以廣布，譯者的努力得到肯定，也提供機會使華文世界的廣大讀者透過歷久彌新的作品領會希臘之道，實在功德無量。

二〇一八年六月十四日

臺北南港

推薦序二

古典世界向你召喚

林載爵
聯經出版公司發行人

一九七〇年五月，我在東海大學歷史系一年級的課程即將結束，對於了解古代世界的欲望更行強大。這個世界那麼遙遠又那麼迷人，可是一年級新生所接觸的有限文獻實在無法為這個世界勾勒出一個完整的畫面，只能對自己說：繼續慢慢讀吧。就在這個時候，五月十日，我買到了三月份驚聲文物供應公司出版、由臺大外文系林耀福教授翻譯的《希臘之道》（*The Greek Way*），一個生動的古典世界開敞了面貌向你迎來。

作者伊迪絲・漢彌爾頓（Edith Hamilton）是二十世紀初的古典學者，她在一九三〇年出版了《希臘之道》，兩年後又出版了《羅馬之道》，構成了完整的古典二部曲，成為此後了解古典世界的最佳指引。她消化了所有希臘時代的重要著作，提出最精采的語句，彰顯最核心的思想和精神，敘述最動人的故事，從而組合出一個你可以輕易進入的古典世界。她並且旁徵博引、古今參照，讓這個原本遙遠的世界更顯現其精粹與迷人。

她說，柏拉圖在他的《對話錄》中留給我們一些刻畫生動、至今仍活在他書中的人物。幾乎每一段對話都從最悠閒的氣氛中開始，他們可以安閒地談論著，隨意從一個題目轉到另一個題目，唯一的目的是獲得真理。有一天，蘇格拉底要他的朋友念出一段談話的紀錄，就在「那棵最高的梧桐樹下，那兒有涼蔭、有微風，又有綠草地可供坐臥。充滿著夏日的聲與香，溪水可涼潤雙足，我躺著，你嘛，你自己挑個最適於朗讀的姿勢。」於是他們就在那棵梧桐樹下打發掉一個夏日的早晨，討論著靈魂的性質、美與聖潔的形體並射光芒、何為認真追求生命的人？這是一個溫文爾雅的社會，人們有教養，從容、溫和、態度優雅，需要的東西很少。由無限的活力所調和的智性和優美的格調就是柏拉圖眼中的希臘人的特殊標記。

而蘇格拉底呢？他是一個不管喝了多少酒都不會醉的人。「饗宴」這一篇對話結束時，敘述者承認他們都喝得太多，而當他睡到翌日天亮醒來時，發現除了蘇格拉底和另外兩人，大家都在睡覺。這兩個人還一直在喝，而蘇格拉底則在跟他們爭辯，真正的悲劇藝術家也是真正的喜劇藝術家，這兩個人只好同意，因為他們都已昏昏欲睡，蘇格拉底照顧兩人睡覺之後就離開了。他到學苑洗了個澡，跟平常一樣度過一天。在伊迪絲・漢彌爾頓的敘述下，蘇格拉底簡直是一個遙不可攀的酒聖，這種人只能存在於古典世界。

希羅多德在寫作《歷史》時，總是很簡潔、率直、清晰，他從不批判或指責他人，人類的弱點和容易犯錯的本性只會引起他的同情，他一律以冷靜而公正的態度來看他們。在他的書裡，人總是居於最前端、最重要的地位，他所記載的無數戰役是以人為中心的偉大戲劇場面，而其主要的導因則是人類的傲慢與征服的野心，和他們在極端不利的情況下仍然奮勇保衛他們所珍視的東西的力量。

其後的修昔底德則從一場戰役看出人的原罪。所有戰爭的原動力就是永遠無法滿足的對權力和財富的癖好。是否民主是對的？而由少數人統治多數人是錯的？對修昔底德而言，這類問題毋寧是避重就輕。從來就沒有權力是對的。權力，不論由誰行使，都是罪惡的，都是人類的腐化者。因為造成這些罪惡的原因，便是由貪欲和野心所引起的權力欲。

悲劇更是特別屬於希臘人的成就，他們首先發現悲劇並且把它發展到高峰。在悲劇中，所有人物為我們照明生命的混沌，看出人生與罪惡相結合，不義乃是萬物的本性。

欲望、哀傷與憎恨屬於全人類，並且構成人生永恆不變的典型。人生的主角由「必然」擔任，而「必然」則是愛憎無常。

伊迪絲．漢彌爾頓以全面的視野、優美的文字，在林耀福教授的翻譯下，放射出古典世界的光芒。這本書陪伴了我一九七〇年的夏天，並且讓我對古典世界始終嚮往不已，此後四十餘年也不斷翻閱，書封已將脫落。

（本文原刊於聯合新聞網「讀．書．人專欄」）

序

《希臘之道》的第一個版本是一部尚未完成的作品。其中討論了許多位希臘全盛時期的作家，但有部分值得注意且重要的作家並未被提及。這樣一來，關於希臘思想與藝術成就最輝煌的時代之圖像，便因為遺漏了部分最偉大的思想與藝術成就而顯得不完整。舉例來說，品達被希臘人視為與艾斯奇勒斯水準相當的詩人；兩位歷史學家，希羅多德和修昔底德，仍是世界上首屈一指的歷史學家。確實，若對於希羅多德那種強烈的求知欲與溫暖的仁慈缺乏認知，若不了解修昔底德思想的深度與其憂鬱的輝煌（somber magnificence），就無法對西元前五世紀雅典人智性生活的深度、廣度與輝煌產生真正的感知。

這個版本已經補足了上一版的闕漏。柏里克立斯時代的所有作家都被納入其中。

在撰寫新增章節時，我有一種全新的體悟：過往的這一切可以為混亂的今日帶來慰藉與力量。「讓我們保有寧靜的聖殿，」仙能庫赫（Sénancour）寫道，「因為其中保有永恆的視野。」宗教是永恆的平靜視野的強大堡壘；但還有其他保壘存在。我們擁有許多寧靜的聖殿，讓我們得以在其中獲得一個喘息的空間，從周遭瑣事中將自己釋放出來，超越煩惱與困惑的心緒，去看見穩固的價值，那自私與怯懦的成見所無法動搖的價值，因為這些價值得之不易，是人類永恆的財產。「卓越，」亞里斯多德說，「是人們所戮力追求的。」

當這個世界風雨飄搖，壞事已然發生，更壞的事可能將要發生，如此緊急的狀態致使我們將一切屏除在外，此時我們需要的是去了解人類歷經千古所建立的所有精神堡壘。永恆的視野正被抹滅，除非我們將其喚回，否則我們對當前問題的判斷將發生錯誤。我們只能這麼做，正如蘇格拉底在他死前的最後談話中說：「當我們尋求純潔、永恆與不變的區域時，當靈魂進入該處，它不受妨礙或阻礙，停止繼續錯誤地遊蕩著，看見真實與神聖（這並不是個人看法）。」

上個世紀的一位優秀法國學者，在德國軍隊戰勝占領巴黎時，曾於他任教的法蘭西公學院課堂上簡短扼要地說：

男士們，我們今日在此處相遇，由於我們身處一個自由的國家，一個文學共和國，一個沒有疆界的國家，這裡既沒有法國人也沒有德國人，也不知道什麼偏見或偏狹，在這裡我們只重視一件事，即以各種觀點所呈現的真理。我提議在這一年裡，和各位一起研讀這位偉大的詩人與思想家——哥德——的作品。

多麼地高貴，又多麼地令人平靜。永恆的視野打開了，清晰而沉靜。偏執、憎恨——它們看起來如此虛假而渺小。

「在天涯海角之外」立著一個寧靜的共和國，那是柏拉圖所謂的「心靈公正而不朽的兒童」。今日，我們必須尋求那寧靜的聖殿。在其中，存在一處在思維的清明與平衡上遠較其他地方卓越的所在——古希臘的文學。

希臘及其基石乃
建於戰爭的浪潮之下，
基於清澈的海洋般的
思維及其永恆。

第一章

東方與西方

耶穌誕生之前五百年，有一股新奇的力量在當時文明世界西陲的一個小城醞釀著。那時，當地人的心靈和精神中迸發出某種醒覺，而這一醒覺注定了要產生廣大深遠的影響，使一世紀接著一世紀的漫長歲月，和這漫長歲月所帶來的巨大變化，都無法磨損它遺下的烙印。就在那個時候，雅典進入了她為時雖短但卻光輝絢爛、天縱奇才的盛世，它所塑造的心靈和精神世界，使現代的心靈和精神因而改觀。由於二千四百年前的這一座希臘小城，在一、兩個世紀間的所作所為，使我們今日的思想和感覺因而不同。他們當時在思想和藝術上的成就，至今仍無人能夠超越，也甚少能與它相等的，它的印痕實深深地烙於整個西方世界的思想和藝術之上。不過，這一偉大的成就，竟於諸多古代文明均已衰滅、整個世界都籠罩在「天成的野蠻」（effortless barbarism）之下時出現。在那黑暗暴亂的世界中，充滿白熱的精神力量的一個小據點開始創造。於是，一個與前迥異的全新文明，在雅典誕生了。

是什麼因素促成這一新的發展，希臘人何以有如此偉大的成就？今天，這些問題對我們都具有重大的意義。這不僅是因為我們繼承了部分希臘的精神和智性遺產而無法擺脫它的深遠影響——這一影響，百代以來力量強大，以理性之光和美之優雅感化了北方的蠻族——更由於希臘對我們有更直接的貢獻。希臘實際流傳至今的遺物極少，而且由於關山阻隔，再加上艱難的語言之隔閡，遂使世人認為那些遺物只不過是旅行家和學者們感興趣的物品而已。其實，希臘人的發現，或者毋寧說是希臘人如何發現他們所發現的，以及他們如何從舊世界的廢墟中、從黑暗與混亂中創造出一個新的世界，對今天目睹一個舊世界在一、二十年間被摧毀無遺的我們來說，是充滿意義的。面臨當前的混亂與迷惘，探討希臘人如何獲致思想的清晰、如何肯定其藝術，對我們是頗有裨益的。雖然希臘人所遭逢到的情況和我們所面臨的極不相同，但我們不應該忘記，儘管人類生命的外在情況易變，它的內在情況卻鮮有差異，而我們所無法攻讀完畢的一門學問便是人類的經驗。無論古今，偉大的文學皆為對人心深刻認識的表現；偉大的藝術則是針對外在世界與內在世界間的衝突提出解決之道。就文學與藝術兩者而言，似乎少有所謂進步。

希臘人的成就中，只有一小部分流傳下來，我們無從知道流傳下來的那些是否是最好的。假如我們所見到的確實是他們的最高成就，那就難免令人不解了。因為在當時的大動亂中，並無任何法律足以保證藝術之「適者生存」。但是僅憑機運所保存下來的這一小部分遺物，就足以顯示希臘人在思想和藝術各方面的高度成就了。沒有任何雕刻能與希臘人的相提並論，沒有比他們更優美的建築，沒有勝於他們的文學作品。

至於散文，由於發展較遲，他們才剛剛開始接觸，可是竟也留下了傑作。比修昔底德（Thucydides）更偉大的歷史詮釋家尚待發現；而除了聖經之外，沒有任何更富詩意的散文可以與柏拉圖（Plato）相比。在詩方面他們根本已達顛峰，沒有任何史詩能媲美荷馬（Homer），沒有任何頌歌可望品達（Pindar）之項背；在世界四大悲劇家中，希臘便居有其三。希臘豐富的藝術寶藏只留下些許，雕刻品已破碎損毀，大建築已傾頹，繪畫已永遠失落，而文學作品也所剩無幾。我們現在所有的只是一些斷簡殘篇；事實上，兩千多年來，這些便是這世界所僅有的。但是這一偉大文明毀缺稀少的遺物，一直是人類的挑戰與鼓勵，也是我們今天所最珍視的寶物。今天我們再也不怕我們的世界無法完全體認希臘的天才。希臘的偉大成就已為舉世所公認。

然而，造成這一偉大成就的原因卻未能普遍地獲得了解。時下一般人都好談「希臘奇蹟」，認為希臘天才之燦爛花朵並非來自任何吾人所知的根源。的確，人類學家是忙碌於將我們指引回人類文化，也就是希臘文化發源的原始森林，但是指出種子並未能說明何以會開出那麼燦爛的花朵。在他們所指出的陰暗而遙遠的世紀長廊之另一端的奇異儀式，與希臘悲劇之間，橫亙著一道他們無法幫助我們跨越的鴻溝。解決這一難題最簡單的方法，當然是拒絕跨越這道鴻溝，把希臘悲劇視為奇蹟，從而避免解釋的困擾。但事實上我們似可找出若干理由以說明促使雅典時代成為歷史上最具創造性的時代之智能和精神活動。

希臘人屬於古代世界。不論歷史家對於新舊世界的劃分如何，希臘人都是屬於古代世界。不過他們只屬於古代世界的最後幾世紀，而並沒有在古代世界居一席次的標記。以我們根據史實重建的情形來看，古代世界的每一處均烙著同一標記。在埃及、克里特（Crete）、美索不達米亞（Mesopotamia），在任何有史可徵的地方，我們所看到的情形都一樣；暴君掌政，以其幻想與愛惡為治國的決定因素；一群屈服於暴政之下的悲慘人民，以及一個職司知識活動的龐大教士團。這也就是我們所熟知的今天東方國家的情況。這一情況傳自古代世界，數千年來未曾稍變，只是最近百年來——實際上尚不足百年——它才有象徵性的改變，才做出要向現代世界看齊的姿態。但是促使它採取變革的精神仍是屹立不移的東方精神。此一精神自古代世界以迄於今，始終未曾稍有改變，對一切現代的事物永遠漠然無視。然而這種情況和精神是希臘人所沒有的。希臘人並沒有從與他們同時或較早的文明中發現楷模。他們帶到世界上的是一個嶄新的文明，他們是最早的西方人。西方精神，也就是現代精神，是希臘人所發現的。因此，希臘的席位顯然是在現代世界。

羅馬則不然。羅馬有許多類似古代世界與東方之處；羅馬帝王被敬畏如神，他們以豢養野蠻而恐怖的人民作為最心愛的娛樂——在這一點上，羅馬可以說是古代和東方的再現。不過這並不是說羅馬的精神與東方同出一源。羅馬人是善於處理事物的實際者，對他們而言，東方聖人的思想全是些不著邊際的空話。「真理是什麼？」彼拉多（Pilate）曾不屑地問道。但是羅馬精神與希臘精神也極端不同。當領導世界的地位從希臘轉到羅馬之手時，希臘思想、科學、數學、哲學，以及希臘所特有的對世界之本質和現象的熱心探討，也隨之消失達數世紀之久。假如我們認為整個古典世界都具有同樣的特性，那麼這樣的古典世界就如同神話一般地不真實。雅典與羅馬極少相似之處。區別現代世界與古代世界、劃分東方與西方的，乃是人際事物中的理性至上態度；而這一態度產生於希臘，且在整個古代世界中，也僅存於希臘。希臘人是最早的智識主義者。在一個無理性的世界裡，希臘人是領導擁護理性的中心人物。

我們很難體認出希臘人這一地位的新奇性和重要性。我們生活的這個世界看起來是個合理、可理解的世界，是個充滿著我們所知悉的明確事實的世界。我們發現了若干律則以推動自然界奧祕而偉大的力量，來達成我們的目的，同時我們也致力於加強我們控制世界之外在物質的力量。我們不會想到要質問我們所能理解並能轉為我用的事物之重要性。至於我們之所以抱持這種態度，是因為在我們所具有的許多天賦才能中，我們最常使用理智。我們並不乘著想像的翅膀翱翔於世界之上，也未藉神靈的朗照而深入探研自我的世界。我們觀察發生於我們周遭的事物，根據觀察結果而做推論。我們最主要、最典型的活動為心靈活動。我們的社會奠基於合理的觀念，至於情感經驗和本能知覺，則只有在能以情理解釋得通的情況下，才占有地位。

當我們發現希臘人因運用理智而生活在一合理的世界中，我們便以為他們的成就是順理成章、無庸置疑的事。但事實上，甚至於現在我們的觀點也只能在很小的範圍內才適用。我們的看法就不適於東方的廣土眾民之中，在東方，外在的事物顯得不太重要，真正的賢者對它們根本不屑一顧。對於我們西方人所謂的真實世界之事實的觀察推理，在東方根本不受重視。此一價值觀念係傳自古代，在希臘誕生的那個世界裡，理智所扮演的是個最微不足道的角色；在那個世界裡，一切重要的事物都屬於不可見的領域，只有神靈才能知悉。

在那個領域裡，外在的事實，即一切構成感官世界的事物，僅具有間接的重要性。精神的諸實相是看不到、聽不到，也感覺不到的；它們只能從實地經驗中體認出來。它們是屬於個人的，是無法分享的。藝術家多少能表達一點，但也只是一點而已。最熟知它們的聖者和英雄是能以文字、圖畫或音樂來表達的——假如他們同時也是藝術家的話。即或最了不起的智者也無法憑智力來表達它們。但是，人類中的每一分子都擁有一份精神經驗。

心靈和精神共同創造的東西，使我們與其他動物有所不同；它使一個人認識真理，使他能為真理犧牲。事實上，我們無法嚴格地區分這兩者。用柏拉圖的話來說，這兩者——心靈和精神——從一直把我們往下拉的力量中將我們重提上來；或者就引柏拉圖最愛用的譬喻來說，這兩者於無形中給我們以形象。但是，心靈和精神兩者還是不同的。當聖保羅（St. Paul）在他偉大的界說中提出，看得見的事物是短暫的，而看不見的事物是永恆的，他其實就是在界定、在區分心靈領域和精神領域，前者是理智運用於可見之世界，後者則屬於不可見的世界。

在希臘以前的古代世界裡，不可見的事物逐漸地終於成為唯一具有重要性的事物。希臘所代表的心靈力量崛起於一個逐漸步上精神之路的世界。在希臘史上曾有一度東方與西方會合了——西方所偏重的理性主義和東方的深厚精神傳統結合成一體。我們想一想希臘以前的文明，想一想僅有精神力量而無犀利心靈時的情況，就可看出東西方此一結合的深遠影響，以及其對於創造活動的巨大激勵作用。就這點而言，埃及是個最好的例子，因為埃及所留存下來的典籍最充分，而我們對埃及的認識也遠超過任何文明古國。因此，我們暫且擱下希臘，來看看在古代世界中擁有最偉大文明的這個國家。

在埃及，人們關注的中心在於死者。埃及是當時支配世界的強權，是一個偉大的帝國——但是他們所最關切的竟是死亡。數不盡的人在無數的世紀之中，認為死亡是他們最親近、最熟悉的東西。這種超乎尋常的情況，也只有靠無數以死亡為中心的埃及藝術品才能使它變得可信。對埃及人來說，永久的真實世界並不是他日常生活中所居處的世界，而是死後的世界。

有兩層原因造成這種情況。第一是人們的悲慘境遇。在古代世界裡，一般百姓的境況應是悲慘至極。埃及那些歷經數千年而不朽的偉大建築，乃是人類花了無數苦難和死亡的代價所完成的，而這些代價在當時被認為是毫無價值的。在埃及和尼尼微（Nineveh），就如今日的印度和中國，沒有比人命更微賤的東西了。甚至於富人、貴族和掌理實務的要人，也很少有安全感。有一個埃及貴族的墓誌銘，對這位貴族備加讚美，因為他竟能終其一生沒在縣官面前挨過鞭子。整個人民的生命財產都掌握在一個以其個人意志為法律的君主手中。只要一讀塔西圖斯（Tacitus）關於早期羅馬皇帝暴政的記載，就不難體認出，在古代世界裡，安全一定是最稀有、最難得的一件東西。

在這種情形之下，由於人們在現世尋不到幸福，於是就本能地把希望寄託於冥世。只有在幽冥世界裡，人們才能尋獲安全、和平及樂趣。現世的一切都無法跟冥世相比，也不及冥世真實。運用心靈和推理能力並不能替一個人帶來若干好處，因為這兩者對他所最關切的一件絕頂重要的事——他在來世的地位——並不能提供任何幫助。當生命達到絕望的地步時，它們既不能給予他希望，也不能賦予他力量去忍受無法忍受的苦痛。所以飽受悽慘噩運所折磨的人們並不轉向心靈去求助。並且，埃及人這種自外在真實世界退卻的本能，被埃及祭司這一與死亡並肩奮鬥、敵視心靈的偉大影響力所大大加強。

在希臘之前，知識的領域係由祭司所統治。祭司是埃及的智識階級。他們的力量極為強大，甚至國王都要向其低頭。創立這個強大組織的人們，必定是一些具有了不起的心靈和智力的人，然而他們對於新舊真理的追求探索，其目的不外乎增強他們組織的地位和聲望。但是真理就像一個善妒的情人，她只把自己顯示給最公正無私的追求者，因此，當祭司團的力量增大而任何其他削弱其勢力的意見均不被歡迎時，祭司團一定很快就成為可憐的知性論者，因為他們只能守護古人所發現的真理，而無法自由地運用自己的心靈。

此外，還有另一個同樣無法避免的結果：他們所知的一切必須保密在他們的團體中而不能外洩。教導人民自行思考，無疑是自毀長城。除了他們自己以外，任何人都不能擁有知識，因為無知就會害怕，而在神祕的黑暗當中，一個人絕無法自尋道路。他需要嚮導以權威的口吻來引導他。無知便是教士力量賴以建立的基石。事實上，神祕本身和以神祕為業的人，實在互為表裡、互為因果。教士的力量係建築在神祕的黑暗之上，因此教士必須努力去增加其黑暗，反對任何欲以光明打破黑暗的企圖。古代世界中理智所扮演的卑微角色乃是由一無可抗辯的權威所指定的。而這一權威也以一種不容置疑的絕對權力決定了思想和藝術的範疇。

不過，依然有過一個人敢於對抗這一權威。一個法老（Pharaoh）以他的力量對抗祭司達數年之久，最後終於贏了。阿肯那頓（Akhenaton）法老敢於獨立思考，建立一座城市祀奉唯一的神，並廣為宣傳要崇拜這位神。這件事在表面上看來似乎是指出了祭司團的弱點，但事實上毋寧是恰恰相反。祭司們是非常有學問而且通曉人性的人。他們採取等待政策。那位具有獨立思想的法老在位的時間極短，至於是否是與祭司的鬥爭使他力竭而死，我們不得而知，反正在他死後，他所代表的一切都被消滅無餘。祭司們把持住了他的繼承人，他們把他的名字從石碑上抹掉。他實在沒有真正撼動過祭司的力量。

不管祭司們對某一個專制君主的態度如何，他們從不曾順服於任何專制君主政府之下。他們一直是王權的支持者，但同時也是高於王位的權力。他們的本能總是正確無訛的：人民的不幸就是祭司的機會，那些愚蠢無知、飽受壓迫的悲慘人民就是他們權力的保證。當人們的思想逐漸轉向不可見的世界，而他們手中牢牢掌握住現世之鑰時，他們驚人的強大力量便得到確實的保障。

埃及之後，東方更朝著埃及指出的方向邁進。亞洲的悽慘境遇是歷史上可怕的一頁。亞洲人民否認他們所無法逃避的事物具有任何意義或重要性，並藉此以獲得忍受苦難的力量。埃及那個死人所行走、睡臥和歡宴的世界一變而為一向隱含於埃及世界的象徵之中的精神世界。在印度——數世紀以來她一直是東方的思想領袖——理性世界和精神世界是分立的，而以後者居首要地位。真實——我們耳能聽、眼能見、手能觸摸的生命之言（the Word of life）的真實——被認為是與「世界」無關的虛假之物。一切可以見到、聽到、觸到的，都是模糊而不具實質的，都永在流移，是夢的影子而已；只有屬於精神的東西才是真實的。當生命太悽慘太黑暗而不能忍受時，人類總是以此自我安慰。當現世的生命不能給予任何希望時，人類總會自己找尋避難所。於是他們逃離外在的恐怖，遁入內在的城堡中，在那裡，饑饉瘟疫、兵災戰火都無法加害於他們。哥德

（Goethe）所謂的內在宇宙，即一旦外在世界的紛擾不被視為真實的時候，可依其自己的律法生活，可創造其自己的安全，一切均能自足。

東方就是這樣找到了忍受無法忍受的事物之道，並且幾個世紀以來，不變地朝此道路前進而達到了極點。印度人心目中的真理與外在事實完全分離，他們認為一切外在事物均屬虛幻；真理是屬於內在的。在這樣的一個世界裡，觀察和推理實在沒有立足之地。在這麼一個除精神以外一切均屬虛無的地方，去關注等如幻影的外在事物實在是件愚不可及的事。

在這種情況之下，我們不難理解何以數學會一枝獨秀。數學上的理想世界最不易對生命產生實際的影響，也最不可能闖進神學的領域。純數學飛翔於遠離人類悲慘的地區，祭司也就從不憂慮自由研究數學所產生的影響。在數學的領域裡，心靈可以自由翱翔。柏拉圖曾說：「與埃及人相比，我們只不過是數學上的小學生。」印度對數學也有過不平凡的貢獻。但是只要心靈活動有一處受到限制，則其他能夠自由活動的各方面遲早也會停止活動。今天的印度，精神已完全戰勝了心靈。而在佛教這一印度精神的最偉大產物所盛行的地方，大家便深信現世的一切均屬幻相，研究現世本質的努力純屬徒然。

如同在埃及的祭司一樣，印度僧侶看到了他們的機會。婆羅門（Brahmans）這一僧侶階級和佛教僧侶的力量，巨大無比。印度的情況也構成一個完整的循環：一群把希望寄託於不可見世界的悲慘人民，和一個具有深厚力量的僧團，然後這一僧團因人民相信可見世界的不重要而獲得權力，所以必須設法使人民保持此一信仰。在另一層意義上，這一循環也是完整的：一個在荒郊破屋中過夜的旅人，不會考慮到修屋以防雨漏，同樣地，一群生活於窮困中的人民，以否認現世生活之重要性為樂，也不會想要改善生活。印度人習慣於不可見的世界，以至於可見的世界也變成不可見了。

這就是長久不變地遵行同一路線所導致的結果。我們是有靈魂也有肉體、有心靈也有精神的複合體。當人的注意力集中於一點以致忽略其他，則所產生的乃是發展不全的人類，他們看不到生命和大千世界的另一半。然而就在埃及和早期亞洲文明的古代世界中，當人類逐漸遠離現實時，一個嶄新的世界出現了。希臘誕生，而我們所熟知的世界於焉開始。

第二章

心靈與精神

埃及是河流沖積的肥沃谷地，溫暖而單調，其內是一條和緩的河流，其外是無限的沙漠。希臘則鮮有沃地，到處是峻峭的山嶺，而且冬季酷寒，即使健壯者都要辛勞工作才能維生。但埃及竟屈服、受苦、投向死亡，而希臘卻能奮力抗拒、歡娛、正視生命。因為在這些峻峭的石山中屏障良好的谷地裡，人們可以利用山丘作為防禦而安全地過著和平快樂的生活，一種全新的東西於是出現——生之喜悅首次獲得表現。或許這喜悅首先產生於牧人之中，當他們趕著羊群在野花絢麗的山丘間放牧；或許是產生在航行於碧海之上的水手身上，當他們凝望著波濤在燦爛的陽光下拍擊著迷人的島嶼。無論如何，這一喜悅的痕跡是我們在古代世界的任何地方所不能尋著的，然而在希臘，它卻是最明顯不過的事。

希臘人是世界上最早懂得遊戲的人，而且他們從事大規模的遊戲。在希臘，到處都有各式各樣的遊戲：有各種體育競賽，如賽馬、賽船、賽火炬；有音樂比賽，賽者爭著唱贏對方；有舞蹈比賽，有時在塗油的獸皮上展演雙腳的技巧與身體的平衡；也會比賽在飛奔的馬車上跳進跳出，還有其他數不盡的各種遊戲。這些遊戲都在大家所熟悉的許多雕像中表現出來，諸如擲鐵餅者、駕車者、相撲者，和舞蹈的吹笛者等。

在每年四大競賽舉行的時候，天神特別宣布休戰，以便所有希臘人都能安全無懼地前來參加。運動員的詩人品達所稱的「身手矯捷的青年」角逐著一項最令人羨慕的榮譽。甚至於在戰場上叱吒風雲的將軍都寧願做奧林匹克大會上的勝利者。勝利者的橄欖頭冠與悲劇家的獎品並列。光榮隨侍著他——他是許多遊行、祭典和歡宴的中心人物，最偉大的詩人也滿心喜悅地為他譜寫讚歌。記述雅典衰亡之慘痛時期的一位簡潔嚴厲的歷史家修昔底德，在敘述到他的一個人物在競技會中獲勝時，竟拋開其他事情而專門詳述這段插曲，給予其應有的榮譽。事實上，即使我們對希臘別無所知，即使希臘的文學藝術均未流傳，我們也可從他們對遊戲的熱愛和他們如何輝煌地從事遊戲的事實中獲悉他們生活的情景和他們對生命的看法。

窮困勞苦的人是不玩遊戲的，埃及和美索不達米亞就設想不出任何類似希臘的遊戲。埃及壁畫對埃及人的生活有極精細的記載，假如歡樂和競賽在埃及人的生活中曾經占有任何地位的話，我們必定可以從壁畫中看出來。但事實證明，埃及人並不玩遊戲。「梭倫（Solon），梭倫，你們希臘人全是小孩子。」一個埃及僧侶曾對這位偉大的雅典人這麼說。其實，不論是否是孩子，希臘人的確懂得如何享樂。他們有足夠的精力、精神和時間去享樂，這些光是看他們的遊戲就可以證實。當希臘衰亡，她對生命之謎的見解隨其雕像同被埋葬之時，遊戲也自這世界消失。羅馬人野蠻血腥的競賽與遊戲的精神毫不相關。羅馬人的競賽源自東方而非希臘。遊戲實與希臘俱亡，當它重又復活的時候，其間已相隔好多個世紀。

從生活中尋取歡樂，覺得世界很美、很令人喜愛，是典型的希臘精神，這一精神使希臘異於其先前的任何文明。這是一個極重要的區別。希臘人所留下的一切事物都洋溢著生之喜悅，忽視這一點的人事實上也就是忽視了希臘在古代世界中何以有此成就的最主要原因。由於他們的文學也帶有相當強烈的悲傷，所以這個事實不能一眼就被看出。希臘人完全清楚生命之苦痛，就如他們了解生命的甜美。在希臘文學裡，歡樂與哀傷、狂喜與悲劇攜手並存而未引起矛盾。不知悲者自也無法了解喜為何物。心靈灰暗沮喪的人無法快樂，就如同他們無法感受深沉的痛苦。希臘人不是沮喪的犧牲品，希臘文學也不帶沮喪的色彩。希臘文學的色彩是大黑大白，或者是大黑大紅和金黃。

希臘人深知生命的無常和死亡的迫近，他們一再強調人類努力的徒然，和一切美好而令人喜悅的事物之易逝。故而品達歌頌競技大會的勝利者之餘，依然認為生命只是「幻影之夢」。但是，即使在最悲慘的時刻，他們也未曾失去對生命的喜愛。對他們來說，生命總是一件奇妙的事，令人喜悅的事；世界是個洋溢著美的地方，而他們歡樂地生活於其中。

可資參證這一態度的例子多得難以取捨。事實上，我們可以引用希臘所有的詩句，甚或是悲劇裡的詩。每一首詩都燃燒著生命之火，而無一希臘詩人不藉這火焰暖其雙手。我們時常發現，在一齣悲劇中，詠唱團忽然唱出一首歡樂之歌。

索福克里斯（Sophocles）是三大悲劇家裡最清醒嚴厲的一位，但是他在《安蒂岡妮》（*Antigone*）中，這樣地歌頌著酒神：「群星，那以火為氣息的群星，在運行之中與他同樂。」或《埃傑克斯》（*Ajax*）中「因狂喜而激動，乘歌娛之翼以高飛，」他大叫著，「潘（Pan），啊，潘，海洋之遊蕩者，來吧，因我現在也要歡舞。啊，歡樂！」或者在《伊底帕斯王在柯羅納斯》（*Oedipus at Colonus*）裡頭，悲劇忽被擱置一旁，因詩人喜愛戶外景色，喜愛夜鶯清脆的歌聲、雪白的浪濤、絢麗的水仙和鮮豔的番紅花，那是「繆思和手執金馬轡的阿芙蘿黛蒂（Aphrodite）特別喜愛的」。

像這樣的章句不斷出現，揭掉悲劇之黑幕，帶來充實的生之喜悅。不過這並非詩人藉對比來加強悲劇效果的技巧，而是詩人們情感的自然流露。雖然他們是悲劇家，但他們更是希臘人，他們激動地領略出生命之奇妙與美好，於是不禁要歌頌讚美。

日常生活裡的小情趣，他們也覺得是濃郁的。荷馬說：「宴會、琴聲、歌舞、更衣、淋浴、愛情和睡眠永遠為我們所喜愛。」在早期抒情詩裡，諸如飲宴、朋友相聚等，都被描述成無與倫比的賞心樂事；或如冬夜圍爐，「值風雨吹襲之冬季，餐後移軟榻於火旁，杯中盛蜜甜美酒，肘旁置瓜豆之物」；又如春日抽暇漫步於「忍冬與白楊的芬芳之中，當梧桐與榆樹低語之時」；再如宴會時刻，「穿梭於歡宴人群之中，讓心靈盡享青春，輕彈巧弄豎琴於賢明的市民之前」等等，都是前人不知後人不曉的樂趣。難怪他們會創造出活潑、輕狂、充滿活力與朝氣的喜劇。在埃及的是墳墓，在希臘的是劇院——這兩者之出現於這兩地都是極其自然的現象。而且，耶穌誕生之前五世紀在雅典產生的變化也是同樣自然的現象。

「在生活給予的範圍內，以最卓越的方式展現自己的力量。」是希臘人對幸福所下的一個古老定義。這一洋溢著生之力的觀念貫穿整個希臘歷史。它引導希臘人走向許多未曾被嘗試過的道路，但它絕不指向威權和屈服之路。一個體力充沛、精神旺盛的民族不會輕易服從，而山嶺中的勁風也著實不利於暴君。在一個沒有崇山峻嶺以藏匿叛徒、以激勵人民過險難生活的地方，屈服於君主的奴隸觀念才會獲得伸展。在希臘崛起時，其境內沒有任何古代帝國的痕跡。擁有絕對權力的神聖不可侵犯的統治者，如埃及的法老和美索不達米亞的國王祭司，在希臘都不存在。希臘歷史上雖曾有過一個「暴君時代」，但不久便被希臘人民所推翻。自始至終存在於古代世界裡，也存在於與希臘同時的亞洲國家達好幾個世紀的對王權的卑微臣服，很輕易地就被希臘人擺脫掉了，流傳至今的只不過是這一鬥爭的一個輕微的回音而已。

在《波斯人》（*The Persians*）這齣慶祝擊敗波斯人於薩拉米斯（Salamis）的劇本裡，艾斯奇勒斯（Aeschylus）多次提到希臘和東方生活方式之間的差異。曾經有人告訴波斯王后，希臘人是以自由人之身分作戰，以保衛他們所珍視的一切。王后問道，難道他們沒有主人？被問者答沒有，因為希臘人之間無主僕之分。希羅多德（Herodotus）在他的文章裡更進一步說：「他們只服從法律。」這是個全新的觀念，自由從此誕生。從最早的部落時期開始，蔑視個人的觀念即已流傳下來，而盛行於古代世界；可是，在希臘，取而代之的是個人自由的觀念，因此希臘人能憑其自由意志起而抵禦外侮、捍衛國家。顯然，這一變遷不是僅由高昂的精神和充沛的精力所造就，而是另有其他因素。同時，在希臘的孕育下，人類正開始為自己而思考。

希臘最早的哲學名言之一，是安納薩哥拉斯（Anaxagoras）所說的：「在心靈起而創造秩序之前，萬物均在混沌之中。」在古代世界裡，一切均由無理性、可怕而不可知的力量所統治，人類完全屈服於他所不能了解的權威之下。就在這樣的一個世界裡，希臘崛起了，而理性之治也隨之開始。古代的教士說：「到此為止，我們限制思想的範圍。」希臘人則說：「萬事萬物都應審視窮究，思想並無範圍限制。」當我們從文物上實際去了解希臘時，我們尋覓不到在古代世界中不可一世的祭司們控制希臘人心靈的任何痕跡，這實在是一件超乎尋常的事。

無論在希臘歷史或文學裡，祭司均不占任何地位。在《伊里亞德》（*Iliad*）裡，祭司偶而下令釋放俘虜以平息神怒或瘟疫，而人民因瘟疫的關係總算勉強應命，但這是祭司唯一的出場機會。特洛伊戰爭（The Trojan War）係由人神並肩作戰，並無祭司居於其間。在悲劇中偶而有一、兩個預言者出現，但他們的出現總帶來噩運而非吉祥。早在柏拉圖之前一百年，艾斯奇勒斯便在他的劇本《阿格曼儂》（*Agamemnon*）裡正中鵠的批評祭司們行使的黑暗力量。他這麼說道：

說真的，那些
預言者又給人帶來什麼好處？
巧言巧語者，你們只令
凶邪傳播信息。
先知總是帶來

恐怖，叫人害怕。

當然由此也可導出結論說，祭司或預言家實際上行使過這種威力，不過當詩人對著廣大的觀眾，包括坐在前排的最重要祭司，說出這些話時，他所得到的絕不是觀眾的非議，而是他們最大的同情讚許。希臘人對祭司權力的嚴格限制是最明顯不過、也是最令人驚異的事。的確，希臘有不少祭司、祭壇和廟宇，而且在發生大眾危難的時候，即使在雅典，褻瀆宗教儀典也會引起迷信與公憤，但是，希臘祭司到底還是居於背景的地位。廟宇和祭典是他們的職守，此外無他。

希臘人向來把宗教和其他與自己有切身關係的事物分開。他不會向一位祭司請求指引或忠告。如果他想知道如何養育孩子或認識真理，他會去找蘇格拉底（Socrates），或者著名的詭辯家普羅塔哥拉斯（Protagoras），或者是一位有學問的文法學家。他絕不會想到要去請教祭司。祭司只能告訴他祭典的正確時間和儀式，因為這是他們唯一能做的事。

柏拉圖老年時，以一種反抗自己早期革命性見解的精神寫成《法律篇》（*Laws*），在書中討論宗教的整個談話中，沒有一次涉及祭司。有待指出的一點是，《法律篇》並不是為「共和國」那種理想國度撰寫的，而是一篇切合當時希臘人的觀念與情感的著作。在談話裡，主要的發言者是一個雅典人，每逢他提出一項革新的意見時，總會遭到另外兩個參與談話者的批評。但是他們對以下這項建議竟然不感驚奇也無異議：凡是對神或祭典或神諭不敬的人，應該受到執政委員會的規誡，以便「與他們談談增進他們靈魂健全的問題」。這三個談話者竟絲毫未提到祭司在這種情況下能提供任何幫助。此外，「在一個人因不敬神明而被起訴之前，執法者應先查明被告是否執意犯錯，抑或出於輕率的兒戲。」這很明顯地指出，在與希臘公民的生活和自由有關的事情上，祭司不應有權過問。在辯論的終結，他們簡單扼要地指明祭司的職責範圍：「當一個人要對神有所奉獻時，就讓他把祭品交給男女祭司去辦吧，因為管理祭祠是他們的職責。」這就是三位談話者認為祭司在宗教裡所應扮演的全部角色了，而事實上除了宗教以外祭司也別無天地。

更值得注意的是，雅典人將那些「自稱能召喚死者，並能以祭品與祈禱賄賂神的人」視為「怪物」；換句話說，也就是那些利用魔術、企圖以某些今日最文明的世界也熟知的方法來幸邀天眷的人。

無疑地，預言，尤其是德爾菲（Delphi）的預言，在希臘產生很大的作用，但是我們今天所看到的預言中，沒有一則具有眾所熟悉的祭司印跡。當波斯入侵時，雅典曾求教於德爾菲的女祭司，結果德爾菲並未要求雅典舉行百年大祭或奉獻任何珍寶，德爾菲的預言曉諭雅典以木牆防守。這實在是極具塵世智慧的忠告，至少據特密斯托克利斯（Themistocles）的詮釋看來是如此。又當呂底亞（Lydia）的有錢國王克羅伊索斯（Croesus）派人帶了豪華的禮物到德爾菲去求示他是否能在一場對付波斯的戰爭中獲勝時，相信除了希臘祭司以外的其他各地教士，都會藉機暗示只要貢獻越豐厚，勝利的把握就越大，以達其中飽教堂的目的。然而希臘的至聖神堂只回答說，打這場戰爭會毀滅一個帝國。結果遭毀滅的就是克羅伊索斯自己的帝國。就如德爾菲的女祭司所指出的，她不能為他的欠缺智能負責，而且很明顯地在預言裡並沒有任何暗示說他要是貢獻更多，事情就有轉機。據柏拉圖所說，顯著地刻在德爾菲神壇的兩個句子，一看就知道跟希臘以外的其他地方之聖壇上的字句完全不同。德爾菲祭壇上的第一句是「知己」，第二句是「中庸」，這兩句都很明白地不帶有世界各地教士用語之痕跡。

正活動於世界上的是一股新生的力量，一股最具騷動性的力量。「當上帝放出一個思想家到地球上時，一切便騷亂起來。」在希臘，思想家便是如此被縱放出來。希臘人是知識主義者，他們熱愛運用心靈，甚至於他們對語言的使用也充分顯示出這點來。英語的「學校」（school）一字便是源自希臘文的「閒暇」。希臘人如此想道：只要給予一個人閒暇，他當然就會利用它來思考，來發掘事物的真理。對於希臘人來說，閒暇和追求知識是不可分的。在我們耳中聽起來，哲學即使不陰鬱也至少會含有嚴肅的意味。英語的「哲學」（Philosophy）一詞也來自希臘文，但在原文裡並不含有這一意味。希臘人所謂的哲學只是努力去理解事物，因此他們很恰當地稱之為「**愛**智」：

神妙的哲學多麼迷人——

在古代世界裡，醫治疾病的人是魔術師，是深通神祕儀式的教士。但希臘人稱治病者為醫生，其含意為精曉自然之道的人。這就是希臘心靈傾向的簡明例證，它擺脫古代，趨向現代。深通自然之道表示一個人必須要觀察外在事實並據以推理，他要運用他的心智力量，更深地投入世界之中，而不是逃離世界。對希臘人而言，外在世界不僅是真實的，而且是有趣的。他們全神貫注地注視著它，而心靈也同時配合著活動。其實這就是科學方法。希臘人是最早的科學家，而一切科學都源自他們。

幾乎在每一個思想部門，「他們都創立了不可或缺的開端。」這句話的含意要比字面上所顯現的深刻得多。古代之所以不能產生科學，不僅因為當時外在事實變得越來越不真實、越不重要，更主要的一層原因是由於古代世界乃是一個充滿恐懼的地方。魔術力量支配著它，而魔術是絕對無法被了解的，因此是絕對地可怕。那些原可能成為科學家的心靈都被禁錮於恐怖的牢獄中。在希臘人的諸多作為當中，最令人驚訝的是他們膽敢正視這一恐怖力量，並運用其心靈。他們敢於以理性之光照射到可怕的權威之上，並憑藉他們的聰明才智把這個在別處盡為人所接受信賴的威權予以驅除。伽利略（Galileo）和文藝復興時代的人文主義者，因敢於突破思想界限——由能夠令他們的靈魂永墜地獄的權威所訂定的界限——去探求宇宙的真相而獲得歌頌讚揚。這無疑是種非常偉大、非常值得敬佩的勇氣。但若與希臘人所表現的勇氣相比，就未免如小巫見大巫了。人文主義者是在別人的引導下才到自由思想的恐怖海洋上冒險，因為他們有希臘人的先例。希臘人則是獨自從事這項冒險。

高昂的精神和充沛的精力促使他們反抗暴君的統治和拒絕接受祭司的權威。他們不願受人指揮，而因為沒有主人的束縛，他們便利用他們的自由去思考。這是世界上第一次心靈獲得自由——我們今天所不如的自由。政府和宗教都讓雅典人隨個人高興去自由思想。

在第一次世界大戰期間，假如有個劇本把潘興將軍（General Pershing）寫成懦夫，嘲笑盟軍所努力達成的目標，把美國當成以強欺弱的壞蛋，或者歌頌主和派，則這齣戲一定會遭到觀眾的嘲罵。但是當雅典與波斯作殊死戰時，亞里斯多芬（Aristophanes）就做過好幾次與上述完全相同的事，而雅典人，無論主戰或反戰，竟都麇集到劇院裡觀賞。隨心所欲、暢所欲言在雅典實是最基本的權利。「所謂奴隸便是一個不能暢言其心意的人。」尤瑞皮底斯（Euripides）這麼說過。蘇格拉底因被控提倡新神、腐化青年而入獄，終於飲鴆而亡，是個足可證明常態的特殊例外。他服刑時已屆暮年，而他一生中都能夠隨心所欲地暢所欲言。當時雅典新遭敗績，政府幾經變革，管理失當，因此，說蘇格拉底是在每個國家都經歷過的一種突起的恐懼之中，當人民因過分憂慮自身的安全而變得殘忍的情況下被判刑，應當是一個合理的猜測。何況，蘇格拉底還是在相差很小的多數票決下被判處死刑的。而且在他死後，他的學生柏拉圖便立刻以他的名義執教，不但沒受到干擾，還受到尊敬與歡迎。蘇格拉底是雅典唯一因言論而遭處死的人，另外有三個人因言論而被逐出國。不過也就只有那麼幾個人遭受處罰。以此與歐洲最近五百年裡被刑被殺的人數相比，我們就可以明白何謂雅典的自由了。

希臘心靈能隨心所欲地自由思考這個宇宙，拒絕所有傳統的解釋，無視祭司的訓示，不受外在權威的阻撓而去追求真理。因而希臘人的科學天才得以自由發展，為我們今日的科學奠下基礎。

荷馬筆下的英雄臨終時，雖然一切都極明亮，卻仍要求更多的光明，這實在是典型的希臘人的作為。他們不把任何東西遺留在晦暗之中，他們也不願丟下任何未加闡明的事物。他們追求系統、秩序和連結。任何未經分析的整體是他們無法想像的概念。甚至他們的詩也是奠基於明晰的觀念上，然後再按計畫合邏輯地次第展開。雖然他們是大藝術家，他們也總希望做到既能了解美也能表達美的地步。柏拉圖以一個典型的希臘人的姿態說，有些人憑著本能、憑著靈感去做出善與美的事，但是他們不了解其所以然，因此無法向別人解說。詩人是如此，而所有的好人也是如此。但是假若有個人，他既具有認識何者為是、何者為美的本能，又能闡釋其所以為是、為美，則他在人類中的地位，將有如一個活人置身於冥界飄忽的鬼魂之中那般傑出。柏拉圖這些話所包含的價值觀念完全是希臘式的。欣賞美使心靈獲得休息這一觀念，恐怕與希臘人最為無緣。希臘人是不可能在這世界裡找到任何使他們的心靈休息的東西的。他們對每件事物都要分析、思考。對於所使用的概括性詞語，他們都要力求正確了解其含意。哲學的語言實際上就是他們的發明。

下面我們應當談談希臘人的智性，否則我們便只看到希臘的半面而已。甚至於在希臘，科學和哲學也有個嚴肅的外貌，但希臘人對於運用智力的看法卻並不冷靜。如一位希臘作家所說，「思想和觀念，心靈的一對美麗不朽之子」是希臘人所鍾愛的。雅典年輕人眼中的學問，即使在文藝復興的極盛時期也從未如此光輝燦爛。讓我們來看這群年輕人當中的一個和剛被一陣持續敲門聲吵醒的蘇格拉底之間的一段對話：

「什麼事呀？」蘇格拉底叫著，睡意猶濃。

一個他熟識的男孩的聲音說道：「啊，蘇格拉底，有好消息，好消息！」

「好消息就該在這麼個清早的時刻傳來。好啊，你說吧。」

男孩現在已在屋內。「蘇格拉底啊，普羅塔哥拉斯來了。我昨天晚上聽到的。我原想昨晚來，但是太晚了！」

「普羅塔哥拉斯——怎麼啦？他偷了你什麼東西嗎？」

男孩大聲笑道：「是的，是的，你說對了。他偷我的智慧，他有智慧，他可以把智慧給我。跟我一起去見他吧，現在就走。」

在柏拉圖每篇對話裡都可看到這麼一個愛上了學問的熱心可愛男孩。只要蘇格拉底一走進體育館，大家便忘了運動和遊戲。一群熱心的年輕人便圍繞著他，喊著要他告訴他們這個、那個。友誼是什麼？正義是什麼？我們不讓您走，蘇格拉底。真理，我們要真理。「聽賢者談話是何等的樂事！」他們彼此這麼說道。柏拉圖在討論到各國間的差異時說：「埃及和腓尼基愛錢，我們這地方的特色則是愛學問。」聖路加（St. Luke）說：「雅典人和留居雅典的外地人把時間花在講述與聆聽新事物上。」甚至於外國人也受到感染。在那種強烈的求知欲、那種想知道世界萬物的熱切好奇之下，外國人每日耳濡目染也產生同樣的熱情。聖保羅在小亞細亞沿岸各地受到暴民的襲擊、監禁和毒打，在雅典，「他們帶他到阿里奧帕格斯（Areopagus）去，說：『請問你的新學問是什麼？』」

亞里斯多德（Aristotle）是位標準的科學家，頭腦清醒，觀察客觀，沒有偏見，不摻雜個人情感。但是當討論到理智的時候，他竟不冷靜客觀了。他是那樣熱愛、那樣喜歡理智，因此每逢以此為討論題目時，他就無法不踰越冷靜客觀的科學精神規限。在此應該引述他的話，因為那是典型的希臘態度：

既然跟人的整個性格相較之下便顯出理智的神聖，那麼與人類一般性的生活對照之下，理智的生活也應是神聖的。不要理會那些勸告我們說「作為人，我們應該想人的事，應該把眼光擺在死亡之上」的那些人。相反地，我們應盡力臻至我們天性中的不朽境地，依我們天性中的至善而生活。而最足以代表天性的乃是最適合它、最能給予快樂的事。而最合乎人類天性的，就是依理智而過的生活，因為使人之為人者厥惟理智。

熱愛理智與生命，喜愛使用心靈與軀體，使希臘與眾不同。埃及和東方經由受苦和否認理智而導致精神至上的境界。希臘人則因天性和生活情況的緣故，永遠也不會達到這個境界。雖然如此，他們對精神之道也一樣熟稔。希臘天才之火焰燃燒得最烈的地方就在他們的精神世界，他們的藝術便是最動人的明證。事實上，就是由於他們在藝術領域的崇高成就使得他們的智性受到掩蓋。對我們來說，希臘就是希臘藝術，而在藝術中理智並無地位。人類精神所綻放的希臘藝術這一美麗的奇葩，充分顯示出希臘的精神力量。希臘之所以不同於埃及和印度，絕非在於其精神性的低劣，而是其智性的優越。偉大的心靈和精神匯聚於希臘人身上。對他們而言，精神世界無異於自然世界，它也就是心靈的世界，美與理性俱顯現於其中。他們並不認為精神與心靈所見者互異，理智與情感並非對立。詩的真理和科學的真理兩者皆為真。

想引用一些獨立不相連貫的章句來說明這一對現實界的概念是不容易的，不過希臘最偉大的科學家之態度倒可以援引來作為例子。亞里斯多德可以說是位典型的科學家，具有非凡的觀察力和推理力，不斷探究他所能見能知的事物。若換了另一個地方或時代，他一定會是個純理性的人，帶著優越感，甚至於不屑的態度，去看待一切不是由心靈導致的結論。但是對亞里斯多德這位希臘人來說，精神之道也同樣重要，有時他甚至捨棄科學方法而採用詩的方法。在他的《詩學》（*Poetics*）裡，他說過的一句名言是：詩的真理比歷史的真理更高一層，因為詩所表現的真理可以廣泛地適用，而歷史的真理則是偏而不全，且有限制。亞里斯多德並非以科學家的身分說這一句話，而希臘以外的科學心靈也不會中意這句話。在他說明為何要以研究一切生物為其終生工作的那段文章裡，我們也看不出科學觀點的跡象：

無疑地，諸天體的光輝比這些卑微的生物給我們更大的喜悅，但諸天體既高且遠，我們的感官所能給予我們有關天體的知識，極為有限而模糊。而諸般生物就近在門前，只要我們願意，就可以獲得充分而正確的知識。我們從一尊雕像都能獲得樂趣，那些活生生的生物不是更能給予我們喜悅嗎？假如我們本著愛好知識的精神去探求因果、明其本末，則所獲得的樂趣那就更大了。如此自然的意向和深藏的律則將顯現於萬物，一切均傾向於各式各樣的美。

希臘以外的科學家有哪個曾這樣談過科學研究的題材？對亞里斯多德而言，由於他是希臘人，顯然只有以詩的方法才能充分表達這項崇高事業的目的，也正因為他是希臘人，所以他有能力如此表達。

精神性很自然地令我們聯想到宗教。我們所知道的希臘宗教主要是一些神仙故事，而且不見得篇篇都有啟發作用。這就不能顯示出希臘人對於精神事物的強大支配力。產生希臘藝術和詩的這樣一個民族會對宗教永遠持膚淺的看法是不可能的，就像要他們不運用心靈去分析《荷馬史詩》中的男女諸神一樣的不可能。那些動人的故事從人類得以向自然汲取知識——但現今已永遠失去——的時期流傳下來，幸未遭受成為經典、配以鐘聲和被公開棄絕的噩運。因為那不是希臘人的習慣做法。他們喜愛那些故事，憑想像去塑造它們，但是他們經由這些故事找到一切宗教——不管是東方或西方——的奧祕。艾斯奇勒斯說起話來像以色列的先知，他所讚頌的宙斯（Zeus），以賽亞（Isaiah）必定能了解：

萬物之父，創造者，全能的神，
偉大的技藝家，他以雙手塑造人類。
智慧無窮，萬事皆通，
引導大家至安全的港……
言行一體，
迅捷無比地執行
他心中決定的事物。

「你們雅典人，」聖保羅在阿里奧帕格斯說道，「我發覺你們對一切都太迷信。」這是《聖經》上的記載，但是我們可以把最後的「迷信」兩個字解釋為「敬畏神的力量」，這可以從聖保羅的話裡得到佐證：「因為當我路過看到你們在祭禱時，我發現一座祭壇上寫了這幾個字：獻給未知的神。」這幾個字帶我們遠離快活的奧林帕斯（Olympus）諸神，而回到了曾寫下這麼一句話的這個詩人的時代：「在濃密黑暗的森林中，伸展著他的心意之路，那不是我們的能力所能發現的。」只有那些曾經透視過正統觀念和輕率確立的信念之表皮的人，才能建立起我們無法尋覓的未知之神的祭壇。蘇格拉底被判刑時所說的一句話，就能顯示出希臘人多麼能運用其心靈於宗教之上，而且能以人類智慧和精神悟力驅除一切膚淺的見地，直扣宗教的最終奧祕：「要確實相信，不論生前或死後，邪惡都無法降臨到好人身上。」這句話表現了最後的信心。

蘇格拉底死前與他朋友的最後談話裡頭，有一段話真切地告訴我們，以理智控制情感，以及心靈和精神之間的平衡，是希臘人所特有的。這是他生命的最後時刻，而來跟他廝守到底的朋友們把話題轉到靈魂的不朽上面。一般來說，在這種時候撇開冷靜的判斷力和清醒的理智以尋求安慰和支持的力量，原是極自然的事。但是蘇格拉底的希臘人本色使他不這麼做。這是他說的話：

我曉得在這時刻我沒有追求學問者的性情，就像一般俗人一樣，我只是個偏袒者。因為一個偏袒者在與人爭辯時是不管問題對錯的，他只想說服他的聽眾。現在這種人與我所不同的只是這一點：他想說服人家去相信他說的話是真的，而我只想說服我自己；對我而言，說服別人是次要的事。大家且看一看我這樣做有多大的好處。如果我說的話是真的，則我信它當然是好的；假如死後便一切虛無，我也能使我的朋友在我僅有的最後這短促的時間裡不致悲傷，那麼我的無知對我也無傷害。

這就是我參與辯論的心境。我希望大家以真理為念，而不是蘇格拉底。假如大家認為我所說的是對的，就同意我；假如不對，那麼就堅決地反對我。這才不致使我欺騙大家和我自己，像一隻蜂一樣在死前把毒刺留給你們。現在，讓我們開始吧。

第三章

東方與西方的藝術

一個國家在心靈或精神方面的傾向，對它的藝術具有決定性的影響。只要略微想一想就會明白這個道理。基本上，精神與其自身以外的東西毫不相關。與現實相關的是心靈。精神之道在於自外在的世界撤離，以默思內在世界，而外在和內在世界之間的事物不必有任何交通。唯有精神而非心靈以其自身為領域，它能化天堂為地獄，也能使地獄成為天堂。當心靈捨棄事實而退入自我之中時，便造成混亂。

在英國復辟時期（Restoration）的前期，一些飽學之士在英王面前討論，何以同一個注滿水的水桶，放入活魚時水不會溢出，放入死魚則水就溢出。他們紛紛提出了許多與生死之內在涵義有關的深奧見解，來說明這在精神上頗具啟發性的水，或者魚的屬性。但是國王卻命令把兩個注滿水的水桶帶進來，當場把魚放進去試驗。試驗的結果，水對活魚和死魚的反應是一樣的。從這件事情上，科學家們得到一個重大的教訓，即心靈不應模仿精神，退入其自我的領域中暢行無阻地使用純理智，而應嚴格地居於外在世界的範圍之內。憑藉實據，這是心靈的座右銘；心靈之最大特色在於它具有事實觀念。

如果精神居於支配的地位，這一觀念相對就會消失。因此在中古時代當西方逐漸走向精神之道時，第一流的知識分子竟會拿他們偉大的智力來討論有多少天使能站立在針尖之上這一類問題。若把這種態度稍微加強幾分引申到事實世界去，其結果就是一個虔誠的佛教徒在神壇前頂禮膜拜，成千上萬次地念著「阿彌陀佛」，直念到他忘了神壇，忘了阿彌陀佛，也忘了他自己。這是因為心靈活動已被催眠入睡，而入迷的精神在其內尋求真理。婆羅門教最重要的經典《優婆尼沙經》（*Upanishads*）裡頭說：「讓一個人沉思默想『唵』（Om）這個音節。這是永生不滅的一個音節，曉得這一點的人只要大聲誦念便能進入其中而得永生。」愛默生（Emerson）也說：「上帝拿出真理和憩息讓眾人自行選擇。任意挑選一樣吧，你不能魚與熊掌兼得。」這是西方的說話方式與思維模式。基於這一觀點，真理即探求事物之理——是一項積極有趣的活動。

這一差異所造成的實際影響，在知識領域裡是顯而易見的。凡欲完全脫離「這腐朽之泥汙外表」者，將不會成為科學家、考古學家，或者任何與過去或現在的真實有關的專家。在藝術裡，雖然其影響較不顯著，但也同樣具有決定性。萬物的外形外貌之重要性恰與精神的支配力成反比；當精神居於至高地位時，萬物的外形外貌就變得毫不重要了。

如前面所說，在埃及不可見世界的真實慢慢地掩蓋了可見世界的真實，而雖然不可見，它仍是具有實質的。死者的軀體應保存不爛，他們必須埋於等同地底堡壘的墳墓中以免受干擾，而且應以他們生前使用過的物品殉葬。屍體是極端重要的，但我們也未曾聽說一個人所擁有的諸多財富是不具永久重要性的。這樣的一個民族，其藝術顯然與現實有極牢固的聯繫。那些金字塔與山丘一樣真實。它們不像是人的雙手築成的，而像是地球的一部分，像是由風將沙吹成的巨大無比的幾何形體——是一些三角形體，當你注視它們時，會化成曲線，而後又變化成尖銳的輪廓。這是宛如星體轉移一般確定的變化無窮的循環，發生在永無變化的巨大沙漠之中。埃及的金字塔，不變、不移，它們是裝於花崗岩中的沙漠精神。埃及的一切雕刻藝術與物體世界多少都有這種一致性。巨大的雕像剛自山岩中出現。它們牢牢地保留著其根源的標誌，就如它們保留了藝術家用以創造它們的工具之痕跡。

這種與現實的聯繫方式，與心靈的截然不同。它與心靈活動了無關係；它乃是那些知覺尚未與自然分離者的深刻直覺。而這種直覺與透過思考而獲得的現實概念全然不同，就如那生死不分的埃及墳墓與蘇格拉底被禁的監獄——在那裡，他在靈魂不朽的希望下討論著何者為真——那般相異。

大家常常扼腕嘆息地問，假如能夠獲得自由的發展，埃及的藝術該有何等的成就？可惜由於祭司的干涉，精神經驗所逐漸照亮的自然直接經驗遂被扼殺。祭司立下了一個大家必須遵從的藝術規則。藝術和心靈不同，它可以在鎖鍊下生存相當長的一段時間，所以要在幾個世紀以後，祭司的教條控制藝術家精神的整個影響才顯現出來，但是到這個時候埃及藝術也完了。柏拉圖的批評實際上就是給埃及藝術的弔辭：

在埃及，藝術形式早被固定下來，其式樣都展現於寺廟中。任何畫家或藝術家都不許改革傳統形式或創造新形式。直到今天仍沒有絲毫變化。他們的藝術品與一萬年前的形式一模一樣。

但是在東方，藝術發展並未受到阻礙。精神，唯有精神，能自由發展。印度藝術便是那些自小便被教以外在事物皆是虛空者所創造的。對於感官所帶來的對具有實體而持久的事物之信念，是人所必須避免的根本錯誤觀念。那些看似具有實體而持久的事物，只不過是永在移轉的形貌，是永在轉動而景色幻化不停的萬物之幻象，並不比孩子們所看的萬花筒中的景物具任何較深的意義。真實、恆久和重要性只屬於內在世界，在內在世界中真理是親身體驗到的，所以你能確切地知道它。而且只要一個人願意，他就可入其堂奧。《優婆尼沙經》的基本教義是這樣的：

自我便是無限。認識此點者即世界之主。氣、火、水、食糧、實相與無相，均起於自我。能見此者便能見萬物、得萬物。

我們實在難以尋出這一觀點與藝術創造的關聯。對我們西方人來說，藝術是外在與內在事物的統一者，同等地根深蒂固於兩者之中。不錯，一個道地的神祕主義者——假如這種人可能存在的話——是不會將他的極樂幻覺納入具體形式之中的。他仍將清靜無為、無欲無嗔：

對於一個大徹大悟者，自我即是萬物，他一旦見此一統，還會有何悲傷，何必再事追尋？

不過即使在東方，也只有極少數人能嘗到神祕的狂喜。對於其他絕大多數的人，不論現實被認為如何虛幻不實，還是不能不加以理會的。就跟其他藝術家一樣，印度藝術家並未被禁止不許以現實表現他們自己；事實上，他們對現實的觀念決定了他們的藝術模式。一個佛教藝術家在開始創作之前所經過的準備工夫，就其目的而言，是可以適用於一切印度藝術的。他必須到一個清靜無人的所在去。到達該地之後他便得開始準備，首先須施行「七重日課」（Sevenfold Office）再以「真花或想像的花」奉獻諸佛（顯然地，第一件並不比第二件來得重要）。然後他必須體驗「四無限態」（the four infinite moods），默思萬物之虛空，直到在「深淵的觀念之火」（the fire of the idea of the abyss）之前他失去對自我的一切知覺，與他所要描繪的神合而為一。最後則是祈求神的顯現，使他能見到神的真形，「如明亮的反影」，以作為他的模型。我們可以確定地說，他所看到的真形絕不是人形，因為這整個準備工夫就在於不使人形出現。這位藝術家已養成一個信念，即他的藝術超出現實，與一切現實無牽涉。在他做準備的孤獨守候中，他即在求滌淨其藝術與人體的一切關係，驅除俗世的記憶，然後藉潔淨無瑕的精神尋求永恆的顯現，這座雕像的基本要件為其非人性（non-humanity）。所以，它或頭披亮長的青髮或具數頭與手臂以異於凡人，或以一婦女揮舞著取自其腳下血肉模糊的屍體的人頭，以表達非人力量的印象。

據說當坡里格諾托斯（Polygnotus）想畫特洛伊城的海倫（Helen of Troy）時，曾先到以出美女聞名的克羅多納（Crotona）去看那些被認為最漂亮的姑娘。他仔細地觀察、研究良久才開始作畫，但是畫出來的畫跟他所看過的任何美女都不同，而是比她們當中最美的還要美。這位希臘藝術家和他的佛教徒同道都不是攝影師；他最後也屏棄他面前可見的婦女形象，而在他內在的心中創造出屬於自己的美之形態。但這件事也指出了兩者之間的差異。希臘畫家的畫室不是一個作為冥想之用的孤寂石室，而是一個活生生的世界。他的畫是根據他所觀察研究的女孩子而做成，受她們的實際體態所影響。他的畫是超個人而非超自然的。

印度畫家並不受任何情況的限制，在所有的藝術家當中是最自由的。埃及藝術家必須向自然法則與祭司的教條低頭；希臘藝術家則受制於心靈，必須盯住可見的事物；印度藝術家則除了他創作所用的材料和工具之外（甚至在這方面，他也總是拒絕承認那是個限制），不受任何外物的限制。印度以及受印度影響的東方諸國的藝術一再顯示出，其雕刻品似在掙扎著欲自大理石中解脫出來。從來沒有藝術家能使青銅和石塊像他們雕刻品中的一般栩栩如生。對印度藝術家們來說，沒有一樣東西是呆滯僵硬的；在精神世界裡，沒有任何呆滯僵硬的東西。印度藝術是暢行無阻的精神力量之創造結晶，而這一精神力量除了藝術家自願附加的之外，別無任何限制。

不過，雖然可見的世界不致引起他有自覺的注意，他當然不可能——沒有人能夠——光憑精神創造出與事實毫不相干、與其所見事物毫不相像的作品來。他的藝術視覺只間接受到現實事物的制衡，因為他的本意原在於脫離現實。現實性（reality）和可能性

（probability）只對心靈起作用，他對它們是漠然無視的；他所注意的只是精神意義，對他來說，在他精神恍惚中出現的神所具有的眾多手和臂膀乃是象徵性的——它們代表精神的真理，表達了唯一值得藝術家注意的真實。

假定現實世界是完全沒有意義的，那麼藝術家便只有走向象徵主義一途了。然而藝術家是最不能做到完全抽象化的人。數學家和哲學家可以處理純理念，但是抽象觀念的世界卻不能對藝術家提供任何東西。在象徵裡頭，他可以把握住某些具體的東西，雖然他可以同時堅稱他的真實跟他的感官所觸知的東西絲毫無涉。其實象徵總是真實的事物被加上不真實的外貌。即使有些幽暗不明，我們以凡身就可以看得出來，它們是鏡中的影。在象徵中，真實是很重要的，雖然其重要性可能只在於它們代表了別的事物。神祕主義的藝術家可以隨心所欲地利用或者捨棄真實。他也可以隨意創造他自己的象徵，即使是最簡單的象徵，例如：以許多手臂象徵多形式的力量，以許多胸脯象徵精神的滋養；這是象形文字的昇華。他的唯一限制來自他自己。由於他輕視外在世界，不會從真實的事物看出美來，而同時他必須從某個地方找到精神意義，他遂自然而然地被迫尋找他所能使之象徵化，因而有意義的形式。

神祕主義的藝術家總是看到形式。象徵本來就不很真實，而由他手中表現出來時就更不真實了。真實被抽象化之後，形式就出現了。

柏萊克（Blake）所畫的天使身上的翅膀看起來不像真的翅膀，而它們之被畫於天使身上也不是因為天使應有翅膀。那些翅膀被畫成扁平，被賦以一定的風格，藉以符合那幅畫的構圖形式所要求的弧形尖頭架構。在印度藝術及其衍派中，風格化可謂達到了極端。風格化使其人體畫超過了創造類型的程度，人體畫也被塑成形式，成為人體的圖案，成為人性的抽象表現。在一張東方地氈裡，任何表現現實的企圖都已銷聲匿跡。這種藝術是純粹的裝飾。它表現了藝術家終於撤離可見世界，基本上也就是他否認智力。

屏棄世界，視其為可恨與無望，則在藝術中所造成的影響基本上是相同的，不論其產生的作品是一幅安吉利科（Fra Angelico）所繪的天使，抑或一幅魔神。由金碧輝煌的背景所襯托出的長著翅膀、容光煥發的天使，和一幅千手佛像所表現的世界觀是一致的。因為這類作品的藝術家是背對著可見世界的。他閉上了心靈的眼睛。在羅馬衰亡而希臘的影響中止之後，西方藝術就跟其他藝術一樣，走向東方藝術之道。圖畫一再變得裝飾化。原始的扁平不真實變成風格化的扁平不真實，一直到文藝復興重新發現可見世界和希臘為止。

在宙克西斯（Zeuxis）和阿佩萊斯（Apelles）、菲迪亞斯（Phidias）和普拉克西特列斯（Praxiteles）等藝術家的黃金時代以後兩千年，當他們的雕刻品都已殘破至無法補救，而他們的繪畫也永遠消失時，人類的心靈突然被導向殘餘的希臘和羅馬文字。與柏拉圖時代相同的好學熱潮橫掃義大利。研究希臘文學就等於去發現心靈自由的觀念，去學習同希臘人一樣地運用心靈——自希臘之後以迄於今，還沒有人這樣地運用過心靈。於是理性與精神力量之融合再度出現。在義大利文藝復興期中，偉大的藝術發展和偉大的智識覺醒同時發生，而所產生的藝術，在本質上較其前或其後的任何藝術都更近似希臘藝術。在佛羅倫斯（Florence），大畫家們也具有偉大的心靈，真實世界的美被發現了，而畫家們也就畫他們的眼睛所見到的東西。義大利畫家發現了透視法的律則——這是無庸待言的。這並不是因為西諾萊利（Signorelli）比西蒙尼．馬蒂尼（Simone Martini）更偉大，而是他與他的同儕注視真實的事物，熱心於繪畫真實的事物，而不是天堂幻覺。

希臘藝術家是否使用過透視法，我們無從得知，因為他們的作品已蕩然無存。但是我們可以確知他們對於繪畫真實事物的看法。我們可以從許多故事裡確實地認識他們的態度。

一位著名的希臘藝術家展出一幅孩童手執葡萄的畫，由於葡萄畫得如此唯妙唯肖，群鳥竟紛紛飛來啄食，人們因此稱讚他是大畫家。然而他謙卑地答道：「假如我是的話，那孩童就會把鳥群趕跑。」這一意味著小鳥具有靈性的可愛小故事，其基本假設完全是希臘式的。畫葡萄就要畫得有葡萄的樣子，畫孩童就要畫得像孩童，因為沒有其他東西能比真實的東西更美、更有意義。「莫說誰將升天誰將下地獄，真理就在你口中、在你心中。」希臘藝術家不談天堂或地獄——真理就在他的左近。他認為真實世界已足夠滿足精神的要求。他絲毫不想改變他所見之存在於其周圍的人類形體——因為他所見的是最美的。

一座婆羅門的濕婆（Shiva）銅像，優美地以足尖踮立，表現出在不可抗拒的酣舞動作中之片刻停頓。從祂身上往外屈伸的眾多手臂更加強了其無休止的節奏動作感。濕婆銅像的形體、輕靈、細腰，乃是基於人體的改進。奇異的象徵性事物環繞著祂、妝點著祂，諸如忙於編織的眼鏡蛇、骷髏、人魚，墜自髮際與耳邊的垂飾，以及在祂腳下盤扭掙扎的怪物。祂的美與我們所見世界的美大相迴異。

而奧林帕斯的神使赫密司（Hermes）則是一個不折不扣的美麗人體。祂身上的每一個細節都係根據實際人體的知識雕成。在這雕像身上沒有任何附加上去以表示其神性的東西，頭上沒有光輪，不帶神杖，也沒有任何跡象暗示祂就是引渡亡魂赴死的神。對希臘藝術家來說，一座雕像的意義，其神性的表徵，就在於它的美。當他漫步街上，看各種遊戲，注視與他共同生活在一起的人們時，藝術便在他心裡產生了。對他而言，對他的藝術而言，他所見之於人類的便足夠了。他從不想創造出某些不同的，比自然的真實更真的東西。在他眼中，聖靈已化身為有血有肉的人。他認為人可以成為他眼中的永恆形象。有翼勝利女神（The Winged Victory）乃是後期的希臘所創造出來的，雅典衛城（Acropolis）上的神廟則屬於「無翼勝利女神」（The Wingless Victory）。

在希臘藝術中是找不到那無止無休的靈肉之爭的。希臘藝術家們並未感到此一鬥爭的存在。他們是精神的唯物主義者（spiritual materialists），從不否認肉體的重要，而且能夠從肉體上看出精神價值。希臘人是思想家，整體而言，神祕主義（mysticism）對他們是陌生的。思想和神祕主義不能並存，而希臘藝術裡也絕少象徵表現。雅典娜（Athena）並非智慧的象徵，而是智慧的具體化身，祂的諸多雕像是美麗的女性，其莊重或許使其顯得睿智，但除此而外便再無其他表徵了。阿波羅的雕像（Apollo Belvedere）不是太陽的象徵，阿特密斯（Versailles Artemis）的雕像也不是月亮的象徵。這些雕像所表現的美麗、正常的人性，與象徵主義的表現方法，可謂相去十萬八千里。希臘人對裝飾也並不真正有興趣。在他們所有的藝術品中，他們所關切的是所要表現的事物，而不是表現方法；美好的表現，僅僅是美好的表現，對他們毫無吸引力。

希臘藝術是智性的藝術（intellectual art），它是思想清晰的明朗思想家的藝術，因此它也是率直的藝術。世界上還沒出現過比他們更偉大的藝術家，他們有精神的最佳才具，發現了純樸和清新的自然表現方法，而純樸和清新乃是清明的理智所賦予。希臘人的藝術原則——「中庸」——乃是那些揚棄晦暗紛雜的淺薄方法者所遵奉的格言，他們明明白白、清清楚楚，毫不矯飾地看著他們所希望表現的事物。結構在藝術中尤其屬於心靈的範疇，而建築學很明顯是希臘的一個標誌。那使一個希臘悲劇的三部曲融合為一整體的力量，那構想出希臘雕像之沉穩、正確而具決定性圖式的力量，在希臘建築中獲得最特出的表現。希臘神廟就是心靈和精神獲得平衡時的最佳產物。

印度的神廟則是裝飾的集合體，建築物的輪廓全被裝飾品所遮蔽了。雕刻的人物和其他點綴擠滿了它的表面，既濃又稠地凸出於外，把一座建築物的表面析裂成一序列令人迷惑的不規則層疊。它並無統一性，而是一個混合體，豐富而混亂。它看起來不像是有計畫的建築，而是隨裝飾需要而做的雕刻。他們這樣做是基於一種信念：每一個精工雕琢的細節都具有神祕意義，而神廟外貌的重要性只在於它給予藝術家以雕刻真理之象徵的機會，這是裝飾，不是建築。

埃及的巨大寺廟，那些似乎只有地震時移動地表的力量才能建造出來的碩大無朋的花崗石建築，也不是受到美感平衡之後的幾何學創造品，的確，從這些建築上可看出科學和精神的跡象，但是最主要的卻是威力——非人的威力，雖穩靜卻巨大無比的威力。它把一切屬於人的東西均化為烏有。在這威力下，人被消滅了。埃及建築家心中只意識到自然之道可怕而不可抗拒的支配力，他們對無足輕重的人是毫不在意的。

希臘黃金時代的建築，主要是那些身為智性藝術家，同時也是人類世界熱愛者的創造，他們的心靈不讓他們逸出可見世界之外。希臘神廟乃是純智性在精神照耀之下的完美表現。任何別處的偉大建築都不及希臘的純樸。帕德嫩神殿（The Parthenon）的圓柱，坦直地升抵無華的柱頭；圓柱上的三角楣飾淺刻著浮雕，此外便別無裝飾。然而只有這極端的純樸建築才具有莊嚴之美，是世界上其他任何寺廟、教堂或宮殿所不能企及的；這實在是希臘的奇蹟。它雖莊嚴而具人情，是真正的希臘風格。帕德嫩神殿既無埃及的超人威力，也無印度的超自然形貌，它表現的正是人性在輕鬆、沉靜、有秩序、對自我和世界充滿信心的形態。希臘人以豐實的歡娛之力向自然挑戰。他們在俯視大海的山丘頂上建築神廟，以青天為襯托。他們建築比山丘、大海和青天更美也更偉大的建築，神廟的大小無關緊要，他們從不花心思去想大小的問題。事實上，就連寺廟殘破傾毀也無大礙。蘇尼旺（Sounion）的幾根白色圓柱穩穩妥妥地俯瞰著當地的崇山，就如龐大的帕德嫩俯瞰著雅典附近的一大片海與陸。對希臘建築家而言，人就是世界的主宰——他的心靈足以了解它的律則，他的精神可以發現它的美。

哥德式教堂（Gothic Cathedral）是出於對上帝的敬畏心理，表現出卑下者的企盼：

我們讚美您，上帝，
除了擁有讚美您的力量，我們微不足道。

而帕德嫩則是出於勝利的喜悅，它表現人的美與力與光輝：

世間盡是奇妙事物，但無一可與人相比。
他能橫渡暴風翻起雪浪的大海……
他能馴伏深藏丘壑的猛獸……
他能言語思想迅疾如風——

天神化成可見的肉身，而透過將有限生命完美化，人也變得不朽。

第四章

希臘的文學之道

對於希臘黃金時代雕刻家的藝術，我們早已知悉。沒有一尊希臘雕像在乍看之下會使我們覺得生疏怪誕。我們不需要凝神久視，也不需要調整我們的心靈和眼睛，就能了解它，馬上覺得親切熟稔。我們自己的雕刻家向他們學習，因此我們的藝術館裡擺滿了令我們想起他們的藝術品。那些有幾分像希臘作品的石膏像，實在是我們最常見卻最不合適的裝飾品。我們對於雕像的觀念乃得自希臘的雕像，而希臘雕刻的真品之能歷經劫難流傳至今，就是其生命力的最佳明證。

希臘的神廟亦然。沒有其他建築比希臘神廟更為我們所熟悉。至於那由凹槽圓柱所支撐的尖頂山形牆我們更是早看膩了。無數這類山形牆的仿製品妝點著我們每一座都市的公共建築，只要看到一面山形牆就大可肯定裡頭是一個公共機構。自從羅馬時代起，希臘就不停地被雕刻家和建築家所抄襲模仿。

希臘文學與前兩者卻正好相反，它是孤立不群的。希臘人的思想深入每個角落，他們的文體，他們的寫作方式，一直是他們所獨有的。在這方面，他們既無抄襲者，也無追隨者。事實上這並不足以讓人驚奇。因為，一個人必須要極端精通一種外國語言才會在文體上受其影響；確實地，他必須浸淫於那一語言的天才作家之中，且深到一個外國人幾乎難以企及的程度，才會受影響。而希臘文是一種極微妙的語言，它充滿著細緻的修飾辭藻，能夠區別出最細微的意義，光是要能粗通它便需要好幾年工夫。這就無怪乎其他國家的作家們不去研究希臘文，因而也就不像他們的雕刻家一樣去模仿希臘。英國詩歌所走的路便和希臘詩歌極端不同，歐洲自己原有的非模仿性藝術也都是如此。

這種我們所習以為常的藝術，一向有著豐富的細節。拿哥德式教堂來說，沒有一方一寸不是綴滿式樣繁複的石雕花紋。再以文藝復興時代的畫像為例，畫家們精心著意於造形和色彩之最細微的區別，諸如霜花花邊、繡工精巧的織錦緞，以及鑲皮的天鵝絨等豪華、優雅的細膩之美。假如希臘神廟和雕刻是最近才被發現的話，那麼很可能地，我們會望著它們而搖頭嘆息其缺乏我們所習慣的繁複之美。看慣了聖馬可（St. Mark）或夏特爾（Chartres）教堂之後再首次見到帕德嫩神殿，或者在見慣了提香（Titian）的作品後再去觀賞前所未見的米羅的維納斯（Venus of Milo），無疑會是極其令人敗興的經驗。維納斯雕像上平實樸素的衣褶、頭髮在腦後簡單梳成一個髮髻，沒有任何飾物以襯托她的與眾不同，如果把她置於文藝復興時期或任何時期的歐洲仕女畫之旁，無疑將產生強烈的對比，而只有我們對維納斯雕像的長久熟悉，才使我們不至於覺得她太樸直而不足一看。這座雕像告訴我們，希臘人和其後的世界對美的要求多麼不同。

文學愛好者也是一樣，當他毫無準備地首次與希臘文學碰面時，也會感到非常失望而幾乎因此疏遠它。希臘人的寫作方式和他們在其他藝術方面的作風相同。希臘文學與其雕像一樣不重修飾，它是樸素、率直、翔實的文學。假如稍微照直將它翻譯出來的話，它常顯得貧乏，與我們所習見的是如此不同，以致我們會產生拒斥的心理。凡是嘗試過翻譯的學者們都會遭遇到這個困難，所以當他們遇到希臘原文和英文不相同時，他們都將它改寫而不是翻譯，藉以替他們所喜愛和了解的文學大師贏取讀者。在這些學者中最傑出的莫瑞教授（Professor Gilbert Murray）曾明白地陳述他所採用的方法：

> 我所使用的辭藻常常比尤瑞皮底斯的較為精美，因為我覺得希臘文是個極簡單樸直的語文，而英文則遠為華麗，直譯會產生與原文極不相同的空乏之感。

困難無疑是存在的，但是，假如我們無法從直譯中體會出樂趣，我們就無從知道希臘文學作品究為何物；希臘文和英文是如此不同，所以一旦希臘文披著英文的服飾出現時，它就不再是希臘文。長久的熟悉使我們覺得希臘神廟和雕像之美，實無出其右者。然而，如果我們除了看類似莫瑞教授所譯的尤瑞皮底斯那種極美麗的翻譯之外，也願意去咀嚼幾乎與原文同樣簡潔無華的翻譯，願意嘗試去發現那產生帕德嫩神殿和維納斯雕像的藝術產生了什麼樣的文學的話，那麼即使是翻譯這個不理想的媒介，也能幫助我們去喜愛他們的作品。假如我們也願意在這方面學習希臘人，不但能夠欣賞希臘神廟的樸實莊嚴，以及聖馬可大教堂的絢爛和布爾日（Bourges）大教堂的雄偉，而且也能喜愛以簡潔的文字所敘述的真理或以繁複華麗的辭藻所表達的真理，同樣關注英文的寫作風格和希臘的寫作方式，這樣你我便能大大地廣益心靈，便等於增廣和淨化我們對詩的觀念。

英國人不擅長樸直的寫作。英詩就如哥德式教堂和文藝復興時期的畫像，盡其所能地綴滿美麗精緻的細節。它的文字有如華美的刺繡。我們的詩人可以任意擷取他們所要的東西來點綴他們的詩。他們不為事實所羈，但希臘詩人則執著於事實。藍多（Landor）曾說：「希臘人高飛入天，但腳未曾離地。」但是我們的詩人藉著「詩的許可」（poetic license）——這是希臘人不用，也無以為名的東西——而獲得解放，將世界遠遠地拋到後頭去。我們的腦海裡充滿了這樣的圖畫：「洞穴直通無日之海，其深幾許人不知」、「鮮花如此馥郁，感官欲描先自迷」、「石中有寶訓，溪流見典籍」、「魔窗開向浪濤激盪之怒海」、「天堂地板鋪金片，猶向仙童獻歌曲」。然而荷馬只說：「明月旁的星星明亮可見，因空中無風，山峰與海岬均呈現眼前。」索福克里斯只寫道：「在白色的柯羅納斯（Colonus），夜鶯藏在長滿常春藤的綠林中、空地中歌唱，那裡既無陽光也無風。」尤瑞皮底斯也只這麼描述，「據說當漲潮的時候，大海會在岩窟底下留下一潭深水，婦女們會在那個清澈之處持水瓶盛水……」諸如此類，他們的文字是如此平實，如此沉著，如此缺乏強調語句，簡直不能吸引我們去注意蘊含其中的美。我們所習慣的意象使我們視希臘人為索然無味。清晰和簡潔是希臘思想家的口號，同時也是希臘詩人的口號。一朵最平凡的小花除了使其讚賞落淚，不會激起其他深刻的思想。河岸邊的一朵櫻草花就是一朵櫻草花，不是別的。對他們而言，說雲雀像是露珠之谷中發光的螢火蟲，或像是隱於思想之光中的詩人，完全是無稽之談。雲雀就只是雲雀。鳥也就只是鳥，而不是別的東西，但鳥是多美的東西呀！看牠「逍遙自在地飛翔於碧波白浪之上，那海紫色的春天之鳥！」

希臘人是寫實主義者（realist），不過與我們通常對這一名詞所了解的不同。他們領略到普通事物的美，並且對此感到滿足：

從無瑕疵的母牛那兒取來潔淨可飲的牛奶；也取來明潔的蜂蜜，那蜜蜂從花中所提煉的精品；並從處女泉中取來潔淨的泉水——

水仙花的奇異光輝……是神人共賞的奇妙景物。從它的根鬚綻放出千百花朵，芬芳馥郁，使遼闊的天空、大地和海洋歡笑。

冬日裡雪花飄降，覆蓋山丘、海岬、草原和人們肥沃的耕地。它急速地飄降到海灣和灰色海洋的海岸，只有直衝而來的浪濤能抵擋它。

這三段取自艾斯奇勒斯、《狄米特讚歌》（*Hymn to Demeter*），以及《伊里亞德》中的例子，可說是隨機選出的。事實上幾乎從每一首希臘詩中都可以引出相同的例子。希臘人喜歡事實。他們不喜歡裝飾，並厭惡誇大。

在英詩裡偶而也可以找到希臘式的美。非常奇怪地，最喜愛繁複細節的濟慈（Keats），他的〈秋之頌〉（*Ode to Autumn*）竟是一首最像希臘詩的詩。這首詩的最後幾行是純粹希臘風格的：

蚊蚋悲鳴於河柳之中，
河柳因風飄揚或低垂；
小丘旁已成長的羊群鳴叫，

有蟋蟀輕唱籬邊；而園裡傳來
知更鳥清越的歌唱，飛聚的
燕子則在天空呢喃。

對於人們日常生活中的一般事物，以一種理性者的態度去注意它們，不含糊其詞也不逃避，不脫離事實而將它理想化，然後能見出其美——這就是希臘詩人看這世界的方法。事實上，那過分不著邊際的幻想，在希臘詩中的地位微不足道。他們從來不想「以彗星之髮的大筆，塗十里長的畫布」。反觀我們的愛情詩人，又有什麼話是他們沒有對情人說過的！春天的大地、群星燦爛的天空，太陽、月亮、黎明與夕陽都還不能滿足他們：

啊，你美於傍晚的天空
在群星織就的華衣之中。
她恰似霓裳初著的光輝天使

為天空保有雙翼——

像這類的詩句，可謂俯拾皆是。

希臘愛情詩人則仍保存著希臘人對事實的愛好。偶而他也會讓幻想帶他飛翔：「花中之花，姬諾斐兒（Zenophile）正當盛開。我的情人賽過芬芳的花環。」但是一般而言，他對意象語和形容詞的使用，都極為謹慎儉約。一個，或頂多兩個描述詞，就使他很滿意了。「似金的德蕾西拉」、「赫麗奧多拉，嬌貴的愛人」、「美髮狄默」、「大眼睛的安蒂克里亞」、「睫毛濃黑的眼睛上，白皙如象牙的額」，這就是那些給希臘雕刻家以靈感的美麗女郎所能從她們浸潤於希臘社會中的情人那兒獲得的一些平凡的讚美。

在希臘詩中幻想總是受到嚴格節制，而在英詩中它卻可以任意逍遙。當拜倫（Byron）描寫一座高山時，他絲毫不加限制：

——萬山之王。
長久之前他們便已為其加冕。
以岩石為寶座，雲霞為黃袍，

以白雪為帝冠。

當艾斯奇勒斯同樣描寫山的時候，他只帶上輕輕的一筆，便不再多述：

偉大的山峰，群星之鄰。

當柯立芝（Coleridge）注意到白朗峰（Mount Blanc）的時候，他用的不是眼睛：

宛如迷人的甜美旋律
如此甜美，我們不覺已自傾聽——

而品達則是仔細正確地在觀察埃特那山（Aetna）：

霜白的埃特那，終年照拂銳利的白雪。

柯立芝讓他的幻想隨處飄蕩。他完全沉迷於立在高山之前的感覺。很顯然地，當時他可以產生任何一種感覺，他所見到的景物和他的反應之間並無合邏輯的關聯。希臘詩人則是一位正確的觀察者，很忠實地將他所見的白雪覆蓋的山描述出來。他所採的態度是，山是最重要的，而不是山所可能引起的種種幻想。故而，他覺得受到事實的限制，而英國詩人則不受其牽制。

就像典型希臘情人會做的那樣，梅立格（Meleager）如此祈求夜的降臨：「晨星，你黎明的使者，請速化成黃昏之星來臨，你把她自我手中帶走，請再祕密將她送回。」茱麗葉（Juliet）的祈求則是屬於英詩式的：

來吧，溫柔的夜；來吧，可愛的黑眉的夜。
把羅密歐帶給我：當他死時，
請把他分化為小星星，
他將把天空妝點得如此美麗，
全世界的人都會愛上夜晚——

「灰色的黎明，」希臘情人說道，「情人的憎恨者，你怎如此迅速升起於我床緣，當我剛剛挨近狄默而眠？但願你將你急馳的駿馬倒回，化成夜晚，啊，我憎恨的光明之攜帶者。」至於英國情人對黎明的怨訴就不是這麼率直無華了：

忌妒的光芒
鑲嵌著東方析裂的雲彩。
夜的蠟燭已燃盡，快樂的白晝
躡足立於霧濛濛的山巔——

在造成我們了解「希臘之道」的困難上，英譯本《聖經》是有其影響的。英譯本《聖經》的語言和體裁已經成為我們宗教作品的正規語言和體裁；而希臘的宗教詩構成了希臘悲劇中抒情面的一大部分，並可能是希臘詩歌中最偉大的，卻是完完全全非希伯來風的（un-Hebraic）。希伯來人和希臘人可謂天差地遠。希伯來詩是訴諸情感的，它意在使聽者有所感觸，而不是思想，因此它是一種築基於再三重複的詩。大家都知道重複對情感的影響，從非洲叢林的咚咚鼓聲到這麼一段文字的隆隆之聲：「親愛的兄弟們，《聖經》促使我們坦承我們的眾多罪與惡；要我們不去宣傳也不去隱藏它們——當我們聚會一堂時——要我們問必須要的、應該問的事情……」這些重複並無助於意義的加強，那些字都是同義語；但是耳朵所聽到的節奏卻使理智遲鈍，因而為積聚的情感開出路來。這是希伯來詩的基本方法：

讓天降雨在無人之地，降雨在無人居住的荒野。
讚美吧，啊，石女，無法孕育的人；歌唱吧，
無法生育的人——

這種寫作方法與希臘寫作方法的最大不同，從那些涵義相同的文章中最能清楚看出。在登山寶訓（Sermon on the Mount）——《新約》的體裁當然是依據《舊約》——有這麼一段：

要求，你就會獲得；尋找，你就會發現；敲門，門就為你而開：因為凡是要求的人就會獲得；凡是尋找的人就會發現；凡是敲門的人，門就為他而開。

這同一個思想，艾斯奇勒斯以希臘方式這樣表達出來：

人尋找上帝，尋找就會發現他。

他不再多加一個字，因為他覺得這一敘述已足夠表達他的意思，他不想再加以發揮潤飾了。

取自《阿格曼儂》這部劇本，詠唱團所說的話，最能代表希臘人的簡潔和率直：

他的旨意都得實現。有一個人開口說，當人們把不可侵犯的神聖之物踐踏於腳下時，神根本不在乎。但是這麼說的人並不了解神。我們親眼看到，那些驕傲的人，那些膽大狂妄的人，那些居處聚滿財富的人，所付出的代價。即使他擁有足以遠離窮困的財富和一顆會運用它的心，那也不是至高的善。對那些傲慢無禮的人，那些把神的正義祭壇遠遠踢棄的人，黃金並不能給予保障。當使人為惡的誘惑和不能容忍遠見的毀滅相結合時，那就無可救藥。沒有任何隱蔽之處可以掩藏罪惡，它將永遠閃亮，是死亡之光線。

所有這些觀念都一再出現於《聖經》裡頭，我們從聖詩或先知裡的某一篇著名的詩歌中，就已對這些觀念極為熟悉。但是讓希伯來人寫出來就太長了，在這裡無法引為例證。

不過有個相似的段落倒是必須全部引出來。大家所熟知的，並且最能代表希伯來表達方式的，便是《約伯記》（*Job*）中描寫智慧的那一段：

然而智慧有何處可尋？聰明之處在哪裡呢？深淵說，不在我內。滄海說，不在我中。智慧非用黃金可得，也不能以白銀為其價值。俄斐金，和貴重的紅瑪瑙，並藍寶石，不足與較量；黃金和水晶不足與比較，精金的器皿不足與兌換；珊瑚、珍珠都不足論：智慧的價值勝過紅寶石。衣索比亞（Ethiopia）的黃玉不足與比較，精金也不足與較量。智慧從何處來呢？聰明之處在哪裡呢？——他對人說，敬畏主就是智慧，遠離惡便是聰明。

這段音節鏗鏘的句子所包含的意思極為簡單：智慧是買不到的，它乃是正直的報償。這段文字的效果完全在它的重複。它的中心意義一再地重複出現，每次的意象只有極輕微的變化，但是它最後的累積效果卻極大極深刻。艾斯奇勒斯也有敘述智慧之寶貴的一段，正好可引來做直接的比較：

神的律則是：凡學習的人都要受苦。甚至在睡眠中也無法忘卻的痛苦，一滴滴降落心中，而雖然我們極不願意，但無可奈何地，藉神之凜然的恩典，智慧還是降臨。

這一段是典型的希臘，就如從《約伯記》中引出的那一段是典型的希伯來。這段敘述裡很少重複、很少誇張。真理的代價是受苦，而雖然它是上帝所賜的真理之禮物，但受者總是不情願去付出代價，這一層意義幾乎是以語言所能達到的最簡潔最質樸的方法表達出來。詩人所關切的是思想。他急於把意思說清，而不想訴諸情感。他跟希伯來詩人一樣具有美的意識，但那是一種不同的意識。

這兩種方法的不同，也在另一處描寫惡人的祈禱不獲神聽的相似文字中顯現出來：

當災難和痛苦臨身時，他們會祈求我，但我將不問答；他們將尋找我，但見不到我。

希臘人則不加一字地僅僅把意思表達出來：

他會祈禱，但無人聽見。

蘇格拉底和菲竺斯（Phaedrus）有一次在討論一篇後者極為崇拜的文章。菲竺斯堅持蘇格拉底應該與他感覺相同。蘇格拉底這麼回答：「就情感方面，我贊同你的意見，但是在體裁方面，我真懷疑作者本人能否善自辯解。我說的不一定對，但我確實覺得他重複了兩、三次，要不是由於字彙不足，就是因為不夠用心。我認為他想讓人知道他能夠以兩、三種方式表達同一意思，未免野心太大……」

我們是**經濟**之美的愛好者，柏里克立斯（Pericles）這麼說過。文字和其他一切東西一樣，必須很節儉地使用。

對於那些以金杯祝海而飲，然後啟航去攻打西西里（Sicily）但卻死於敘拉古（Syracuse）採石場的天姿英發的年輕人，修昔底德只以一句話去描述他們的命運：「盡了人事之後，他們遭逢了人必須遭受的苦難。」就是這樣的一句話描述出他們的光榮和苦難。當克呂泰涅斯特拉（Clytemnestra）聽到她兒子正在追殺她時，只說了這麼一句話來表達她的感覺：「我站在悲慘的頂峰。」

而馬克白（Macbeth）在他命運乖蹇時所說的話是典型的英詩，既不簡短也非明易：

——每個昨日都照亮過愚者
赴塵汙的死亡。熄滅吧，熄滅吧，短暫的燭光！
生命只是個走動的影子；一個拙劣的演員。
在舞臺上裝模作樣，焦躁地度完他的時光——

英國詩人把完整的悲劇擺在觀眾面前，要不是他，觀眾便永遠看不到這悲劇。他以絢麗的字句、鮮明的意象，將悲劇呈現給他的觀眾，將其引領至超越他們之上的境界中。希臘詩人則只揭開幕的一角。觀眾只看到一瞥而已，但這一瞥卻已激發觀眾的心靈，使他們自行體會幕後的一切。詩人只是提示應走的路，但是他提示的方式促使想像力去自我創造。品達把一對情人帶至他們的房門口，然後這樣打發他們：「勸服人去品嘗神的愛之道乃是神祕的。」這絕不是莎士比亞對待羅密歐和茱麗葉的方式。英國的方法是以美充滿心靈，希臘的方法則是促使心靈工作。

第五章

品達：最後的希臘貴族

「品達令人驚異，」在《自我中心者》（*The Egoist*）這一部小說裡的米德爾頓博士（Dr. Midelleton）說道，「但是荷馬則更令人回味無窮。一個是巨大的上升之泉，另一個則是浪濤衝擊的未測其深的大海。」

任何想要描述品達的人所遭遇的問題是如何把這巨大的上升之泉化為文字。荷馬的未測其深的大海相對而言是比較容易描述的。荷馬很簡潔很壯麗地敘述一個偉大的故事。任何對荷馬的忠實描述一定多少能呈現出他的偉大、簡潔和光輝。要使它隱晦不現倒是件難事。這一點對那些悲劇家而言亦然。儘管他們所表達的美在我們笨拙的描述中已損失殆盡，但他們思想之崇高莊嚴總是顯現出來。即使是翻譯也不一定會破壞其思想與故事。如雪萊（Shelley）的詩：

隱蔽於
思想之光輝中，
唱出讚美之歌
直至世界被其所不在意的
希望與恐懼引起同情——

可以被譯成另一文字而不至於完全喪失原意。

但是這類詩與品達的詩恰成對比。他生活於其中的那個世界所不在意的希望和恐懼根本不是他個人的。思想之光輝也不會照亮他的心靈。他的思想走的是窠臼式的，現成的思路，除了他同時代中最刻板的心靈之外，是不會促使任何人產生共鳴的。然而他仍是一個很偉大的詩人。他安安穩穩地屹立於不朽者之林中。但是，到底很少有人認識他；真正崇拜他的人一向為數極少。在所有希臘詩人中他是最難讀懂的，在所有詩人中他的作品是最難翻譯的。喬治・梅瑞狄斯（George Meredith）所說的巨大的上升之泉道出了一半原因。賀瑞斯（Horace）亦然，他對品達的描寫基本上是一樣的：

宛如山泉怒奔而下，
匯聚的雨水氾濫其河岸，
品達的歌之奔泉浩浩前衝
　其聲深沉、壯大。
又如乘勁風以上揚，

直達雲彩聚集之處。

品達就像這一切。我們覺得他充滿著「豐富的生命力」，有不竭的揮灑自如的才氣，能輕易嫻熟地駕馭那豐富且無比生動的辭彙之寶藏，如上升之噴泉，無可抗拒，毫不勉強，且難以描述。但雖然他使人感覺到他的安閒、自由和強有力，他也同樣是個完美的巧匠，是個能完全掌握技巧的藝術家，而這也就是他何以不能被翻譯的另一半原因。他的詩是最像音樂的詩，不是鳥兒唱出的音樂，而是像基於結構（structure）、平衡和對稱（balance and symmetry）的基本原理，基於以精心估計效果的音樂，是巴哈（Bach）的賦格曲（fugue），是貝多芬（Beethoven）的奏鳴曲（sonata）或交響樂（symphony）。要想把我們對品達的賦（odes）的印象用英語寫出，就像把交響樂譯成文字一樣徒然。

我們自己對那種作品所知極少。我們也無法舉英詩為例來說明品達的詩；律格（metre）對希臘人遠比對我們來得重要。這句話或許會使人覺得奇怪。無數英國詩人的詩中節奏與聲律之美，乃是我們最重視的特點之一。但是儘管如此，希臘人總是較重視韻律的完美。他們在詩裡頭以平衡的節拍應和著另一節拍，別出心裁地尋求意義和韻律的協和；他們喜愛偉大而多變化的樂章，迅疾而有力，但同時又完全在他們的控制之中，底下這一行詩的聲音的確很美：

蕭索的唱詩班不久前還有好鳥歌唱
（Bare ruined choirs where late the sweet birds sang）

在這一行裡也一樣美：

在宛如琉璃的清涼透明波浪下
（Under the glassy, cool, translucent wave）

然而莎士比亞和米爾頓（Milton）到底是長於寫意的詩人，雖然他們也是音律效果的能手。「詩就是生命的畫像」，雪萊曾這麼說過。但事實上，沒有一個希臘詩人會這樣看待他的藝術，就如同巴哈之不會如此估量他的藝術。英語系統的種族並沒有特殊的音樂才能，希臘人則有。文字的聲韻對希臘人所具的意義遠非我們所能理解。品達的完美技巧所帶給耳朵的效果有如一陣歌聲，這是英詩所難望其項背的。

不過吉卜林（Kipling）倒有與品達相似之處。他的一些詩中那種快速的節奏和強勁的節拍，即使不是最接近品達本身，至少也比別的什麼都更接近一個不懂作曲之複雜原理的英國讀者讀品氏的詩作時所獲得的感受。把

那晚我們進襲瓦爾哈拉，百萬年之前——
（That night we stormed Valhalla, a million years ago—）

這一行和前面引自莎士比亞和米爾頓的兩行做比較，吉卜林典型的節奏之速度和重音節之力量便很明顯了。品達偶而也可達到莎士比亞和米爾頓的莊嚴；他能隨心所欲地使用文字，但他所喜歡的節拍卻有吉卜林常常流露出的那種渾厚和矯捷：

沿著吉普賽人撒花為記的路
駛向南極之光
那兒狂野的南風是上帝之帚

將海洋掃得白浪滔滔。

上帝知道我們將發現什麼，姑娘。
而魔鬼知道我們將做什麼——
但我們已回到舊路，我們的路，偏遠無人走的路，
我們向下，船身向下，在細長的路上，常新的路上。

在這種詩裡頭韻律是最重要的。詩裡面的意義無關緊要，但它的節奏卻吸引住你的注意。這些詩行係以音樂，不是思想的姿態逗留在你心中，而品達的詩更是如此。他生動而優美地創造韻律的才能，和他的音樂領域之廣闊，要比吉卜林偉大得多。吉卜林所反映出的品達只是極微小的一部分而已，不過我們也找不到比他更好的了。值得注意的是，吉卜林自稱他是品達的少數愛好者之一：

在我心中，除了品達燃起的
火焰之外，從無終生不滅者。

假如品達的詩終究是不可描述的，而他的思想只是陳腔濫調，那麼討論他簡直是多餘的。實際上，對於一個想了解希臘的人來說卻絕非如此。品達是希臘貴族最後的一個發言人，而且是荷馬之後的最偉大者。對於塑造希臘天才極具力量的希臘貴族理想（aristocratic ideal），在品達的詩中表露無遺。

他是在西元前第六世紀當希臘貴族政體已接近尾聲的時候出生的，他的出身和信念都顯示他是貴族。當時世界第一個民主國家正誕生於雅典。品達是許多浪漫的憐惜和同情的中心——他是凋落的理想之衛士。一個為新理想奮鬥的人是不會得到這樣的讚揚的。這種人必須挺身對抗新理想所引起的壯大頑強的抵抗力。他必須打無人喝采、無人助陣的仗，而且很可能無法活到勝利那天。事實上他根本無法知道會不會有勝利。但儘管如此，他比那些想扭轉時代潮流的人更值得欽羨。而他正是一個奮力扭轉時代潮流的人。

要想公平地論斷他，我們必須先細想產生貴族信念的理想為何物。希臘貴族信念所本的觀念，與集中權力於一人的專制觀念完全不同。當暴君被逐離希臘時無人為他惋惜，即使在一廂情願的想像中也不會讓他復位。不過柏拉圖理想中的統治者們倒是例外，因為他們必須在他們本身不想要的情況下，始被賦予絕對權力，這跟早期教會的態度倒是極端相像的。在當時，被任命為主教者必須說——或許現在仍要如此說，雖然原意已失，但形式猶存——「我無意就任主教。」就教會的神父們和柏拉圖的觀點而論，想望獲得權力者不適於行使權力。

貴族政治則不然。按照貴族信念，掌權者應是不受誘惑者——不論是爭奪權力者或是求生存者所面臨的誘惑。那些被信賴過能公正無私地領導世界的合適人選，只有從那由於門第而非由於野心的緣故一代代受到高於一般人的教養的階級之中才能找到；這個階級由於偉大的傳統和細心的教育因而凜然特立於一般人染有的自私貪婪和奴顏卑膝之上。他們乃是有資產的富有階級，不過他們的地位並非由財富得來。貧窮的貴族和富有的貴族同樣尊貴，而地位的高低並不只是財富的問題。由於具有絕對的自信和安全，沒有困擾著一般人的煩惱，他們便能夠從他們出生的那崇高的地位上清清楚楚地看到地位低下者無法看到的事物，因而能夠領導人類向應走的大道前進。

但是他們的路，貴族之路，並不是一條康莊大道。他們有一般人難以達到的標準，對升斗小民而言，他們的標準簡直是不可企及的。一個貴族不能說謊（在愛情和戰爭中是例外）；他必須守信，不能占他人便宜，在交易中寧可受騙也不騙人。他必須顯示絕對的勇氣，即使對敵人也得有禮；他的行為要光明磊落，他必須在能力所及的範圍內儘量地慷慨，他更必須以能達到他的標準為榮。貴族們很自傲、很情願地遵守君子嚴正的守則，就像他們遵守嚴厲的戰士守則一樣。他們有很大的特權，但也有重大的責任，他們必須肩負起領導的重擔，他們必須領導和保護無特權者，出身門第的高貴，必須以行為的高貴來配合。

這就是貴族的信念。就理論上說，它是完美無瑕的。出生在容易做到公正無私的地位者，自小接受治人的訓導以為被治者謀取更大的福利。作為純粹的理論，除了另一個理論之外，它沒有匹敵；這另一個理論是：應該使所有的人都能夠做到公正無私，都被訓練成自己的，而不是別人的統治者，同時彼此能互助互惠。這個在此時仍只不過是個夢的烏托邦觀念，乃是唯一勝過或者可匹敵集中權力於操守最佳者手中這一理論的一個觀念。不幸的是，這麼一個理論並不能實現。這理論本身並沒錯，問題出在它的支持者身上。因為支持它的人根本就不曾給它以機會。我們今天看起來，這一點是最清楚不過的。在歷史上當我們第一次與它碰面時，它就已失敗。階級特權根本就變成階級成見；而繼承的權力造成了獲得更大權力的渴望。出生門第的崇高與精神的崇高了無關係。每當貴族們有機會一展身手時，他們都失敗了。這一觀念的最後代表是英國的貴族院；門第使貴族們得到了世界上最好的東西——權力、財富和敬畏，然而終十九世紀之世，他們以一種近乎宗教虔誠的決心去反對任何改善農人的生活境況以及工資和教育的企圖。

我們現在對這一切都看得很清楚，但是品達則否。他深信有能力者會以他們的權力去為他人謀福利。他的詩是希臘文學中完美地表達舊希臘貴族的階級意識，表達他們對其自身的崇高道德和宗教價值之堅定信念的最後作品。常常有人指出，完美地表達出某種事物便意味著它已達顛峰，而即將衰微。「**完美的清晰，不就是思想空洞的象徵嗎？**」青年擲鐵餅的雕像，德爾菲的御車者，帕德嫩神殿柱頭飾帶上的青年騎士，和品達的詩——這些都顯示出希臘貴族政治在其衰亡之前所激發的偉大理想之顛峰成就；這些形象完美的作品很神祕地引出了精神完美的感覺。品達所寫的每一首詩都是對這一形象與精神的聯合之讚頌。

那些壯大的競技大會，長久以來便屬於貴族。只有他們有足夠的金錢和時間去接受運動員的艱苦訓練，以希冀贏取一頂橄欖冠。品達在世時，中產階級也開始參加競技大會，不過職業化尚未出現。我們所能讀到的他的詩，幾乎全部是讚美四大競技會之勝利者的頌歌。那四大競技會是德爾菲附近的皮西安（Pythian）、科林斯（Corinth）的依斯米安（Isthmian）、阿古力斯（Argolis）的尼米安（Nemean），和最是光芒萬丈的奧林匹亞（Olympia）的奧林匹克（Olympic）。這些勝利的頌歌都係以品達特有的風格寫成。沒有任何歌頌肉體的成就或歌頌戰爭、冒險等等的詩，與他的詩有絲毫相似之處。而他的詩之與眾不同是他的貴族信念使然。未曾念過他的作品的人，一定會期待他的頌歌去集中描寫他所慶祝的競賽，去描述諸如馬車風一般馳入跑道，如身手矯捷如電的賽跑者從鴉雀無聲的觀眾面前急奔而過，或者如摔角者四肢激烈交纏等。他們所爭奪的並不是等閒的東西——得勝將會帶來畢生的光榮。看起來那種震動心弦的興奮刺激，和整個大會的壯觀美麗，應該是詩人心中所喜歡的題材。但是品達根本就不理會這些。他幾乎提都不提競賽的事，也根本不描寫所發生的這一切。他從不曾去看競賽便是一個很好的證明。他歌頌勝利者，卻不屑於提到得勝的經過情形。他的注意集中於年輕的英雄，而不是他的成就。品達認為他的英雄乃是貴族的崇高代表，顯示出人類的理想。他認為他是個宗教性的人物，把他在為神而舉行的競技大會中以肉體和精神艱苦贏來的勝利獻給神。那麼外在的事件——某一匹馬或某一個人賽跑的方式，他們的外貌，或是他們努力競爭的情況，又有什麼重要？品達歌頌的是人類希望所繫的固有傳統的維護者。

他的每一首頌歌裡都很莊重地敘述到某位古代英雄的事蹟。他向現代英雄，即勝利者，指出古代人的所作所為也說明將來的人能做什麼。品達給予他一個自我束修的典範，使他能躋身於古代英雄之林。品達自以為對世界負有崇高的使命，使他能有意義地運用他的才能和門第的賜予。他是天意指派的傳道者和教師，去傳播過去的榮光，去喚起貴族們在這榮光中生活。這是他所肩負的重任，而任何權力再大的人，都不能使他自覺不如。他絲毫沒有卑下的感覺。他總是以一個地位相同者的態度與他的英雄交談。在他眼中他們確是平等的。就出生門第而言，他們都是貴族；就成就而言，在奧林匹克大會中獲勝的光輝並不會超過他的詩的光輝。當他被召喚到西西里去為經常參加競技大會的暴君寫頌歌時，他勸諫他們就像他勸地位較低的貴族一樣。在許多獻給敘拉古的暴君——海隆大君（Hieron the Magnificent）——的詩中，他說得更直截了當。他要那位偉大的統治者做「真正的自己」。品達把那位統治者的真正自己指出來給他看，並且鼓勵他不要墮落。就像那「與神相諧」的古老貴族傳統所訓示的：「要坦誠，負起神降於你的大任。」

這些歌頌一位強大的統治者和競技場上的勝利者的規勸詩篇，在文學上可以說是絕無僅有的，而通篇不見誇讚阿諛之辭，可以說與一般的讚美詩恰恰相反。「圍繞在我們四周的是如雲的觀眾，讓我們耐心地跑完擺在面前的競賽。」品達對得勝的競賽者所說的，便是類似這樣的話，再也沒有任何讚頌體育競賽、軍事行動或其他類似事項的詩說過這種話，試觀所有桂冠詩人的詩作便知此言不虛。

他跟他們都不同，雖然他和桂冠詩人們所寫的題目都是別人所定的，而且也都收取報酬，但是這些對他都無關緊要，最重要的是，他總是能夠依照他所喜歡的方式寫出來。不錯，他的頌歌是奉命而寫的，但是至於如何寫作，那是他個人的事，別人無法干涉。他對自己的地位很是明白。沒有一個作家比他更知道自己的優越。他自比為「飛向太陽的蒼鷹」，而在他底下的其他詩人則「徒然作大鴉之鳴」，或如「聒噪的群鴉吸食卑下之物」。他的頌歌乃是歌之光輝的花朵，是「百發百中的讚美之箭」，它們是「火炬、熾焰、燃燒的槍矛」，是「滿滿佳釀的金酒杯」。

「我要使我愛的城市燃起萬丈光芒，以我燃燒的歌。我的歌將傳向四面八方，迅疾勝過良駒或飛船。」

「在阿波羅的金色谷中，我建立一座歌之寶庫。無論冬天之雨，乘風之翅膀掃遍天涯海角，或勁疾的暴風，都不能將之摧毀。那光輝的凱旋門，將在純然的光芒中宣告它的勝利。」

這種詩本身就證明了它的崇高來源。品達在許多頌歌中提過，寫作這種詩的力量只能來自上帝。它之無法藉努力去獲得，就如出身卑微者無法僭稱貴族。卓越（excellence）是可以習得的嗎？蘇格拉底後來一再地問雅典人這個問題，然而品達卻比他先提出這一問題，而且已給予這樣的回答：不能。「天生的榮光使一個人偉大，而欲藉學習去獲得者是只具微光之人，其精神明滅不定。」這就是貴族信念的極致，而以這種方式表達出來，我們也無從反駁。對今天的我們來說，貴族理論幾乎已不存在，但事實上貴族依舊存在。詩或其他事物的力量乃是與生俱來的，是學校所無法教授的。

希臘人把品達和艾斯奇勒斯以及修昔底德並列在「清厲」（austere）派內，屬於嚴厲而樸直的作風。乍看之下這種見解未免奇怪，因為品達最顯著的特色之一便是豐富而生動的表達能力，不過，這見解其實也很有道理。品達的確是清厲的。光輝可以是清冽的，品達即具有清輝而無熱焰。他冷硬、嚴厲、漠然、無奔放的熱情，具有一種傲岸的光彩。他從不曾自他冰冷的崇高地位走下。貴族不打誑語，所以在歌頌一項勝利的時候，他的筆從不曾逸離真實。他在一個勝利者真正值得歌頌的範圍內歌頌他，而絕不踰越這個範圍。拿他自己的話來說，他不願以「眩人的謊言妝點一個故事，違背真實」。只有真正高貴而值得頌揚的事，他才歌頌。「現在我相信。」他說：「荷馬美麗的言語大大地誇張了奧德修斯（Odysseus）的真實事蹟，荷馬高妙的技巧所帶來的虛偽造成了一種神祕的迷惑力。他的藝術欺騙了我們——至於我個人，任何檢查過我的作品的人都能夠證明我是否說了歪曲事實的話。」他又說：「我只能以心無旁騖的嚴肅態度生活，絕不歌頌似是而非的光榮事蹟。」在另一首頌歌中他說：

在真理的鐵砧上鑄造你的舌
則飛躍而起的，雖僅係一火花，
亦具有分量。

不過依照貴族的傳統，假如真實是醜惡的或令人不快的，而非纖細的情感所能接受的，那麼他又必須略去這種真實情況而不提。「相信我。」他寫道，「並不見得把每一個真實毫無遮掩地呈現出來就是好的。」他又說道：

凡不蒙神之恩典的事，沉默不提最相宜。

他所寫的東西，都有著君子所特有的矜持。「一個人應得體地談論合宜的好事物。」他這麼說，而在他的頌歌裡，他也一再以各種方式敘述這一見解。他的這個觀念使他不願去描述許多偉大的作家所喜愛處理的地獄之苦。但是他卻願描述獲救者的喜悅：

他們所得的恩典是永免勞苦。
不必再以強壯的雙手
騷擾大地或大海之波浪
為不愜意的飲食而勞碌。
而是與神的寵兒同住
悲傷的淚從此永分離。
在神寵的群島四周海風輕拂
樹梢綻放金黃的花朵，
河海之濱亦皆然。

至於其他人，「他們苦痛之慘目不忍睹。」一個君子不應與群眾一般爭睹慘象。佛吉爾（Virgil）和但丁（Dante）都不會使品達想與他們同遊地獄的。

假如品達生活在他的信念和思想所屬的時代——在西元前第六或第七世紀，而不是第五世紀——那麼他將會成為在具有特殊才能的人中並非不常見的那種人，一個與時代潮流同進退的天才，但卻沒有偉大到能夠看得出潮流已極微弱，落潮就在眼前。然而品達雖活在希臘成就的高潮時代，他竟與它相對抗。馬拉松（Marathon）、溫泉關（Thermopylae）、薩拉米斯等戰役他都不曾參與，也未分享大敗波斯後的那種狂喜與莊嚴的勝利。在他的詩中找不到這些英勇事蹟的一絲回聲。他的城市底比斯（Thebes）並未參與這項光榮的鬥爭。她甚至拒絕援助，而她的詩人也支持她的立場。品達的做法，就是貴族們在遭到可能破壞現狀的事情時所採取的一貫作風，他確曾稍作讓步而以兩行有名的詩來歌頌雅典——希臘的主要保衛者：

> 啊，光芒照耀，詩中享名，帶紫羅蘭花環的
> 希臘之堡壘，光榮的雅典，神之城市。

不過他為新的理想所能付出的也僅止於此。雖然正在希臘露出曙光的理想為這世界帶來了長遠的光芒，但是品達卻看都不看它一眼。他的眼睛一直注視著過去。他用他的天才、他莊嚴崇高的精神、他的道德熱誠，去護衛一個由於它的支持者之不肖而瀕臨死亡

的理想。也就是由於這個原因——而不是他的詩之晦澀難解——他才無法具有更深遠的意義，成為世人眼中的一個不具內容的空洞名字。一個完全傾向過去的人對後代的人有何話可說？艾斯奇勒斯也是個貴族，但是他能夠拋棄高貴出身使他與眾不同的觀念，而成為薩拉米斯之役後摧毀舊障礙的新自由之發言人。他的詩中充滿著對前此未為人知的善之憧憬，充滿著對比目前所知更為崇高的人性可能之遠見。他所見的雅典不再被分成統治者與被治者，而是一個團結的人民共同擁有的雅典。把他的精神與品達的相比，便可看出為什麼品達雖有那麼高的天賦，但卻失敗了。艾斯奇勒斯極為勇敢，就像一個領導衝向新的理想高峰的領袖一樣；品達則非常小心謹慎，有如一個防衛者。他不斷地勸人停留在安全區域內。如果貴族們希望保全他們所擁有的，他們就不能輕舉妄動。他不但十分鄭重地警告他們不可有野心，甚至也警告他們不可有期望。因為那是危險的；它會引誘一個人逸離熟悉的舊路而蕩入陌生的地區。要知足，他這麼警告競技大會的勝利者。不要貪得無厭。人的力量受到不可避免的死亡之限制；妄自以為可以超越這一點的簡直是不折不扣的愚蠢。「切莫妄想成神。凡人的事最適凡性。」他又說：「莫妄想神仙的生活，但盡享你所有的、你所能的。」他這麼祈禱著：「願神令我企求我能力所及的事物。」奧林匹克大會上的勝利乃是人類所能企及的最高成就，在另一層意義上，一個王侯的宮廷——如海隆在敘拉古的宮廷——之光榮、尊嚴，以及遠離一切粗鄙的事物，也可說是人類的最高成就。而一旦達到了這個最高成就，剩下的就是保衛它，永遠為貴族和暴君們完好地保衛它。

因為這個緣故，品達總是悲傷的。那些歌頌勝利、才氣煥發的詩篇，總隱伏著沮喪的暗流。永遠防衛是一件很令人氣餒的事，海隆擺下慶祝之宴，美酒在金杯中閃耀，貴族們歡聚慶祝，他們歌頌競賽獲勝的駕車聖手和駿馬——但一切人間事物的哀傷卻壓抑著詩人的心。於是福樓拜（Flaubert）所說的取名為「已達成的願望（Accomplished Desires）」的人類命運之書中那最可怕的一頁翻開了。再沒有什麼值得往前瞻望的事，最好的已經達成，希望和努力也告結束。那麼把你的眼睛移離將來吧——它不能帶來更好的，卻可帶來很多更壞的。只有過去，以及短暫的現在是安全的。其實這種見解並沒什麼特殊之處；它既不深刻，也不帶深沉的憂愁或尖刻的悲哀。它實在就是不滿，就是「虛空的虛空，萬物皆虛空」的判決。「凡人歡樂的時光極短暫，如花開瞬息，便隨冷酷的命運搖落泥中。啊！朝生而夕死！我們是什麼，我們又不是什麼。人只是陰影之夢。」這就是品達對揭露生命之謎所做的最高貢獻。

至此，他之作為希臘貴族政治顛峰時代的最偉大詮釋者降為極次要的身分。而在他作為一位偉大詩人的真正崇高的身分上，他又幾乎不再是希臘貴族的詮釋者了。很可惜的是，他的特殊語言和韻律之美絲毫無法轉達於英語中，這真是個無法彌補的損失。但是我們更無法彌補的大損失尤在於這一天才竟只用他的偉大天賦去朗照過去，而不理會對整個世界的前途充滿希望的現在。

第六章

柏拉圖眼中的雅典人

從前——我們不知道確切的時間，但知道與西元前四百五十年相距不遠——有一支雅典艦隊於落日時分停泊在愛琴海（Aegean）中的一座島嶼附近。當時的雅典正在努力成為海上之后，預定在翌日早晨開始進攻那座島嶼。當天晚上這艦隊的總指揮——按照這故事所說，他竟是柏里克立斯本人——派人邀請他的副指揮到旗艦上與他共進晚餐，於是他們坐在舵樓的甲板上，頂上撐起天棚以擋露水，侍者當中有一位很英俊的男孩，當他為他們注酒時，柏里克立斯想起了詩人，於是就引了一行詩描寫年輕人臉頰上的紫色之光。他的副指揮頗不以為然，他認為那個色彩形容詞極不恰當。他較喜歡另一個詩人以玫瑰色來描寫青春之綻放。但是柏里克立斯反對他：因為那個詩人在別處描寫年輕人的光輝可愛時，所用的形容詞就是紫色。他們的談話就這樣繼續下去，彼此引用恰當的形容詞以凌駕對方。他們在晚餐桌上所談的，完全就是文學批評上細緻微妙的論點。然而當第二天戰爭開始時，這兩個人同樣也能勇敢地作戰，賢明地指揮部屬去進攻那座島嶼。

這則可愛的小故事的真實性我不敢保證，但是值得注意的是，除了希臘之外，我們再也找不出哪一個國家的將軍身上發生同樣的故事，沒有人想像得出在渡過萊茵河（Rhine）的前夕，凱撒（Caesar）會和他的心腹拉比努斯（Labienus）討論色彩形容詞的故事；我們也有理由認為將來不會有人構想出格蘭將軍（General Grant）和謝爾曼將軍（General Sherman）會做這樣的消遣。亞里斯多德所說的詩比歷史具有更高的真理在此可以獲得最佳的明證。這一則小故事，不論其可靠性如何，總勾勒出一幅雅典盛世時的雅典人之生活實況。我們看到兩位對詩人極為熟悉、藝術標準極嚴的深具涵養之士，能夠在大戰前夕縱情於文藝批評的精妙細節，而同時又是行動家、軍人、水手、將軍和政治家，這實在是任何時代所難以望其項背的。歷史上很難找到這類集多種才能於一身的例子。因為這必須完全經過文明的薰陶，而在這陶冶過程中不能失去任何有價值的東西。

文明這一個常被濫用的詞語，所代表的應是比電話和電燈更高的事物。它乃是不可測知的事物，乃是對心靈的喜悅、對美的鍾愛；它所關切的是榮譽、敦厚溫雅、禮貌和纖細的情感。不可測知的事物居最重要地位之所在，也就是文明顛峰所在之處，同時，假如行動的力量能不受損的話，則人生便已達到一個很少被達到、更難被超越的境界。事實上很少人能有這種成就，也很少有哪些時代能產生足夠具有這種成就的人。

根據修昔底德的說法，柏里克立斯認為他那個時代的雅典就是這樣的一個時代。他最為人所知的名言很簡潔但很完美地表達出一個以完整的行動力量所臻至的最高文明。他說：「雅典人是愛美者，但未失去對簡樸的愛好；是愛智者，但未失去雄壯的活力。」

西元前五世紀的希臘人未失去雄壯的活力，這是不證自明的事。馬拉松、溫泉關和薩拉米斯等名字，將因其代表以寡敵眾的大無畏勇氣而永垂不朽，而柏里克立斯曾對他們發表過演說的那些戰士的孫子們，也遭逢了一場艱難困苦的戰爭。不過現代的我們很難體認不可測知的事物在希臘有多重要。有一則關於索福克里斯的故事說，在他老年的時候，他的兒子將他帶到法庭上並告他無能處理自己的事務。這位年邁的悲劇家所做的唯一辯護，便是當著陪審員的面誦讀幾段他新近寫成的一個劇本。那偉大的文學並未遭到充耳不聞的命運。要判定一個能寫出這種詩的人為無能？哪個自稱為希臘人的人能做出這種事？不！這案子不能受理；原告應受罰款的處罰，讓被告光榮勝利地離去。

另一個故事是：當雅典城淪陷，而征服者斯巴達人決定把雅典夷為平地，甚至連雅典衛城的一根柱子都不留下的前夕，一個負責吟詩作樂者——即使是斯巴達人也必須在宴會上誦詩——朗誦了尤瑞皮底斯的詩，聽了那些美麗而感人的詩句後，正在飲宴作樂以慶祝勝利的那些士兵們竟忘了勝利和報復的心思，異口同聲地說，不能毀滅產生這麼一位詩人的城市。對於希臘人，那不可測知的事物竟然如此重要。詩，所有的藝術，乃是極嚴肅的東西，它們之成為一個人的自由和一座城市的生命之所繫，實在是天經地義的事。

很顯然地，希臘的價值觀和我們現代的價值觀極不相同。我們不能夠真正把他們的生命見解納入一個首尾一貫的整體；從我們的觀點來看，他們的生命觀相互矛盾。我們覺得，喜歡詩喜歡到視它為具有實際分量之物的人，一定對實際上重要的事物缺乏認識，一定是夢想家，對生命冷酷的現實茫然無知。其實，沒有比這更離譜的觀念了。希臘人實在是優越的現實家。他們以周圍活生生的人為範本去雕刻和繪畫，把詩保持在冷靜範圍之內的這種心性，使他們成為日常事物世界中之實際的人。他們並不想規避事實。我們自己才是感傷主義者（Sentimentalist）。因為對我們而言，詩和一切藝術只是生命的表面裝飾，藉由感傷化，形成一個逃離世界的避難所，因為我們無法面對現實世界。但是希臘人勇於正視它，他們絲毫不感傷。說為國家犧牲生命是一件甜美之事的，乃是羅馬人。希臘人從來不說為任何事情而死是甜美的。他們不扯生死問題的謊言。

柏里克立斯哀悼陣亡將士的偉大演說，與同性質的其他一切演說迥然不同。在他的演說中沒有一絲褒獎，沒有一字是英雄式的誇讚。它是一篇思想清晰、直截了當的講辭。他並沒向他面前哀傷的父母們提示說，他們應該覺得快樂，因為他們的兒子為雅典而死。他知道他們並不快樂，而除了事實之外，他根本沒想到要說別的事情。他對他們說的是這些話：

> 你們當中有些人年紀尚輕，還可以生育兒女，所以他們應該能忍受這悲哀。對你們當中那些青春已逝者，我應這麼說：為你們一生大部分的日子過得快樂而慶賀吧；別忘了你們悲傷的日子不會太長久，從已死者的光榮中獲取安慰吧。

冷酷的安慰，我們這麼認為。不錯，但是受到這種打擊的人根本不可能被安慰，柏里克立斯是很了解他的聽眾的。他們跟他同樣地面臨相同的事實。念這一篇沉靜、嚴肅而平直的講辭，那恰恰相反的風格令人聯想到各處無名英雄（Unknown Soldier）塚前的演說。

與這精神完全一致的，是經常被引述的在溫泉關殉難之斯巴達人（Lacedemonians）的墓誌銘。他們每個人都殉難了，而他們事先也知道他們不會生返。他們不抱生返的希望英勇奮戰至死，他們的壯烈犧牲拯救了希臘。但是為他們寫墓誌銘的大詩人卻認為這樣一句話就夠了：

陌生人，請告訴斯巴達人，我們遵從他們的話，在此安息。

我們對此大抱不平，我們覺得這種英勇精神值得更高的讚頌。但希臘人並無不平之感。事實就是事實，偉大的事蹟本身就是自己的發言人，它們不需要任何點綴。我們常會因一些看似缺乏人情的話而感到嫌惡。當伊底帕斯王（Oedipus）在流放之前最後一次露面並訴說他的悲慘遭遇時，他的朋友們說的僅僅是：

你說的都是事實。

伊底帕斯又說他真希望在小時就死掉，他們也只這麼應和著：

我也寧願如此。

這種態度似乎有點冷酷，但我們應該記住，希臘人不但敢於面對現實，他們連逃避現實的念頭都沒有。當伊菲革涅亞（Iphigenia）說奧雷司提斯（Orestes）必須死，而皮拉德斯（Pylades）可獲自由時，他拒絕在這種情況下得生，他拒絕得像一個希臘人，而不是現代人。他之所以拒絕，並不僅是基於對他朋友的愛，也由於怕別人批評。他知道會遭到批評，他也很坦誠地把這層心事說出來：「世人會說我棄友獨生，我不能這麼做——我愛你，也怕人的譏笑。」這實在是極誠實的態度，我們再也做不到這種地步的誠實——它使我們震驚。雅典人兼具的特性令我們迷惑——他們是美的愛好者，把詩、音樂和藝術看成最重要的東西，學生們在學校裡所學習的兩門主要科目便是音樂和數學，而同時他們又是事實的愛好者，他們固執於現實。品達祈求道：「願神助我永遠喜愛美，並追求可實現的事物。」至於「我渴望做到而又做不到的事安慰了我」的這種態度，是絕不為希臘人所喜愛的。

雖然歷史記載對我們所最渴望知道的事一向提供不了任何資料，我們仍然或多或少地能藉重新構想由那些價值觀念為我們所不解的人所創造的社會，而對他們的生活方式和態度獲得若干了解。上面所述及的希臘人的故事，絕不是因為僅有一、兩個人——如柏里克立斯，如蘇格拉底——有那種觀念，所以就把它當作希臘人的故事。一個國家的偉大事蹟，不管它是如何憑空虛造出來的，都能明白地顯示出那個國家的標準和理想。

這些事實表露出這一民族對人的期待，而非表露出他們的良心。他們的故事和戲劇，比他們的歷史更詳盡地透露出關於他們自己的事蹟來。要了解維多利亞中葉時期的英國人，我們不應該找上歷史家，而應該去研讀狄更斯（Dichens）和安東尼．特羅洛普（Anthony Trollope）的作品。要認識希臘盛世時代的雅典人，我們不應求助於修昔底德這位歷史家，因為他的興趣是在於雅典而不是雅典人，我們實應去找兩位除了同具有描述他們周圍人物的能力之外、別無相同點的作家：一位是亞里斯多芬，在他的每部劇本裡，他取笑雅典人，責備他們、辱罵他們，讓他們瞧見自己；另一個是柏拉圖，雖然他的精力主要是用於思考崇高的理想事物之性質，他同時也是人性之研究和熱愛者，在他的《對話錄》中，他留給我們一些刻畫生動、至今仍活在他書中的人物。

《對話錄》中的許多人物也出現於其他人的作品中。當時最有名的人物裡，也有幾個參與對話討論。我們無法得知那些人物是否都真有其人，但是無疑地他們都很逼真，對於柏拉圖的聽眾而言，那些人物就是上層階級的雅典人所習見的，十分真實而自然的人。如果我們認為柏拉圖的理想主義（idealism）擴及於他的書中人物，或認為他會把自己的學說置於他的學生們認為不真實和荒謬的人物口中，那就無異於侮辱他和他學生們的智力。的確，他未曾給予我們雅典的横切面，就如特羅洛普未描述出英國的横切面一樣。他的書中出現了幾個「不屬於上流社會」的人物——一個以誦讀《荷馬史詩》為生的說書者；一個占卜者，這占卜者的社會地位對柏拉圖而言與柯茂禮爵士（Sir Roger de Coverley）眼中的教士之社會地位相等——不過柏拉圖真正熟知的人物還是雅典的上流人士，而且對他們的認識之深不亞於特羅洛普對他的牧師和國會議員之認識。

他介紹給我們的乃是一個極文明的社會，這社會的構成分子喜好運用心智，愛好美與優雅，就如柏里克立斯在葬禮演說中所指出的，對生命中的歡樂趣事極為敏感，而尤其喜愛隨時隨地討論任何抽象和奧祕的事物：「當我們進入房裡的時候，」——說話的人是蘇格拉底——「普羅塔哥拉斯正在走廊裡踱著步子，他身旁跟著一群聽眾，就像奧菲斯（Orpheus）一樣，他以他的聲音吸引他們，使他們跟著他。接著就如荷馬所說的『我抬起頭來看到了』，伊利亞人希庇亞（Hippias the Elean）坐在對面的走廊裡，還有許多人坐在他周圍的凳子上。他們問他許多關於物理和天文的問題，他正在談論這兩個題目。西阿人普羅迪柯斯（Prodicus the Cean）也在那兒，不過他還沒起床——因為這時天剛亮——而在他旁邊的臥榻上也有一些年輕人。他深沉而優美的聲音在房子裡迴響著。」蘇格拉底要求普羅塔哥拉斯把他的學說講給他們聽，而當這位偉人答應時，「就如我所料想到的，他想在普羅迪柯斯和希庇亞面前出點風頭、來點炫耀，我就說：『為什麼我們不叫大家一起來聽呢？』這時候主人卡里亞斯（Callias）說：『我們來舉辦個討論會，由諸位坐下來討論，如何？』這個提議被接受了，大家因為能夠聽賢者的討論而感到非常快樂。」於是他們就高高興興地坐下來討論美德和知識相通的問題，以及美德是否能教得來。

我們知道，這是個有閒暇的社會。蘇格拉底跟年輕的泰鄂提得斯（Theaetetus）談到：「自由人經常擁有的悠閒」、「他們可以安閒地談論著，隨意從一個題目轉到另一個題目，他們唯一的目的是獲得真理」。不必直接身臨其境我們就可以想見，所有的對話都是在絕對悠閒的氣氛下進行，浸淫在這些對話中便等於被帶進一個沒有人是倥傯忙碌的世界、一個時間綽綽有餘的世界。《理想國》（*Republic*）一書是這樣開始的：「昨天我與格勞康（Glaucon）一同到派里猶斯（Piraeus）去向女神祈禱，順便去看看他們怎樣慶祝節日。當我們看完了要回城裡去的時候，波勒馬庫斯（Polemarchus）和其他幾個參加慶典行列的人來了。『你要回城裡去了？』他問道。『你沒看到我們有多少人嗎？你會比我們都強壯嗎？假如不會的話，你就得留下來。』我說：『難道沒有別的選擇嗎？我們不能說服你們讓我們走嗎？』『如果我們不聽的話，你能嗎？你知道我們是不會聽的。留下來看今晚的馬背火炬賽吧。今晚也有個年輕人的聚會，我們要好好談談。』」

幾乎每一段對話都是以這種方式開始的。那些對話中最具有迷人的悠閒氣氛的，恐怕要數菲竺斯這一篇了。

「你到哪兒去？」蘇格拉底這樣問菲竺斯。

這位年輕人回答說，在跟一位大修辭家談了一個早上後，他想到城外去散散步：「假如你能抽出時間陪我散步的話，我就告訴你，我們談話的內容。」

蘇格拉底回答說，他想聽極了，就是要他走到梅格拉（Megara）再走回來他也不在乎。

這一來菲竺斯反倒擔心這樣對這位偉人不太公平：「蘇格拉底，我並沒有記住他所用的每個字——我真的沒有。不過我對他所說的話還有個籠統的概念，我可以告訴你概要。」

「好的，老弟，」蘇格拉底答道，「不過你要先讓我看看你大衣底下的那卷東西，我懷疑那可能就是你們談話的紀錄。雖然我很喜歡你，我還是不願讓你只憑記憶而使我受損。」

菲竺斯屈服了——他答應朗讀整篇文章，不過坐在什麼地方念呢？對了，就在「那棵最高的梧桐樹下，那兒有涼蔭、有微風，又有綠草地可供坐臥。」

「好的，」蘇格拉底同意道，「那是個很好的休憩處所，充滿著夏日的聲與香，溪水可涼潤雙足，我躺著，你嘛，你自己挑個最適於朗讀的姿勢。開始。」

於是他們就在那棵梧桐樹下待了好幾個小時，討論「靈魂的性質——雖然它的真實形狀永遠是個廣泛、凡人難以窺其究竟的題目」；以及「美與聖潔的形體並射光芒」；以及「以謙卑與聖潔的恐懼跟隨其所愛之人的情人的靈魂」；「友誼的祝福」；和「那一切需要對自然之真理深思的偉大藝術」；以及如何稱呼那些「認真追求生命的人。我不能稱他們為大智者（wise），因為這是專屬於上帝的稱謂——最適合他們的稱呼應是愛智者（lovers of wisdom）。」在柏拉圖時代的雅典，兩個紳士在一起便是這樣子打發掉一個夏日的早晨的。

這也是一個溫文爾雅的社會，人們有良好的教養，從容、溫和、風度優雅。當時最有名的宴會是在雅士阿伽頌（Agathon the Elegant）家中舉行的，當他的賓客就座的時候，他對他們宣稱，他從不曾在這種場合中命令僕從，「我對他們說：把你們自己設想為我們的主人，而我和其他人是你們的賓客；好好接待我們，我們就會稱讚你們。」假如因為錯誤而把一位未受邀請的熟人引進這一個社交藝術的聖手們所容許的輕鬆隨和的氣氛之中，對於較我們的宴會賓主不嫻熟於社交禮儀的人，這種錯誤可能是極端尷尬的。但是這位賓客立刻受到最令人愉快的方式接待，使他馬上有賓至如歸的感覺：「歡迎，歡迎，亞里斯都德穆斯（Arisdodemus），」主人阿伽頌說道，「你來得正好，來跟我們一道進餐。假如你是為別的事情而來，把那件事情拋開來加入我們。我昨天去找你，想請你一道來，但是沒找著。」

蘇格拉底來遲了。大概是在路上的某個長廊下陷入沉思。當他進來的時候，「阿伽頌請求坐到他身旁的位子上，『這樣我就可以觸摸你，分享到你在長廊底下沉思時心裡的思想。』蘇格拉底就按照他的意思在他旁邊坐下，說道：『我多麼希望智慧藉觸摸而傳注。要真是這樣的話，那我要多麼地珍視斜坐於你身旁的權利，因為你就會把一股充足而美好的智慧注入我的心中，至於我的智慧，那是微不足道的。』」

他們就這樣開始了一場辯論，最後阿伽頌服輸了：「我無法駁倒你，蘇格拉底。」「不，」這是蘇格拉底的回答，「親愛的阿伽頌，你應該說你無法駁斥真理，因為蘇格拉底是很容易被駁倒的。」

這是十分完美的社交，唯有長久的訓練才能達到。這種水準的良好教養絕不是一、兩代之間可以培養得出來的，然而這些人乃是馬拉松和薩拉米斯的抗敵英雄的子孫。所以他們實在是英勇的精神和崇高文明的不可思量之物的繼承人。

在《對話錄》裡頭，蘇格拉底這位獨一無二的哲學家，這位與希臘以外的所有哲學家迴異的哲學家，自始至終不斷地出現。其他的哲學家們通常都是很奇特、很沉默寡言的，至少我們這麼以為，很冷然，高不可攀，沉迷於玄妙的思想之中，而不太像常人。最足以代表我們心目中的哲學家的莫過於康德（Kant），這位傴僂、心不在焉的矮個子，只來往於他的住處與執教的大學之間，每天早晨當他前往講堂時，康尼斯堡（Königsberg）的主婦們看到他從門前經過便趕忙對時。然而蘇格拉底並非如此。作為一個希臘人，他絕不可能如此。人們對他有許多不同的期待，他也必須能夠應付許多不同的場面。正由於我們屬於一個愛享受的時代，我們也就屬於一個專家的時代。很明顯地，如果一個人只做一件事的話，他可以做得比較快，而在一個需求許多東西的世界裡，唯一合理的結論便是設法使一個人只做一件事。二十個人分工去製作一雙鞋子比一個鞋匠單獨做所能做出的鞋子要多出不止二十倍以上，而結果是，大家都不用赤腳走路。我們所獲得的報償是每一個人所需要的東西都在不斷地增加，但是我們也付出了代價，即每個工人發展的可能性受到了限制。

在希臘，情形卻剛好相反。比較起來，他們需要的東西很少，但是每一個人都必須兼具數種不同的身分才能。當時的雅典人即身兼多種身分。艾斯奇勒斯不僅僅是個劇作家，同時也是個劇務員、演員、舞臺設計家、服裝師、設計家、機械師和製作人。他也是個打過仗的士兵，大概也擔任過市政公職；事實上，大部分的雅典人都擔任過。假如對他的生平事蹟知道得更詳細的話，我們無疑地還會發現他有別的嗜好。與他同道的戲劇家索福克里斯是個將軍、外交家，也是個祭司；他還是個在劇場方面有實際見地的人，並至少倡導了一項極重要的改革。希臘並沒有與實際生活脫離的藝術家階級、文人階級或學者階級。他們的士兵，他們的水手，他們的政治家，以及他們的辦理實務者，寫出了他們的詩，創造出他們的雕刻，思想出他們的哲學。「總括而言，」柏里克立斯說道，「我認為雅典就是希臘的學校，而每個雅典人都能夠極能幹、極優美地適應各式各樣的生活形式。」這最後一句話帶有一種特屬於希臘人的味道。

所以蘇格拉底跟我們心目中的大學問家和哲學家完全不同。譬如說吧，他就是個極愛交際的人，他最喜歡與人相處。「我是個知識的愛好者，」他這樣談他自己，「而人們就是我的老師。」不過他喜愛的是紳士們。他喜愛一個受過良好教養、行事得體的人。「一個狹窄、尖刻而卑小的法律心靈——一個不曉得怎樣像個紳士般穿衣服的人」，是他認為令人嫌惡的人。

有時候他會把我們帶進冠蓋雲集的場合裡頭。就在一個盛大的公開葬禮舉行之前，從公共聚會的市場（Agora）回來的路上，他碰到一個熟人，那位熟人告訴他市政會（Council）擬選派一個代表在葬禮中發表演說，並且問：「假使他們推選你的話，你能不能勝任？」

蘇格拉底回答道：「只要想想教我演說的那位可敬愛的女士，我的能夠勝任當不足為奇。她曾訓練出許多好的演說家，其中的一個——柏里克立斯，便是全希臘最傑出的。」

「你指的該是阿斯帕齊婭（Aspasia）吧。」那位熟人這麼說。

「是的，不錯，」蘇格拉底回答，「昨天我才聽到她正為那些死者寫一篇弔辭。正如你剛才所說的，人家告訴她說雅典人要推選一個演說代表，她就把她認為那位代表應該說的講辭念給我聽，其中一部分是即席之作，一部分是把柏里克立斯的葬禮演說的某些片斷加以重新編排而成，至於柏里克立斯的演說辭，我相信也是她寫的。」

「你記得阿斯帕齊婭念給你聽的東西嗎？」他的朋友問他。

「我應當記得的，因為是她教我的，她教我的時候我老是忘掉，她都幾乎要揍我了。」於是蘇格拉底就把那篇弔辭複述一遍，當念完的時候，蘇格拉底為了怕阿斯帕齊婭因他把演說辭告訴別人而生氣，便警告他的朋友說：「注意別在她面前告我的密，我才會把她其他許多精采的政治演說辭念給你聽。」

在阿伽頌家舉行的那一次著名的晚餐會上，聚集了一群任何其他時代都難比其光輝的年輕人：主人阿伽頌剛獲得戲劇的首獎；亞里斯多芬是偉大的喜劇家，阿爾西比亞德斯（Alcibiades）是個紈褲子弟，而在熠耀的群英之中最為光芒燦爛的蘇格拉底進來的時候，這些人以及他們的同儕都把他當作最佳的酒友，他們都敬愛他、視他為最好的友伴。他們跟他作樂，懷著愛悅地開他玩笑，而蘇格拉底總是以一個通達世故者的容忍與自信忍受這一切。「不要理他，親愛的阿伽頌，」菲竺斯，那位散步到一高大的梧桐樹下的年輕人叫道，「因為他只要找得到一個能夠談話的朋友，尤其是個英俊的朋友，他便別的什麼都不中用了。」

不過，從接下來的談話中來看，似乎全世界的年輕人所最佩服的事他都能夠做。「不管喝了多少酒他都不會醉。」阿爾西比亞德斯說。這句話乃是在他堅持要蘇格拉底喝光兩夸特的一瓶酒而蘇格拉底果真若無其事地飲盡之後說的，語氣中帶著點幽默的絕望。當阿爾西比亞德斯剛到達時，「戴著長春藤和紫羅蘭花冠，」他向大家問道，「你們願意要一個喝得大醉的人為伴嗎？」可是在座的其他人已經贊同亞里斯多芬的建議，因為他們前一天喝了太多酒，最好不要再狂飲——「不過蘇格拉底是個例外，他喝個不停或不喝都無所謂，也不在乎我們喝不喝。」

在忍受艱苦上，他也是年輕人心目中的英雄。在某一次戰役中阿爾西比亞德斯和他一道吃飯，「我有個機會看到他忍受疲勞的不尋常能力。當我們的補給中斷的時候，他的耐久力簡直不可思議——根本沒有人能與他相比。這時正是冬天，非常寒冷，每個人都穿了多得驚人的衣服，腳上則裹著羊毛。」但是蘇格拉底「穿著普通衣服，光著腳，比別人都更有能耐地在冰雪上走著。」雖然如此飽受風雪之苦，「假若當時我們有個盛宴的話，他是唯一能夠好好享受一頓的人。」

《饗宴》（*Symposium*）這一篇對話結束時，敘述者承認他們最後都喝得太多，而當他直睡到翌日天亮醒來時，他發現除了蘇格拉底、亞里斯多芬和阿伽頌三人，大家都在睡覺。後兩者還一直在喝，而蘇格拉底則在對他們講話。他正在爭辯：「真正的悲劇藝術家也是真正的喜劇藝術家。」其他兩人對這點只好同意，因為他們都已昏昏欲睡，不太跟得上辯論的要點。先是亞里斯多芬醉倒了，接著是阿伽頌，蘇格拉底照顧兩人睡覺之後就離開了。他到學苑（Lyceum）去洗了個澡，跟平常一樣度過這一天。

他也能夠使小學生跟他在一起而毫不感到拘束。「呂西斯（Lysis）跟他的朋友美涅克塞努斯（Menexenus）跑來坐在我們旁邊。我便問道：『你們兩個哪一個年紀大？』呂西斯回答說這是他們爭論的一件事。『哪一個比較好看呢？』那兩個男孩笑而不答。『我不願意問你們誰比較富有，』我說，『因為你們兩個是朋友，不是嗎？』『當然。』他們回答道。『朋友間的一切東西都是共有的，』我接著說，『所以你們兩位不可能有誰比另一位富有。』『真的不可能。』他們同意。」

蘇格拉底跟那兩個男孩討論友誼的談話，由於他們的老師因時間已不早要他們回家而中斷，「在分手時我對他們說：『美涅克塞努斯和呂西斯，我這兒有個笑話：你們兩個和我這個想成為你們的一分子的老孩子，都認為我們彼此是朋友，然而我們竟不能研究出到底朋友是什麼！』」

這種結論，或者毋寧說缺乏結論，說明了在全世界的偉大教師中蘇格拉底所特有的態度。不論事情大小，他是不願意替來找他的人去思考的。在《克堤拉斯篇》（*Cratylus*）中，當克堤拉斯和他的朋友來找蘇格拉底請教語言和文字的形成問題時，他們所獲得的只是：「假如我不是個窮人的話，我就出得起五十塊銀元（drachma）去聽偉大的普羅迪柯斯的課，據他自己說他的課是文法和語言的完全教育，那麼我就能夠馬上回答你們的問題了。可惜我只聽過一塊銀元的課，因此我對這件事情的真理了無所知。不過我還是很樂意幫助你們研究這些問題。」他所謂的研究是這樣結束的：「克堤拉斯，這可能是對的，但也很可能是錯的，因此我不願你隨便就信服。好好地想一想吧，你很年輕，正是適於學習的年紀。如果你探求出真理的話，請來告訴我。」對於這個建議，那位年輕人——他一定非常年輕——回答說：「我會按照你的話去做，蘇格拉底。」

這種反語式的懸疑不決（ironic inconclusiveness）是他最大的特色。不管是在指責他的世界應對希臘的愚昧負責，或是很謙卑地引領他的聽眾進入偉大的思想和體認他們的崇高職責，他都認為自己跟他們一樣無知，甚至更不如。他的習慣性態度是一種極可愛的缺乏自信。「我曉得這可能是錯得很離譜的。」他似乎這麼說。他只提供作為參考的建議——帶著問號的建議。這是在最高等的文明社會中最通達世故者的作風。

我們必須再舉一個例子來指出這一看似怪異而自貶身價的態度所包含的嚴肅性。這個例子是從他與菲竺斯在一次夏日散步時的談話中摘出的——

「到雅典的路豈不是專為談話而設的？」年輕的菲竺斯問他說，他們是不是快走到傳說中波里亞斯（Boreas）劫走歐莉西亞（Orithya）的地方：「這道小溪清澈明亮，我可以想像得出附近一定有少女們在玩耍。告訴我，蘇格拉底，你相不相信這個故事？」

「賢明的人們都很懷疑它，」蘇格拉底回答說，「假如我跟他們一樣懷疑，我也不算獨一無二。我或許有個合理的解釋，就是當歐莉西亞在玩的時候，突然有一陣強勁的北風把她送過巨大的岩石，因此人家便說她被波里亞斯劫走了。我承認這些寓言式的解釋很迷人，但是編造這樣一個解釋的人並不值得我們羨慕，因為他需要費很大的力氣，也要有很大的創造才能。他也需要接著去編造半人半馬怪（Hippo-Centaurs）和吐火怪（chimaeras）的故事。然後蛇髮女妖（Gorgons）與飛馬又接踵而至，以及無數不可思議的可怕的生物。假如他想把這些東西都納入或然性（probability）的律則中，那將花費非常多的時間。我是沒有閒暇來探究這件事的，要我告訴你原因嗎？我必須先認識自己，就像雕刻在德爾菲的名言所說的。當我還不了解我自己的時候就去探究與我不相干的事，豈不是太荒謬。所以我要向這類事情告別。我要了解我自己；我是不是一個比怪蟒泰和（Typho）更複雜更充滿情欲的怪物？或者是一個較溫婉、較單純的生物，由自然賦予我較卑微或較神聖的命運？」

對於今天大部分不但習慣於、而且專心於權威性言論的我們來說，這種由教師公然承認自己完全缺乏獨斷的態度，不但令人驚奇，簡直是格格不入。但是在雅典，至少在柏拉圖時代的雅典，任何人要想分享真理就必須親自去探索的這個觀念，不但不使人嫌惡，反而極易吸引人。我們可以相當公平地說，在這方面柏拉圖是頗熟悉希臘之道的。在蘇格拉底死後的好幾年間，他在全世界的第一所學院中教授雅典人，而我們從未聽說他為了採用這種教學法而付出不受歡迎的代價。假如柏拉圖的《對話錄》曾指出任何一個結論的話，這個結論就是：雅典人不願人家替他思想。

因此，雖然蘇格拉底是個不平凡的人，但從某一方面來說，他的手中握著一面反映他那個時代的鏡子。那是一個文明的時代，在那個時代裡真正重要的事不是可以觸摸得到、嘗得到、把握得到的東西；那個時代的領袖們專心致力於學問和真理的探求；那是個能做敢做且能受苦耐勞的時代，仍然能夠創建出距離它不到幾年的過去那個時代所開創的英雄事業。心靈與精神之協和乃是希臘藝術的特色。由無限的活力所調和的智性和優美的格調，就是柏拉圖眼中的希臘人民之特殊標記。

第七章

亞里斯多芬與舊喜劇

「真正的喜劇，」伏爾泰（Voltaire）這麼說，「乃是一個民族之愚妄和瑕疵的能言圖畫。」他心中所指的便是亞里斯多芬。而對於雅典的舊喜劇（Old Comedy）而言，沒有比這說得更恰當的話了。讀亞里斯多芬的作品就好像看一份雅典的滑稽漫畫。整個雅典的生活都包括在裡頭：當時的政治和政治家、主戰派與反戰派、和平主義、婦女投票權、自由貿易、財政改革、納稅人的怨言、教育理論，當時的宗教和文學談片——換句話說，所有一般市民感到興趣的事物都囊括在內。樣樣都是亞里斯多芬譏諷的材料，他就是他那個時代的愚妄和瑕疵的能言圖畫。

不過，他反映時代的那面鏡子和蘇格拉底的不同。從柏拉圖轉到舊式喜劇的境界是個很奇特的經驗。那一群彬彬有禮、生活方式令人喜悅，同時賦有敏銳情感與考究嗜好的紳士們哪兒去了？在這些一個比一個更粗魯、更喧鬧的鬧劇中，一點都找不出他們的蹤跡。的確，設想那些紳士們成為這種戲劇的觀眾，要比想像史賓塞（Spenser）或西德尼爵士（Sir Philip Sidney）去看皮斯妥（Ancient Pistol）或多爾·提爾西特（Doll Tearsheet）的表演還困難。這一般人物的胡扯更難上加難，其不可能的程度有如伊莉莎白女王（Queen Elizabeth）的宮廷文明水準趕不上柏里克立斯的那一班人，而亞里斯多芬粗卑猥褻的表現更遠勝於莎士比亞。

雖然如此，雅典的喜劇和十六世紀的英國喜劇之間還是有很密切的關係。這兩個光輝燦爛、活力充沛的時代之精神，在許多關鍵上是一致的。亞里斯多芬和莎士比亞的若干喜劇人物之相似可謂一目了然。他們兩人同樣地代表了他們各自的時代精神。他們同樣具有充沛的活力，裝模作樣、虛張聲勢的神采，活潑華麗的語言，也兼有喧鬧歡樂的風趣。孚司塔福（Falstaff）是亞里斯多芬的劇中人物提升到第N個乘方；波恩斯（Poins）、皮斯妥和酒店老闆娘快克莉（Mistress Quickly）等人物也都可能直接出自他的任一劇本。

他們的相似，絕不僅是表面的相似而已。這兩個人的基本喜劇天才是一樣的。在伊莉莎白時代的英國和柏里克立斯時代的雅典這兩個戲劇的黃金時代中，高尚與滑稽兩者之間的距離很相近。笑鬧的喜劇和輝煌的悲劇同時並榮，假如其中一個消逝，另一個也跟著消逝，在高尚與滑稽兩者之間有某種聯繫。只有亞里斯多芬和莎士比亞的喜劇才與悲劇有密切的關係。「戲劇的律則係由其觀眾所制訂。」欣賞《李爾王》（*Lear*）和《伊底帕斯王》的那些具有濃烈情感的觀眾，也就是那些欣賞孚司塔福和亞里斯多芬最瞎鬧胡扯的戲劇之觀眾；假如隨後而來的那個時代雖然在才智上較前一個時代毫不遜色，但是情感卻較為稀薄，則偉大的喜劇和悲劇就都消逝了。

當亞里斯多芬開始寫作的時候，希臘戲劇已達其顛峰而接近衰落。我們現在所能看到的所謂「舊喜劇」為數極少；亞里斯多芬那些常常獲勝的對手們的劇本一部也沒流傳下來，而亞里斯多芬自己的那麼多作品也只保存了十一部，不過從這十一部裡，我們已可清楚看出這一種喜劇之獨成一格。全劇只有三個演員。一個合唱隊以歌與舞劃分情節（當時並無布幕），並且參與對白。大約戲演到一半的時候，那極為鬆弛的劇情就結束了，合唱隊於是就對觀眾發表了一篇極長的演說，這篇演說旨在發表作者的意見，經常是與戲本身無關的。接著是一些多少有連貫的場景。這是一幅描繪一個非常出色、令人賞心悅目的現實之刻板的圖畫。沒有任何人、任何東西能逃得了舊喜劇的嘲弄。諸神逃不過，雅典人最心愛的機構制度逃不過，當時最有名、最有權的人——他們常被指名道姓——更逃不過。他們的言論自由真是令我們驚奇。

在底下所引的段落裡，原文的格律也保存住了，因為它是喜劇效果的一個重要部分。[1]《阿哈奈人》（*The Acharnians*）一劇開始時，一個人正在解釋何以發生戰爭：

因為我們的人——我並沒說是雅典城的人，
記住這一點——我並沒說是雅典城的人，

一些無用的人，一些壞蛋，一些你未曾
見到的混蛋，不停地辱罵梅格拉人。
這是無足道的小事——在我們這兒是如此。
但是幾個借酒裝瘋的小夥子跑到
梅格拉去偷了他們的一個小蕩婦，
梅格拉人因而也跑到我們這裡
劫走阿斯帕齊婭的兩個妞兒。
而這三個人，這三個恰如其身分的
壞女人，就引起了這場戰爭。
因此奧林帕斯的柏里克立斯
在盛怒下雷電交加令希臘倉皇失措
創制對付梅格拉人的法律，但那法律
就如飲酒之歌——

1 譯注：中文翻譯歉未能保存原文格律。

其實，並不只是有權勢者感到不安而已。任何人都有突然遭到被指名嘲弄的可能。《黃蜂》（*The Wasps*）一劇以兩個僕人談論主人的父親開場：

僕人一：他得了個沒人知道的怪病——你要不要猜猜是什麼？

（注視觀眾）

底下的阿米尼亞斯，普羅納培斯之子，說那是嗜賭病，他可錯得離譜。

僕人二：啊！居然以自己的病臆度他人的病。

僕人一：不過前排的蘇西亞斯聲稱那是好飲之病。

僕人二：不——真是胡說八道！好飲是誠實的紳士們的病。

名字當然是隨著觀眾的不同而改變。在一個彼此都認識的小城裡，這種方法提供的人名真是無窮盡。

亞里斯多芬最有名的劇本是《群鳥》（*Birds*），在這齣戲裡他拿雅典來與群鳥築在雲中的烏托邦相比；《青蛙》（*Frogs*）則在戲謔一般通俗作家；《雲神》（*Clouds*）一劇所嘲笑的則是知識分子和「漫步空中對太陽沉思」的蘇格拉底；三個關於女人的劇本《五穀女神祝典事變》（*Thesmophoriazusae*）、《利西翠妲》（*Lysistrata*）和《公民大會婦女》（*Ecclesiazusae*），所談的則是由女人控制文學、戰爭與政府，結果對大家都有好處。

他的劇中角色與柏拉圖書中人物極少相像之處。《饗宴》裡頭那位討人喜愛、彬彬有禮的風趣主人阿伽頌，在亞里斯多芬眼中變成一個完全不同的人。在《五穀女神祝典事變》劇中，尤瑞皮底斯和一位長輩——尼西洛可斯（Mnesilochus）——在一條街道上並肩而行：

尤瑞皮底斯：那幢房子就是偉大的阿伽頌，那位
　　悲劇詩人住的地方

尼西洛可斯：阿伽頌？不認識他。

尤瑞皮底斯：什麼，他就是那個——

尼西洛可斯（打斷他的話）：一個很大很黑的傢伙，是吧？

尤瑞皮底斯：不，不，絕對不是。你沒見過他嗎？

　不過我們躲開一下。他的僕人來了。

　他拿著些桃金孃和一盤炭。

　他是去祈求神給他靈感寫作。

僕人：讓神聖的沉靜降臨此地。

　諸位，閉起你們的尊嘴，

　因為諸繆思正在裡頭作樂，

　那些詩之女皇。

　願空氣靜止，忘記吹動，

　而灰色的海浪不發出一絲聲響——

尼西洛可斯：胡說八道——

尤瑞皮底斯：請你靜些！

僕人（憤怒）：我聽到的是什麼？

尼西洛可斯：哦，就如你所說的。
　　就是忘了吹動的空氣。
僕人：他正在寫一個劇本。
　他先安好龍骨
　以全新的字整齊膠成，
　然後便是船底，
　再鑿刻聲音，
　並用膠液緊緊黏住詩句。
　他會拿一格言
　改造成一個別號；
　以新名字稱呼舊東西。
　他會把它如蠟般塑造
　填入裂縫裡，
　最後注入鑄模之中。
（阿伽頌入。他身穿錦衣，頭髮則攏於網中。）

尼西洛可斯：你是誰？你生來是個男子嗎？
　不，你是個女人。
阿伽頌：先生，你知道的，我是選擇服飾來配合我的寫作。
一個詩人以他的詩來鑄造自己，
當他寫的是女人，他就穿女人的衣裳，
學女人的榜樣。
但是當他歌唱男人的時候
他就該做男人的裝扮。
凡天生所無的，
我們以模仿獲得。

蘇格拉底的遭遇也不見得強多少。亞里斯多芬很留意蘇格拉底好用以說明高深談論的普通比喻。在《雲神》裡，有位父親到「思想學校」（The thinking-school）去幫他的孩子辦理入學，當他被帶領去參觀的時候，他看到了很奇怪的一幕：

父：好了。那人是誰，那個在籃子裡的人？
學生：他自己！
父：誰是他自己？
學生：什麼，就是蘇格拉底呀。
父：天哪，那個蘇格拉底？哦，替我叫他來。
學生：我真的沒時間。你自己叫吧。
父：啊，蘇格拉底！啊——親愛的——可愛的——蘇格拉底。
蘇格拉底：凡人呀，你為什麼來找我？
父：請告訴我，
　　你在那籃子裡做什麼？
蘇格拉底：我漫步空中，思考太陽。
　　除非我在此高處將我精神與
　其族類的大氣相交融，
　我便無法探究上天的事物。
　地面並非做高深思維之處。

大地會將思想的精華吸盡。
西洋菜亦是如此。
父：好啊，好啊。思想把精華吸進西洋菜。

這兩段還說明了另一點：它們假定觀眾受過良好的教育，且對當時的最佳思想與文學作品十分熟稔。事實上每一個劇本都做了這個假定。柏拉圖所熟知的那個社會之知識面就經常在劇中被隱隱指出。《青蛙》一劇中的許多趣味就在於諷刺地模仿艾斯奇勒斯和尤瑞皮底斯，這表示觀眾們對這兩位劇作家的作品十分熟悉。據說艾斯奇勒斯寫了九十部劇本，而尤瑞皮底斯寫了七十五部，這也就意指著熟讀他們的作品乃是每個人修養上的必具功夫。偶而我們也會驚鴻一瞥地看到一些把藝術看得很嚴肅的人。《雲神》劇中，那位把孩子送到蘇格拉底的思想學校去的父親，發覺他的孩子比進學校以前更糟糕，於是這樣抱怨著：

我叫他去拿豎琴來唱西蒙尼德斯的〈公羊〉
或另一首美好的舊歌以助餐興。

他竟回說在餐中歌唱是粗俗過時的玩意，
何況西蒙尼德斯現在已不時興——老早已經過時。
我真不能忍受他這種吹毛求疵的胡話，
但我還是忍了下來，又叫他改唱一段艾斯奇勒斯的戲。
但他回答說：「對我來說艾斯奇勒斯是
十足令人厭煩的傢伙，是個誇張、自負、
說空話的傢伙，他只會暴跳吼叫。」
他這麼說時我氣得胸都炸開，
但我還是忍住，還是很有禮地說：「那麼給我們唱個最新的，你們年輕人最喜歡的
玩意。」於是
他就唱起尤瑞皮底斯寫的一段討人厭的東西，
一段沒有哪個紳士願意唱的東西，
我真的是受不了了。我承認我很光火並揍了他，
而他竟對付起我來，他的父親，
把我打得青一塊紫一塊。

兒子：揍得好，揍得好，因為你竟敢破口大罵
　　那位最睿智的詩人——那位
　　高於一切的尤瑞皮底斯。
父：我知道了，這孩子只不過是個傻瓜。

不過這只是些很少見、很模糊的情景。亞里斯多芬的雅典充斥著最不顧廉恥、最粗俗的人。財神《普勒特斯》（*Plutus*）一劇開場時，有個瞎子在街上摸索而行，他後面跟著一個相貌堂堂的老人與他的僕人。那個僕人問主人為什麼要跟在瞎子後面：

克利米勒斯（Chremylus）：在我所有的僕人當中你是最忠誠、最好的——賊。
　　我一向是個很安分、很誠敬神明的人，
　　但我總是很窮——我運氣不好。
僕：你真是如此。
克利米勒斯：但那些偷神廟的強盜，那些寄生於

政治的賊，竟都變得富有。

僕：這也是真的。

克利米勒斯：所以我就去問神——不是為我自己

我已經沒多大希望了——

是為我的孩子，我的獨子。

我向神祈禱，但願我孩子改變

態度，做一個惡棍，完完全全惡毒墮落的

壞蛋，以能夠永遠過快樂的生活。

神告訴我說，要跟隨我碰到的

第一個人。

僕：是的——

好極了。當然，瞎子是

看得出在今天這種時代，當

惡棍是比較划算的。

他們前面的那個人原來就是財神，但因為他是個盲人，所以不知道自己具有的力量。於是那兩個人就上前去啟迪他。

克利米勒斯：一切東西都是財富的僕從。
　舉女孩子來說吧，假如有個窮光蛋來，
　她們會去注意他嗎？但假如來的是個
　富翁，則他所得的比他所要求的還多。

僕：哦，那不是那種可愛的，良善的，謙和的女孩子。
　她們從不向人要錢。

克利米勒斯：不要錢？那麼要什麼？

僕：禮物——那種很昂貴很值錢的禮物——就是如此。

克利米勒斯：自然大家都會選擇財富。
　你控制我們的戰艦。你擁有我們的軍隊。
　有你加盟的那一邊必定得勝。
　從來沒人擁有足夠的你，

但一個人常可以有太多別的東西——
　如愛情。

僕：如麵包。
克利米勒斯：如文學。
僕：如糖果。
克利米勒斯：如名譽。
僕：如無花果。
克利米勒斯：如勇氣。
僕：如羊肉。

這類謾罵我們聽起來總覺得相當熟悉。那些認為他們的國家和時代是有史以來最壞的作家們，實在可以追溯他們的家世至好幾個世紀以前。

與亞里斯多芬最相似、具有最相近的幽默感的一位劇作家，所出生的時代與亞里斯多芬時代之不同的程度，恰如莎士比亞時代之同於亞里斯多芬時代的程度。產生「舊喜劇」的那個動盪不安的民主社會與維多利亞皇后統治下的英國之風尚習俗，鮮有相類之處，然而在維多利亞時代之中期寫出《御艦品納活號》（*Pinafore*）一劇的吉爾伯特（Gilbert）竟能做到別的作家所做不到的事——與亞里斯多芬持同一見解。亞里斯多芬與吉爾伯特的不同只是表面上的，而且是由他們所處的時代之不同促成的。在基本的天才上，他們是一致的。

不知名者總是堂皇偉大的。亞里斯多芬頭戴希臘的榮光，但他的光輝同時也因幾世紀以來的學術性詮釋而蒙塵，故稍顯暗淡。因此，拿他跟一位我們熟知、愛戴但並不曾真正注意過的作家做比較，似乎存有不敬和愚昧的意味。我們所愛戴的荒謬的吉爾伯特，和亞里斯多芬這位詩人、政治改革家、社會改良者、哲學思想家、留下十數部足以使他不朽的戲劇的人，我們怎麼可能拿他們兩人做比較？柏拉圖說過，真正的比較之唯一基礎，乃是兩者所有的優異之處。亞里斯多芬果真是位偉大的抒情詩人嗎？他確實志在改革政治或廢除民主嗎？像這類考慮是毫不相干的。即使將哈姆雷特（Hamlet）的獨白視為自殺的警告，或者證明《柏里克立斯》一劇的主題在攻擊社會罪惡，莎士比亞的光輝也不會因此而增加。喜劇所特有的優點就在於它精采的戲謔表演，而亞里斯多芬之所以能不朽也就只基於這一點：他是優越的喜劇創造者，他能夠創造極精采的戲謔場面。在這一點上吉爾伯特與他並駕齊驅。他也能夠寫出最令人佩服的瞎扯內容。我們再也找不出比他作品中更絕的瞎鬧場面，因此以他來做比較，對那位偉大的雅典人並無絲毫貶損。

他們兩人之間令人驚奇的相似處，不論是一般性的或特殊性的，一經比較就立即呈現了。這兩人以相同的方式瞎鬧；他們用同樣的眼光來看生命。在吉爾伯特的劇本裡我們看到維多利亞時代英國的縮影，就如同雅典，活在亞里斯多芬的書中一般。那些漂亮可愛的女孩子，那些瀟灑的龍騎兵，那些媒婆；那些和和氣氣的名位、固定收入和政治影響力等之價值的現身說法者；那感傷思想和現實行為之奇異的融合；一八八〇年代的英國之親切的風味——有誰比他描述得更傳神？他是最聰明的諷刺漫畫家之一，不過他沒有亞里斯多芬所享有的自由，因此他諷刺上流社會的虛偽、詐欺和愚昧的精巧而明晰的畫像，總是很謹慎，不敢指名道姓。不過在基本上他所使用的武器與他的希臘前輩是初無二致的。他也同樣地嘲笑他的同胞們所最珍視的事物：如《埃俄藍賽》（*Iolanthe*）中的貴族，《海盜》（*Pirates*）中的陸軍訓練，《御艦品納活號》中的海軍，以及《烏托邦有限公司》（*Utopia Limited*）中的英國社會等，在他的十三部劇本中，每一部都有一個諷刺的對象。他的嘲笑不像亞里斯多芬之有時流於殘忍，但這點不同乃是他們兩人所處環境的巨大差異所帶來的必然結果。亞里斯多芬的雅典人眼看著饑寒與戰敗一步步地逼近雅典，而吉爾伯特則是在人類所知的最安全、最舒適的世界中寫作他的劇本。不過在這層表面上的差別之下，他們的基本見解是一致的。他們兩人都是注意時事問題的作家，但是亞里斯多芬逗人發笑已有兩千年，而吉爾伯特也已安然度過了五十年的驚世巨變，他那時代的英國在我們看來也猶如兩千年那麼遙遠。所以他們可謂透視了一幕幕與時俱逝的景象。他們所寫的完全是瞬息即逝的事物，但是到了他們手中它就不僅僅是一個時代或一個國家的「愚妄瑕疵」（Follies and Foibles）的畫像，而是所有國家、所有時代的畫像，是屬於人性的永恆面。

在這兩人當中，以亞里斯多芬的畫面較大，他的要以哩論，而吉爾伯特的則以吋計。不過尺碼並不足以衡量藝術，下面所引的幾段可顯示出他們幽默的本質是多麼相近。的確，亞里斯多芬的觀眾在智識水準上要比吉爾伯特的高出許多，他的觀眾是由戲劇史上心靈最敏銳、鑑賞力最高的批評家所組成。我們很難想像維多利亞時代的英國人會津津有味地聆聽幾百行除了唯妙唯肖地模仿、諷刺布朗寧（Browning）和丁尼遜（Tennyson）之外別無所有的劇作。在觀眾這一重要因素方面，亞里斯多芬無疑是遠較吉爾伯特幸運的，因而他的作品的範疇也遠為廣闊。雖然很可能由於他們的觀眾之不同而使他們的作品在智識趣味上產生差異，但是他們的相似遠比他們的差異來得顯著，而且顯然是由他們的精神之密切關係所造成的。

甚至於在每個時代都各不相同的技巧上，他們也有許多共同點。對他們兩人來說，中心點都不是情節，而是瞎鬧（fooling）。在因人而異的微妙韻律上，他們也有極顯著的相同點。滑稽歌曲的韻律與它的內容是同等地重要。沒有人比吉爾伯特更了解這一點：

所有熟記大事日期的孩子們，他們也出其不意地令你大大驚奇，
所有握手的人，就是這樣與你握手。

亞里斯多芬也同樣了解這一點：

請聽聽從前的好時光，當孩子們，說也奇怪，
你只看到卻聽不到，過著簡樸的生活，
換句話說，被好好地養大。

這調皮的幾行是他最心愛的，但是他總以變化無窮的方式表達它。這從本章中所引

的那些翻譯的段落裡可以找出例證來：我在前面說過，這些翻譯除了一個例外，其餘都保存了原文的韻律。[2]在根本上，這些韻律的效果就是吉爾伯特的效果。

吉爾伯特在《佩嫺思》（*Patience*）的第二幕所採用的一種似乎是他獨有的扯瞎話的方式，便是說一些你無法抗拒但全不相干的話：

格洛斯維納（狂野地）：但是你不會做的——我深信你不會做。（撲倒向本頌的膝頭，緊攀住他。）啊，想一想，想一想！你也曾有個母親。

本頌：從不曾有！

格洛斯維納：那麼你曾有個姨媽！（本頌深受感動。）啊，我看得出你曾有過！看在你姨媽的分上？我求求你。

亞里斯多芬也使用完全相同的胡扯方式。在《阿加尼亞人》（Acharnians）裡，消除一切反對的那種神奇的懇求不是對一個姨媽而發，而是一桶煤，這在幾年前的英國也很可能是如此。當時的雅典正值戰爭期間，所以燃料極為缺乏。

事情發生在雅典的一條街道上。有個叫做狄克波里斯（Dikaeopolis）的人，幫雅典的敵人——斯巴達——說了句好話，於是群眾大為憤怒：

狄克波里斯：這點我知道，我們整天咒罵的斯巴達人，並不是唯一應對所造成的錯誤負責的人。

群眾：斯巴達人沒錯？你這賣國賊，怎麼敢說這種謊話？揍他！揍他，好人們。拿石頭砸他，拿火燒他。他非死不可。

狄克波里斯：你們不聽我解釋嗎？同胞們？

群眾：不，不！一字都不聽。

狄克波里斯：那麼我只好反抗了，你們這些壞蛋。你們能殺一個沒機會申辯的人嗎？我有個人質，一個你們很珍視的人質保障我的安全。我要在你們面前將他處死。（由後臺進屋中。）

群眾：他到底去幹什麼？看他真有威脅人的本領。難道我們當中有誰的孩子落在他手中不成？

2　譯注：中文翻譯未能保持原韻。

狄克波里斯（由後臺進）：我手中掌握著一樣東西。你們這些惡棍，現在顫慄發抖吧，因為我決不寬饒。仔細瞧瞧我的人質吧。這可以試試你們每一個人的勇氣。（他背後拖著一樣東西走出來。）你們當中誰真正地喜愛——一滿桶的煤？

群眾：哦，天啊！別碰它。我們投降了。你儘管說吧。

在《利西翠妲》（*Lysistrata*）中有這麼一段：

第一說話人：因為在人的心中暢流著
　　對血自然而高貴的嗜好。
第二說話人：去圍一圈打鬥的場地——
第三說話人：去在眾目睽睽之下砍殺頭顱——
全體：這是我們的權利。

在內容和方式上，這是十足的吉爾伯特。任何不知道它的作者的人都會認為那是吉爾伯特的，或許連同下邊的幾行也一併認為是出自他的《愛達公主》（*Princess Ida*）之中：

我們是三個勇士，
都是伽馬王之子，
像大部分的子弟，
我們精壯無比。
勇敢、凶猛而強壯，哈！哈！
在戰爭中我們
玉石俱焚，哈！哈！
我們毫無掛慮。

亞里斯多芬極喜歡內容空虛的大話。在《五穀女神祝典事變》的第一幕中，有兩個長者進場，其中一個宛如詩人和哲學家般莊嚴，另一個則是位普通的快活老人。他先說話：

尼西洛可斯：尤瑞皮底斯，在我累得斷氣之前，你能不能告訴我，你要帶我上哪兒？
尤瑞皮底斯（嚴肅貌）：對你就要看到的東西，你不能先聽到。
尼西洛可斯：什麼？請你再說一遍。我不能聽到……？
尤瑞皮底斯：你一定會看到的東西。
尼西洛可斯：而不能看……？
尤瑞皮底斯：你必須聽到的事。
尼西洛可斯：哦，你真能說。你當然很聰明。
　　你是說我既不能聽也不能看？
尤瑞皮底斯：它們是兩位一體的，因於它們不同的性質，它們彼此相輔相成。
尼西洛可斯：所謂的不同是什麼呢？
尤瑞皮底斯：它們的基本分子是互別的。
尼西洛可斯：哦，跟有學問的人談話真是不同凡響。

吉爾伯特對這種東西也很感興趣。《愛達公主》第二幕第一景戲發生在女子大學的禮堂中。校長正在向教師與學生們講話，講完之後她問道：

今天誰在藝術廳演講？

白朗旭夫人：是我，校長，講題是抽象哲學。

我打算詳細地討論三個問題——

「是」、「可能」和「必然」。

我要談談到底涉及事實的

「是」比那較含糊的「可能」重要，

或者「可能」會因範疇較廣而

比「是」更偉大。最後我要談的是

「是」與「可能」跟無法避免的「必然」

比較起來何如。

公主：這題目好深。

亞里斯多芬喜歡每一類型的冒牌者，尤其是文學上的冒牌者。他總是開他們的玩笑。在《群鳥》中，有個叫披賽特魯斯的雅典人正幫助群鳥在雲中建築一座叫「雲杜鵑」

的城。在一個教士被趕離舞臺的同時，一位詩人登場唱道[3]：

啊，雲杜鵑城！
繆思，你以歌
加冕她的美好之名
歌唱她的榮譽。

披賽特魯斯：這是什麼話？我說呀，
　　你到底是誰，請問？
詩人：我是個歌手，既甜美又強壯。
　　繆思之僕便是我，
　　熱心輕快又活潑，
　　——就如荷馬所說。
披賽特魯斯：繆思讓她的樸人
　　留這種又長又亂的頭髮嗎？

詩人：啊，我們教授戲劇藝術的人，
　不管教的是整體或部分，
　我們謬思之僕必得要
　熱心輕快又活潑，
　——就如荷馬所說。
披賽特魯斯：那輕快，無疑地正好解說
　何以你一身的破爛。你真太活潑。
詩人：啊，我一直在創作極可愛的歌謠，
　新舊式一應俱全，大大地讚美
　你的雲杜鵑城。
　……你不願看看
　你是否有什麼東西可贈與我作為酬勞？

3 只有前四行未按照原文韻律，因其每行的韻律均不一致，而英詩則不然。（在中文譯文中，譯者未能保持原文韻律。）

吉爾伯特對虛偽的藝術家同樣感到興趣。在《佩娴思》（*Patience*）一劇中登場的是龍騎兵軍官：

上校：是的，淑女們來了。

公爵：但那位蓄長髮的先生是誰？

（本頌入，淑女雙雙隨其後。）

本頌（旁白）：雖然我的書

我狀似銷魂狂喜般讀過，

猶如一個瞧不起女性的文人

但我清清楚楚聽到她們的談話。

她們是二十個少女，為情所困！

（淑女出場）

本頌（獨白）：我是否獨處，

無人見？我是的！

那麼我就招承

我是個文藝的冒牌者！
這副嚴厲的氣派
只是個虛飾的外貌！
這襲高雅的服飾
只不過是
高格調的誤置！

他們兩人也都對軍事和類似的事情開相同的玩笑。在《俠士們》（*The Knights*）劇中，我們所見到的是他們當時最有名的將軍中之兩位：

狄摩西尼（Demosthenes）：情形可好，可憐的老傢伙？
尼西阿斯（Nicias）：壞極了，跟你一樣。
狄摩西尼：讓我們唱一首悲哀的歌，痛哭一場。
（兩人同唱，唱到中途泣不成聲。）
狄摩西尼：嗚咽哭泣於事無補。我們最好

擦乾眼淚，找個好方法來解決。

尼西阿斯：什麼方法？你告訴我吧。

狄摩西尼：不。你告訴我。
假如你不告訴我，我就跟你打架。

尼西阿斯：不，不該我。
你先說我再跟著說。

狄摩西尼：啊？請替我說，說出我心中的話。

尼西阿斯：我缺乏勇氣。假如我能像
尤瑞皮底斯說得那樣簡潔親切該多好。
好吧，你就瀟瀟灑灑地學我說「賽特」（Sert）。

狄摩西尼：好的。我說了，「賽特」。

尼西阿斯：好極了！現在勇敢些。
先說「賽特」，然後說「德」（De）。
要很快很快地反覆說這兩字。

狄摩西尼：啊！是的。我懂得你的意見了。

賽特德，賽特德賽特，開溜（desert）！

尼西阿斯：你說對了。

這個字聽起來不是很悅耳嗎？

狄摩西尼：簡直妙如仙樂。

但是……但是……

尼西阿斯：但是什麼？

狄摩西尼：他們會鞭打開溜者。

吉爾伯特的玩笑當然沒這般促狹。對維多利亞中期的他來說，戰爭似是很遙遠的事物。與前所引之亞里斯多芬最相近的一段要數《海盜》中的警察進行曲：

梅寶爾（Mabel）：前進，英雄們，向光榮前進，

雖然你們在血腥的戰鬥中捐軀，

你們將活在歌曲與故事之中，

前進，向不朽前進！

警察：雖然對我們來說這很明顯，
塔蘭塔拉！塔蘭塔拉！
你的用意良善，
塔蘭塔拉！
但你的說法卻不像
塔蘭塔拉，塔蘭塔拉，
有意鼓舞那些，
塔蘭塔拉！
即將在極端緊張之中
捐軀送死的人們，
塔蘭塔拉！

雅典和倫敦的政客似乎極為相像。在《普勒特斯》劇中一個名叫卡里昂（Carion）的僕人遇到一個政客，他問道：

你是一個好人、一個愛國者嗎？

政客：是的，是的，

假如曾有個這種人的話。

卡里昂：我假想，你是個

農夫？

政客：我？我的天！我並沒發瘋。

卡里昂：那麼是個商人？

政客：啊，是的，有時候我必須

做做生意——作為一種藉口。

卡里昂：你當然是有一門職業的囉。

政客：不，我沒有。

卡里昂：那你賴什麼以維生？

政客：你這個問題有好幾個答案。

我是這裡各樣公私事務的總監。

卡里昂：真是個了不起的職業。

你怎麼獲得那個職位？

政客：我就是要了它。

吉爾伯特《船夫》（*The Gondoliers*）劇裡一首公爵與公爵夫人的歌中也表達出同樣的態度：

幫助窮苦的百姓，增進他們的快樂，
這使地位崇高的人有愜意的事做；
關於我們所做的事可以給你舉幾個例證：
工作輕鬆，而且我可以說，報酬又頂好。
我替市長與書記謀得
小小的頭銜與地位——
他們都非常高興。
議員封男爵，
假上校入官報，

二流的前參議也成爵士。

在《俠士們》劇中，有個預言說雅典有一天會被一個賣香腸的人統治。這時剛好有個賣香腸的出現，大家便極熱烈地招呼他。

狄摩西尼：親愛的賣香腸的，起來，我們人民與國家的救星。
賣香腸的：你說的什麼？
狄摩西尼：啊，幸福而富有的人！
　今天一無所有，明日富若王侯。
　啊？雅典之王，願因你得福。
賣香腸的：我知道了，你真會開玩笑。
　我還是去洗腸子賣我的香腸要緊。
狄摩西尼：但是你就要成為我們當中最了不起的人啦。
賣香腸的：哦，我不配。
狄摩西尼：什麼？不配？

是不是你心中有什麼內疚？
難道你出自清白良好的家庭？

賣香腸的：我的天，不是的。我的出身壞極了。

狄摩西尼：你真是幸運！你已替自己的官場生涯
立下了良好的開端。

賣香腸的：但是除了幾個大字以外
我一無所知。

狄摩西尼：真可惜，你居然還懂得那麼一點東西。

在《御艦品納活號》裡的約瑟夫爵士（Sir Joseph）的歌中，我們可以找到類似的一段：

我有錢財無數，憑著獨家壟斷
的選舉，我便進入國會裡。
我總是聽黨的意思投票，

從不曾想到為自己的想法表示意見。
我的腦筋用得如此之少，他們就讓
我當皇后陛下的海軍統領以為報賞。

很自然地，他們兩人都極喜愛以女人為對象的玩笑。我們也是如此。變化越多端，結果越相同。我們可以舉出無數的段落來說明這一點。《船夫》裡的伯爵夫人之歌就完全是用我們習知的方式寫出的：

在我與你可敬的
父親成婚之日，
老實說我怕極了
他的怒氣突然爆發。
我總是萬分警惕
因他的忿怒狂極——

他高雅的詞句實是
極端難受的強調語。

給予他最好的，拿回來最壞的——
這便是最初我想馴服你父親的方式。

但我發現，憑我的怒目橫眉，
與婚後堅決的刻意干涉，
是使他脾氣溫和的唯一東西。
你真是再找不到更
禮尚往來的一對。
所以我終於馴服了那渺小的父親
以雙信威力的槍與釘在桅桿的旗幟。

亞里斯多芬的婦人和這位很相像。她們組成《五穀女神祝典事變》劇中的歌詠團，並對觀眾發表了一套這樣的長篇大論：

現在我們請大家來聽聽男人們對我們的侮辱，
聽他們對我們的辱罵醜詆絲毫沒顧忌。
他們說我們是萬惡之源——戰爭、惡鬥與謀殺；
我們令人厭、令人煩，爭吵不休，驚天又動地。
現在請大家想一想：如果我們真是你們命中的
掃帚星，那你們怎麼那樣急切要娶我們為妻？
請問，為什麼你們總要我們在家，微笑相迎，
而萬一你太太偶不在家相迎便大發雷霆？
假如我們真是如此討人厭煩，那麼請問
當我們不在時，你們怎不額手稱慶？
假如我們在朋友家中過夜，我是說女友家中，
你們就瘋狂般到處尋，暗示著有什麼不軌的事。
你們喜歡看令你討厭的東西嗎？看起來你們是

喜歡的，因為一見到我們，你們就色迷迷秋波頻傳。
而假如我們臉紅而退避，這無疑是淑女所該做的，
你們就到處跟蹤，從不停止追求。
但我們也能夠揭穿你們。
男人的行事我們最清楚。
你們的心全都在胃部，
你們會吃人，若不是你們先被吃掉。
我們知道你們喜歡開的玩笑，
你們樂於把自己想作浪子。

我們可以舉出無數這種相同的例子。這世界真是移動得極緩慢。西元前五世紀在雅典的亞里斯多芬和十九世紀英國的吉爾伯特竟能看到同樣的東西、同樣的幽默。不過有些那位雅典人看到的事物，是我們這位英國人所無法看得到的，而這一點也就構成了他們之間的主要不同。在那滑稽而諷刺的舊喜劇與那端莊的輕歌劇，那安東尼·特羅洛普小說中最莊重的淑女看了都不會臉紅的輕歌劇之間，是有著一道多麼大的鴻溝啊！那確

是一道鴻溝，不過那實在是兩個時代之間的鴻溝。因為年輕時的維多利亞皇后，這位英國嚴厲的道德仲裁者，也是吉爾伯特的輕歌劇的觀眾之一，所以我們可以肯定地說，在這樣的觀眾之前，就是亞里斯多芬也得除去劇中粗鄙猥褻的東西。我們也可以同樣肯定地說，假如亞里斯多芬生長在這彬彬有禮的時代，他也一定會壓抑他的氣焰、緩和他的態度、約制他過分的華麗。吉爾伯特是淡化了的亞里斯多芬，是個比較穩重、沉著、屬於歡樂假日、日常的亞里斯多芬，是個維多利亞中期的亞里斯多芬。

我們禁不住會想到這個問題：假如吉爾伯特也生長在那思想自由、行動自由、言論自由的雅典，「與我們親愛的皇后陛下的家庭生活如此不同」的話，那麼他是否也需要一位掌禮大臣來

乾乾淨淨地清除他的舞臺
免於有「冒險」的情勢與不雅的舉動。

的確，要是他不被維多利亞時代的戲劇觀眾所訂的規則牽制，我們可看出這種可能的徵象。然而他不得不服從這些限制，而只有在他偶而走筆不慎的時候，我們才能獲得

一絲絲暗示，要不是他一直擔心那句可怕的宣言——我們毫不過癮——的話，他可能怎麼做。

亞里斯多芬的觀眾並沒訂下任何限制。柏拉圖書中的人物是不是也在觀眾之中，那沉思的菲竺斯、那儒雅的阿伽頌，以及賢哲的蘇格拉底本人？毫無疑問地，他們都在。他們可以在戲院中一坐就是好幾個小時，為粗鄙的孚司塔福表現得最絕的時候鼓掌叫好；聽臺上強烈指責雅典的男女們為醉鬼，為貪婪、腐敗惡毒的東西；聽那些連拉伯雷（Rabelais）聽了都會臉紅的笑話而大笑。

在我們的觀念之中，這樣的一個劇場絕不是柏拉圖式的紳士前往的地方。莫里哀（Moliere）的文雅喜劇才是最適合他們的東西，而即使他們要些粗魯的東西消遣，那也一定只是出之以暗示，而非毫無掩飾地大聲直說。但是雅典人並不是十七世紀的法國貴族，也不是席尼茲勒（Schnitzler）作品中的二十世紀維也納人；他們是精力充沛、帶幾分蠻勁的豪爽人物；他們愛好有內容的談天，他們也同樣喜愛體力方面的技能；他們頭腦冷靜，可以終宵飲酒而仍能談論只有在腦筋清醒時才能談論的事物；他們也是寫實主義者，絕不掩飾生命中的任何事實。他們也承認體力的極端重要性，而且是幾乎與心靈和精神同等重要。

這些就是柏拉圖的紳士，但也就是亞里斯多芬的觀眾。滑稽劇院就是消耗過剩精力的一個去處。它的題材和手法毫無限制。因為舊喜劇的特殊性質是無法光引述幾個段落就能夠說明的。而且最典型的一些段落是不堪引述的。一些極端猥褻的東西被誇大描繪，以十幾種不同方式反覆出現，而樣樣都荒謬、下流得難以置信。不過那些笑話其實是非常滑稽好玩的。一口氣念完亞里斯多芬就等於把維多利亞時代的行為準則一起打倒。他是那麼坦白、那麼一無所懼，完全不怕羞恥，以至於你最後會覺得粗鄙到底是生命的一部分，而且是頗幽默的一部分。你找不到偷窺隱密之類的事，也沒有在背後說閒話的人。他總是毫不難為情地用最普通、最清晰的字眼說出一切的事情。他們的生命看起來像是粗陋鄙賤，停留在滿足原始需要的階段，但它絕不是一個汙穢腐化的東西。在這樣的生命中墮落毫無立足之地。那是一個屬於男性的世界，屬於粗壯人們的生活方式。他們對任何種類的滑稽表演，不論其為高雅或鄙俗，都能發出哈哈大笑，而尤以鄙俗的表演為然。

我們瞧了又瞧這麼一幅圖畫。在今天，我們無法替亞里斯多芬和柏拉圖時代的雅典描繪出一幅完整的圖畫。但是假如有這麼一天，當我們的知識分子同時也是足球明星的時候，我們或許就能真正了解雅典人——亞里斯多芬眼中的雅典人。

第八章

希羅多德：第一位觀光者

希臘的奴隸

希羅多德是記錄希臘人為爭取自由而打敗強大的波斯那一次光榮的戰爭之史家。他們贏得了勝利，因為他們是捍衛自由、反抗暴君及其由奴隸所組成的軍隊之自由人。希羅多德親眼看到這場爭鬥。當時的口號是自由，所下的賭注則是希臘的自由獨立或奴役。而事實上，光憑這場戰爭的問題關鍵已足以保證希臘人絕不致淪為奴隸。

現代讀者在讀到這麼一句自負的話時，心中不禁會產生一個疑問。那麼這些希臘人自己家中的奴隸又如何呢？波斯人的大敗並未使那些奴隸獲得自由。而既然馬拉松、薩拉米斯等戰役的勝利者全都是奴隸的所有者，那麼他們對自由到底存有什麼樣的觀念？這一個問題比什麼都更能夠指出現代心靈與古代心靈之間的不同。在古代世界中，解放奴隸是一件大荒唐的事。奴隸一向都是存在著的。每一個地區都要依賴他們，他們是生活上的第一樣必需品，一般人都視之為理所當然，也從不曾為這個問題傷過腦筋。在希臘，就像在其他地方一樣，生活是建築在奴隸之上的，但是在柏里克立斯時代以前的所有希臘文學中，除了偶而一、兩個，這些奴隸從未以群體的姿態出現。《奧德賽》

（*Odyssey*）裡頭的老奶媽，或是那個牧豬人，他們的情況就跟任何自然現象一樣自然地被接受。這情形自荷馬以至艾斯奇勒斯都是如此。艾斯奇勒斯在一齣劇中讓克呂泰涅斯特拉對她的奴隸，也就是特洛伊的公主卡珊德拉（Cassandra）說：

> 作為一個奴隸
> 最好是寄身在習於豪奢
> 的古老家族。因為每個
> 暴發戶，突然得到未曾夢想的財富，
> 對他的奴隸都是無比殘酷。
> 在我們這兒你會得到習俗所許的待遇。

從無法記憶的年代開始，這就是世界各地的普遍態度，從沒有哪個地方出現過這樣的一個魯莽而浪漫的夢想家，敢於設想一個沒有奴隸的生活。就連最崇高的思想家，理想家或道德家也從不認為奴隸制度是罪惡的。在舊約聖經裡，就如埃及或美索不達米亞的舊經典所載的一般，奴隸之被接受是不待多言的事。甚至於以色列的先知們，或聖保羅，也不曾說過一句指責奴隸制度的話。所以，我們應引以為奇的倒不是希臘人在好幾百年間都認為奴隸的存在是理所當然，而是他們終究能想到這個問題，會開始懷疑奴隸的存在是否應當。

我們應該把最先指責奴隸問題的榮譽獻給尤瑞皮底斯。他寫道：

奴隸制度，
那罪惡的東西，它本性邪惡，
強迫一個人屈服於
任何人都不應屈服的東西。

他總是遠遠地走在他時代的前頭。甚至於晚他一輩的柏拉圖也不及他。柏拉圖未曾說過反對奴隸制度的話，實際上晚年的他還提倡過呢。不過還是有些徵象顯示出他對這個問題頗感困擾。他說：「擁有奴隸是一件令人難堪的事。」終究他對奴隸不能感到心安理得，他不許奴隸存在他的理想國中。

除了柏拉圖溫和而間接地反對和尤瑞皮底斯的公開指責，我們不知道反對奴隸制度的風潮是怎麼展開的，但是到了亞里斯多德的時代，也就是柏拉圖的後一輩，這問題已經公開化了。雖然亞里斯多德是個心智超凡的人，他也只就常識和社會福利的觀點來看這個問題。他認為奴隸乃是維持社會現狀的必需品，而除了現有的社會之外他不想要任何別種社會。以一種既不公開也未暗示反對的態度，他替奴隸下了這樣的一個定義：一個奴隸是「一臺會呼吸的機器，一項有生命的財產」。而這就是使人眼界大開，令人震驚得大加反對的那種對事實做冷靜而明晰的敘述的一個例子。反對蓄奴的人逐漸增加。「有些人，」亞里斯多德這樣寫道——但他並未包括自己在內——「認為蓄奴是違反自然法則的，因為奴隸與自由人之間的分別完全是人為的，在自然中並沒有地位，因此這是仗恃暴力而缺乏正義的。」

這是希臘思想遠在兩千四百年以前，就達到的一個見解，而不滿百年以前，美國還得要打上一場戰爭才能廢止奴隸。因此，值得奇怪的倒不是希羅多德之不以奴隸主人兼自由鬥士為怪，而是歷經幾個古代以及大半個現代世界，居然只有希臘出現過足夠偉大、足夠勇敢的人物，能夠看穿一向蒙蔽奴隸制度真相的外飾，進而大膽揭發它的真面目。亞里斯多德之後幾年，斯多噶學派的信徒（Stoics）便嚴厲地指責奴隸制度為人對人所做的惡事中最不堪忍受者。

當人家把年輕的泰鄂提得斯介紹給蘇格拉底，說他是個才華卓越、前途未可限量的年輕人時，蘇格拉底便說他覺得他一定思考得很多。那年輕人連忙答說一點也不，不過他倒是對許多事情感到驚奇。「這表示你是個智慧的愛好者，」蘇格拉底說，「因智慧起於驚奇（wonder）。」

很少人會比希羅多德感到更多的驚奇。他的筆端永遠掛著這類字句：「有人告訴我一件奇事」、「在那個國度裡有一萬件奇事」、「這些真是令人驚嘆的事」、「這是一件值得驚奇的事」。他的這個性情正表示出他是他那個時代——希臘黃金時代——的真正產兒。在他一生中，他的同胞們正以他們剛自波斯人的戰敗中獲得的自由去盡情地驚奇、懷疑。他們再也不必以他們最佳的才華投入戰爭之中。雖然戰爭還是存在，但那只是零星的戰役而已。大體上來說，雅典人享有和平與繁榮；他們有的是時間，可以坐在家裡思考宇宙，與蘇格拉底爭辯，或者到國外旅行，從事探究世界的工作。總而言之，他們有時間去從事各項活動。在那個時代閒暇就代表了各種活動的參與。沒有人想要任何其他東西。活力、精神和生氣，就是西元前五世紀的雅典之標記。

雖然出生於哈利卡那索斯（Halicarnassus），但在精神上是個雅典人的希羅多德，他自身就反映出他那個時代的活力。他到世界各地去遊歷，足跡遠至一個人所能到達的極致。在他那個時代的環境之下從事這種壯舉，究竟需要多大的意志力和體力，實在是我們所無法想像得出的。聖保羅到羅馬去的第一段旅程，使我們認識了希羅多德之後四百年的海上旅程之艱難，而色諾芬（Xenophon）對於徒步或騎馬度過一望無垠的小亞細亞炎熱的不毛之地到達巴比倫（Babylon）的過程之描述，更令我們想見陸路跋涉的痛苦。一個人必須對知識感到無上的饑渴，而且具備了探險家的熱誠，才能嘗試希羅多德所從事的遊歷，更何況他還能充分地享受這一種遊歷的樂趣。他是世界上第一位觀光者，而且是最快樂的一位。只要能夠看到新奇的東西，就是再大的艱苦和危險他都不在乎。他似乎從未注意到這些艱苦與危險，而他也從不記載這類事情。他的書裡只充滿著遍布地球各處令人喜悅、令人興奮的奇妙事物。這世界竟有如此美好的生物，豈不叫人驚喜！

到底希羅多德旅行了多遠，實在難以斷言。他對於耳聞的事物，就與他親眼目睹的事物一樣感到興趣，而對於他所描述的事物他又是那樣地入迷、那樣地客觀，使我們通常都看不到他自己。不過他至少東達波斯，西至義大利。他認識黑海（Black Sea）海岸，也曾到過阿拉伯。在埃及他曾溯尼羅河直抵阿蘇旺（Assouan），他也很可能到過昔蘭尼（Cyrene），因為他的記述讀起來總是像親身的經歷。但他對利比亞（Libya）和西西里的描寫就不太真實，雖然他可能都到過這些個國家，實際上他的遊歷可謂遠及人類所知的世界之界限，至於他所採集的資料則更遠超過這個範圍。他對印度就知道得相當多。譬如說，他會談到在印度有種野羊，它所長出的毛比真正的羊毛更白更好。印度人即利用這種羊毛製造非常美麗的上等布疋。不過他對東方的認識也就止於印度。他曾聽說再過去有片廣大的沙漠，但他所知道的也就是這麼個傳說而已。對於西方，他這麼寫道：

> 我不敢很肯定地說。對於出產我們所用的錫的那些島嶼我一無所知，雖然我到處請教，卻從未碰見任何曾經在歐洲西邊看到過海的人。事實上是，還沒有人發現到底歐洲是否被海所圍繞。

> 對於那些沒有確鑿證據便活靈活現地描述說有一條大河環繞著圓形的地球四周流動的人，我總是一笑置之。

這就是希臘心靈的思想方式之一例。荷馬這位飽受尊敬、幾乎是神聖的權威，以及僅次於荷馬的赫西奧德（Hesiod）都曾經描述過這件有一條大河環繞著地球的事，但是希羅多德竟能一笑置之，心中了無可能褻瀆聖賢的疑懼。此外，同樣能表現他這種典型態度的，是他那句就事論事的聲明，他說德爾菲的女祭司曾經不止一次地接受賄賂，說出了對爭論中的某一方有利的預言。這簡直是攻擊希臘的聖中之聖，就等於指責教皇收受賄賂一樣。希羅多德其實很尊敬德爾菲的預言，但在他想來，這並不足以構成他不指責一件他親自調查過而且認定為真實無訛的醜行的理由——更不能構成不去調查的理由。當一個權威——不論它一向是多麼神聖不可侵犯——與事實相抵觸的時候，希臘人寧可選擇事實。他們並不想維護所謂「自古相傳的健全教訓」。一股新的力量已經在希臘世界出現，那便是個人偏見必須屈服於真理的觀念。

希臘人強烈地喜好審查事物並加臧否的這種性向，正可以拿希羅多德來做最顯著的例子。他具有發現真理的熱情，他所從事的工作實際上就是去發現世界萬物的真理。他一向被稱為「歷史之父」（father of history），其實他也可以說是地理之父、考古學之父、人類學之父、社會學之父，以及任何與人類及其活動領域有關的學問之父。他已達到了免於偏見的最大極限。他從未沾染一般希臘人對「外國人」——在希臘文中原意為「蠻夷」——的輕視。在希臘與波斯的生死鬥爭中他熱烈地站在希臘這一邊，但是他也敬佩並讚美波斯人。他認為波斯人很勇敢，有俠士之風，同時也很信實。他在腓尼基（Phoenicia）與埃及所見到的許多事物都令人讚佩，甚至在尚未開化的西徐亞（Scythia）和利比亞，他也看出值得稱許的地方。他的出國並非為了去發掘希臘的優越性，恰恰相反，偶而發現希臘有不如人的地方他總覺得非常有趣。他曾經高高興興地引述西魯斯（Cyrus）對希臘市場的描述：「那是一個特別設立的地方，人們可以到那裡一面發誓一面行騙。」

「假如讓每一個人選一種最好的生活方式，他們都會選擇自己的。」他這麼寫道。有一次波斯王大流士（Darius）問一群希臘人說，要怎麼樣才會使他們去吞食自己父母的屍體，當這群希臘人萬分吃驚地回答說無論如何他們都不會做出這種恐怖的事時，他就命人帶進一批有吃父母屍體習俗的印度人進來給他們看。他並且追問他們怎麼想到把父母的屍體焚化而不吃掉。這時候他們便十分厭惡地大嚷，求他不要再說這種可怖的話。「如同品達所說，」希羅多德這樣地下結論，「習俗便是王法。」這則故事正顯示出他對各種民族不同的生活方式之容忍態度，不論那種方式是如何怪誕。他是個很少見的人，是個人類的熱愛者。他愛人，而且愛各種各樣的人。不過他喜愛他們甚於崇拜他們，他從不把他們理想化。雖然他是這般善良正直，普魯塔克（Plutarch）還是指責他實際上很惡毒，因為在他書中，英雄的行徑並不是時時都像個英雄。固然他是生於一個英雄主義的時代，而他自己並不真正相信英雄這一套，但是他溫和的懷疑態度實際上具有正反的雙重作用。他從不評判或指責他人。人類的弱點和容易犯錯的本性只會引起他的同情。如果他的英雄並非完完全全的偉大，那麼他的惡徒也不是百分之百的凶惡。他一律以冷靜而公正的態度來看他們。

人類世界中的每個地方、每樣事情都能引起他的興趣。他告訴我們伊利里亞（Illyria）那地方的平凡女子們如何獲得丈夫、住在湖沼地區的居民如何設法使他們的孩子不致掉進水裡、埃及的蚊帳像什麼，又說波斯國王行幸的時候只喝白開水、亞得利馬基德（Adrymachidae）人如何對付跳蚤、阿拉伯人怎樣理髮，還告訴我們多瑙河中的島民聞香味而醉、西徐亞人如何擠馬奶、在利比亞擁有最多情人的少女可獲殊榮，此外還有巴比倫的街道怎樣設計築成，以及埃及的醫生專治各種疾病等等。點點滴滴與他本文不相干的趣聞不斷地滲進來，而由於他對它們具有濃厚的興趣，所以讀者的興趣也被引出來了。這不是很不尋常嗎？他這樣子對我們說，不是很有趣、很合情理嗎？果然如他所說的，我們感到驚奇，我們獲得很好的消遣，我們更不禁讚許他。當然，這只是說他具有一個作家所不可或缺的才能——他從不會令人感到單調乏味；而能使一本在許多地方像旅遊指南之類的書不流於單調乏味，確是一項真正的成就。這一部分得歸功於他那完美而無人可以凌駕的流暢文筆。他沒有特殊的風格，沒有一絲自我意識；他總是很簡潔、率直、清晰而易懂。他的國人，哈利卡那索斯的狄奧尼修斯（Dionysius of Halicarnassus）說，他是第一個把散文可能具有詩的價值這一觀念帶給希臘的人。

他常被指責說太輕信，甚至於到了愚不可及的地步。據說凡是別人告訴他的事情，不論那是如何荒謬怪誕，他都像個小孩那樣天真地相信了。不過這項指責實在是毫無根據的。事實正好相反：他具備會懷疑的心，是個天生的探究者。歷史（他是第一個以現代意義來使用這兩個字的人）在希臘文裡的字義就是探究。他的書是這樣開始的：「這是哈利卡那索斯的希羅多德從事探究的紀錄。」他去從事探究時便準備要仔細查證他所聽到的每樣事物。當他聽到同一事件有多種不同但都是可能成立的說法時，他便把這些不同的說法一一記下來，讓讀者去做最後的判斷。「我不能肯定地說究竟是這樣或是那樣。」他會這麼說。他在一篇很著名的文章中如此寫道：「就我個人來說，我的責任是把我所聽到的都報導出來，但我卻沒有完全相信的必要——這句話適用於我的整部歷史。」

其實單憑上面所引的這幾段文字就足以顯示出他的脾性，他之作為一個報導者的責任感，以及他衡量證據的仔細。當然，在他那個時代人類所知的是那麼有限，而不知的又是那麼浩繁，以至於在可信與不可信兩者之間沒有分明的界限。我們常常無法理解希羅多德何以只憑可能與不可能這項理由來接受或拒絕某一件事。他很堅決地說，儘管多多納（Dodona）地方的女祭司們說鴿子會說話，其實鴿子是不會說話的；但是對於一頭母馬產下一隻兔子的傳說，他又深信不疑。他又說，不論埃及的教士們說得如何確鑿，他深信所謂鳳凰先以沒藥（myrrh）敷其父母的遺體，然後將其從阿拉伯帶到赫里奧坡里斯（Heliopolis）的太陽神廟去埋葬的傳說是不正確的。但是在另一方面，他又相信在利比亞有眼睛長在胸部的無頭怪物，而埃及的貓有投身火中的怪習慣。他有一個分辨可能與不可能的標準，但這個標準與我們的標準是如此不同，我們實在無法了解其為何物。由於在他所到之處他都見到很奇怪的東西，因此也就很容易相信在他未到過的遼闊地區中一定存有更奇怪的東西。

不過當他穩住立場的時候，他知道自己對於那些不可能的事是個很精明的判斷者。他這麼寫道：

> 在巴比倫最高的塔中最頂上的房間裡有一張床，據說神就睡在那上頭。那些祭司

們這樣告訴我，但我不相信。

我不能很有把握地說到底那個人是怎樣逃走的，因為人家告訴我的說法令我懷疑。他們說他跳入海中，在水中潛游了四、五千呎而不曾露出水面，依照我的看法，他可能是搭小船逃走的。

雖然如此，他對別人的說法還是相當能容忍，對自己的見解也從不魯莽武斷。對於摧毀薛西斯（Xerxes）王艦隊的暴風，他這麼寫道：

這陣暴風持續了三天。最後那些術士們以符術鎮風，又向海上女神涅瑞伊得斯（Nereids）行祭祀，才終於使它平靜下來，不過也許是它自己靜下來的。

當他在色薩利（Thessaly）觀光時，人家告訴他有一座他遊歷過的著名峽谷是海神涅普頓（Neptune）所造，他這麼評論道：

我認為那很顯然是地震所造成的結果。很多人把地震歸因於涅普頓。

我們很難弄清楚他對諸神的看法究竟如何。在他的歷史中，神的力量占主要的地位，諸如預兆、神諭、祈禱、預言家等，對他都極為重要。但在另一方面，我們也實在很難找到一句比他在書中開頭所說的更冷靜、更理性的話：

神從何處來，他們是否一向都存在，以及他們的長相如何等問題，可以說一直到昨天我們都還不知道。荷馬和赫西奧德距我們不過四百年，就是他們兩人替希臘人創造那些神，給予他們以名字和形象。

他的書堪稱是橫跨於兩個時代之間的一道橋梁。他生於波希戰爭（The Persian Wars）之後那個深具宗教熱誠的時代，然後又歷經懷疑之風盛行的柏里克立斯時代。由於他的容忍與敏銳的智性，他在這兩個時代裡同樣地怡然自得。

歷史家常常忘記，歷史研究的主要對象是人。經過悉心整理的事實資料和仔細推敲過的分析常蒙蔽了人的本性。這不是希羅多德所採用的方法。在他的書裡，人總是居於最前端、最重要的地位。很幸運地，他是馬拉松、溫泉關和薩拉米斯等戰役的報導者，所以這幾個名字得以在無數構成大部分世界歷史的莫名其妙戰爭中閃爍著星星一樣的光芒。在他手裡，這些戰役變成明明白白地以人為中心的偉大戲劇場面，而其主要的導因則為人類的傲慢與征服的野心，和他們在極端不利的情況下仍然奮勇保衛他們所珍視的東西之力量。

在他的《歷史》（*History*）這本書中，只有最後一部分談到波希戰爭，全書的三分之二所涉及的全是他的遊歷與見聞。前面談論遊歷的幾章讀來會使你越來越覺得它們像是漸次呈現的舞臺布景。當時人類所知的世界被挪做一個很適切的背景，來襯托出那一場決定自由與暴政孰強、西方是否將被東方奴役的巨大鬥爭。波斯王大流士登場了。全世界的大半歸他統治，無數的人為他奔命；他的財富無窮無盡，他的富麗堂皇令人咋舌，他的殘忍令人難以置信。他是東方的化身，其粗俗的珠寶與金銀、上百萬貧苦無依的人民、對人民性命與痛苦的漠視。與他對抗的希臘，就如希羅多德書中的一個人物對大流士王所說的，是「一個多岩石的貧瘠國家」。至於那裡的人民，正如柏里克立斯所言，「喜愛簡約的美」。而簡約恰與富麗東方的豪奢和誇大成對比。

波斯軍隊得知奧林匹克競賽勝利的獎品只是一頂橄欖冠時感到又好笑又驚奇，希羅多德也把這種情形描寫出來。他又告訴我們關於大流士王豎立一根石柱的故事，這根石柱是用來讚揚他到過而且喜歡的地方，那上面刻著：「這些泉水是最好、最美的水。大流士，一位最好、最美的人，曾來此一訪。」這句話使我們聯想到溫泉關成仁壯士墓誌銘上那句性質完全相反的話：「陌生人，請告訴斯巴達人，我們遵從他們的話，在此安息。」

希羅多德從不強調這一對比，不過這個對比在一篇又一篇的故事中已經明顯得無庸強調了。「諸神站在人類左近，注意一切正義與仁慈的善行。」赫西奧德這麼說，而希臘人也都相信他的話，然而不論那些奇怪的東方神祇要些什麼，他們絕不會要正義與仁慈。「把人活埋是波斯人的習慣。」希羅多德說：「大流士王的一個媳婦會把波斯最傑出的家族中的十四名孩童活埋。」一向傾向東方的羅馬帝國繼承了這種不分老幼一起殘殺的習慣。任何童男童女，若是父親犯了罪，即便不被活埋，也會隨同他們父親一道處死。但是希臘的作風便不同。斯巴達王李奧尼達斯（Leonidas）在溫泉關戰役中陣亡後，一個將自己城池出賣給波斯的希臘人，他的兒子們被帶到斯巴達統帥之前，這位統帥釋放了他們。「他們只是小孩罷了。」根據希羅多德的報導，他是這麼說的：「孩子們會犯什麼幫助波斯人的罪呢？」

那位斯巴達將軍的做法不僅是基於無辜者不應與有罪者同刑的這一信念，而且也基於一個更根本的信念，那就是個人的價值，不論這個人是如何弱小無助。這種觀念甚至於連東方生活的表面都不曾碰觸到。在那兒沒有任何法律或風俗習慣支持它。但在希臘它卻根植於較法律或風俗習慣更深刻的東西。據希羅多德說：有一次科林斯執政團的十個執政者跑到一個人的家裡要殺死那家的一個小孩，因為有一則預言說這孩子長大後將毀滅科林斯。

那孩子的母親以為這是一次友好的拜訪，便依他們的請求把孩子帶出來，放到其中一人的手中。這些人在途中曾達成協議，決定第一個抱到那個小孩的人要用力把他摔到地上。但是很巧地，那個孩子向第一個抱他的人微笑，使那人不忍殺他，把他交給第二個人。那孩子就這樣地傳過了十個人的手中，但沒有一個人忍心下手殺他。最後他們把孩子送還他母親並告辭。他們就互相指責，尤其是第一個抱那孩子的人。

「一個暴君會破壞古代的法律。」希羅多德這麼寫：「他欺侮婦女，不經審判便濫殺男人。但是若由人民來統治就不同了；第一：光是這名字就很動聽了。第二：人民絕不會做出暴君所做的事業。」整個東方就只知道有暴君的淫威。當大流士王向希臘進軍的時候，呂底亞一個很富有的貴族不僅招待他和他的大臣們，還犒賞他的全體軍士。據希羅多德說：這位貴族擺下盛大的筵席款待他們，而他唯一的請求是希望能將他五個都在軍中的兒子中留下一個來和他在一起。「你敢做這種要求？」這位國王說道：「你，我的僕人，你這個必須把一切都給我、甚至於妻子也不例外的人？」隨後他便下令將這貴族的長子斬為兩段，把屍首分置於他的大軍將經過的路旁。的確，波斯人在名實上都是個奴隸，甚至最富有、最有權的人也不能享有任何權利，他們是完全地在國王的掌握之中。希羅多德還敘述了另一個故事。有一天，國王邀請了一個一度得寵而又失寵的貴族與他共餐。當他吃完了擺在面前的肉之後，國王拿一個蓋住的籃子給他，他把蓋子掀開一看，裡面裝的竟是他獨生子的頭與四肢。「你現在知道你剛才吃的動物是什麼嗎？」國王很愉快地問他。這位父親早已學會奴隸所必修的自我克制這一課，他於是很泰然自若地回答道：「奴才知道。凡是陛下高興做的事，奴才也喜歡。」這就是自古以來就存在著的東方精神，而由希羅多德首次記錄於書中公諸於世。但土地狹小而又貧瘠的希臘是自由的。根據希羅多德的陳述，有個波斯官吏勸希臘人向薛西斯王投降，幾位希臘人便這樣回答他：「你完全清楚做奴隸的滋味，但是你從未嘗過自由的甜美。若是你嘗過的話，你一定會鼓勵我們去為它戰鬥，不僅拿長矛，還要拿斧頭。」當希羅多德所描述的波希戰爭逐漸接近尾聲的時候，我們也看得更清楚，這不僅僅是一場血與肉的鬥爭，也是兩種互不協和的精神力量之間的鬥爭。

一段很簡短的序曲揭開了這場生死之爭。在大流士統治下的小亞細亞海岸的許多希臘城市發生了叛亂，雅典派兵前往救助。當雅典的士兵行進到呂底亞首都薩第斯（Sardis）的時候，他們放火燒燬這座美麗的城市。對大流士來說，世界上竟然有人敢於反抗他，簡直是件不能相信的事。「雅典人是些什麼人？」他這麼問道，同時他又下令每次進餐時，旁邊的侍從必須對他說三遍：「陛下，記住雅典人。」毫無疑問地，希羅多德很了解戲劇的要求，因為他已布置好馬拉松的舞臺。

當主戲的幕升起時，受託負起復仇大任的大流士王之姪，率領波斯的海陸大軍向希臘進發。他派遣使者先行到希臘各城要求他們獻出「土與水」以作為投降的象徵，底比斯以北的城市都依言從命，唯獨與雅典僅一水之隔的伊特里亞（Eritraea）拒絕獻出，但是她立即被攻下、焚為焦土。下一個目標就是雅典，在敵人的大軍之前，她似乎只是個微不足道的小障礙。除了普拉提亞（Plataea）因感激雅典過去對她的恩惠而派來一小隊士兵相助之外，雅典找不到援手。當時在雅典南邊的斯巴達擁有全希臘的軍事主力，她跟雅典同樣不願屈服於波斯，可以作為一個強大的盟邦。然而犯了民主國家慣有的老毛病，雅典躊躇良久始計畫防禦。當菲迪皮德斯（Pheidippides）開始他向斯巴達求救的長跑時，波斯大軍幾乎已經攻到雅典。隔天在斯巴達，菲迪皮德斯這樣催促他們：「斯巴達人啊，雅典人向你們求助。別忍心讓他們落入野蠻人的奴役之中。」但是還要等好幾天月才圓，而不到月圓，斯巴達人是不願動身的。「月圓之後，我們會儘快趕去。」斯巴達人這樣告訴那位使者。但是戰爭並不等待月亮。波斯艦隊已經停泊在馬拉松海灣了。

希羅多德大約在這個時候出生。他一生經常聽到親身參與這場戰役的人講述戰鬥的經過，所以能將他們的戰術說明得很清楚。雅典的陣式跟敵人的恰好相反，敵人把精銳部署於中央，較差的部隊分布在側翼。米太亞德（Miltiades）則把主力集中在兩翼。由於雅典軍隊的中軍很弱，波斯軍隊輕而易舉地就把它打垮，然後乘勢追殺。這時候雅典軍便乘機從兩翼包抄過去，隔絕敵人與他們艦隊的聯繫，完全切斷他們的後路。結果敵方一敗塗地。他們的艦隊才沿岸駛到看得見雅典的地方便轉向大海了。波斯人敗退了。這真是一場難以置信的鬥爭，也是一場難以理解的勝利。事情怎麼會如此發展呢？那一小隊防禦者竟成為擊敗一支大軍的勝利者？我們實在不懂。不過希羅多德是懂的，所有希臘人也都懂。這乃是一個自由的民主國家拒退了一個建築在奴隸身上的獨裁暴政。在馬拉松一役中，雅典人是個個奮勇爭先，而敵人的士兵則是在他們長官的鞭打之下勉強出戰。單憑人數的眾多是無法與自由人維護自由之精神相抗衡的。自由顯示出它的強大力量。一陣令人歡欣鼓舞的勇氣和信心瀰漫著整個城市，而雅典就這樣開始發跡。

十年之後，最後一場戲才又揭幕。由於一場令其終生忙碌的戰爭，大流士至死都無法親自去實現他發誓要報的大仇。他只好將復仇的重任留給了自己的兒子。他注定要記住雅典人。薛西斯並不熱衷於這件復仇大業，可是他不得不做。在命運的敕令中已經載明他必須從事這件大業。波斯的力量成長得太過強大，他們的自信也太過分。最痛恨恃才傲物的天神已對他們下了判決。這強大的帝國遭受大敗與屈辱的時機已經到來。希羅多德告訴我們，過於傲慢的自信遲早要遭受屈辱，就如艾斯奇勒斯所說的：

所有的傲慢都要收穫淚的果實
上帝會重重處罰那些
太傲慢自大的人。

上天給予薛西斯的幻夢引起他的野心，他立下決心要征服希臘。希羅多德十分鄭重地一一描述波斯為入侵希臘所做的各種準備：逐步徵集大軍，在狹長的地頸上掘運河，在赫勒斯滂海峽（Hellespont）上搭架長橋以利海陸通行，徵收糧食與給水，沿路儲備無數的補給品等。接著便是出師前的盛大場面，天神親自為此發出徵兆。大軍出發的時候，「天上的太陽離座消失。但萬里無雲，天清氣爽。」今天的科學告訴我們日蝕是在兩年之後才發生的，不過我們也不能苛求當時年僅十歲的希羅多德能正確無誤地記下日期，何況當時的人是那麼重視戲劇效果的適切性，希羅多德賴以獲得實際資料的老一輩人自然會把太陽的消蝕與波斯的衰敗連在一起。

在赫勒斯滂海峽，大軍曾停下來接受國王檢閱。坐在白色大理石的崇高王位上、檢閱著那滿山遍野的軍隊，以及大海為之堵塞的艦隊，國王不禁潸然淚下。他對一個佇立在旁的侍從說：

「當我想到人生短促，而這萬千之眾注定不久就要傷亡時，心中憐憫之情油然而起。」

「不，陛下！」那位侍從這樣回答。「您毋寧應該為這件事而慟哭；人生雖然短促，但還是沒有人——將來也不會有——不一再地認為生不如死。」

大軍浩浩蕩蕩地開向希臘，所經之處，河水為之涸竭。那些城邦接二連三地獻出了土與水，表示他們不再自由，而是處於波斯的奴役之下。雅典也瀰漫著恐懼與絕望，但他們還是不肯獻出土與水。即使德爾菲的神諭曾對雅典的使者說：雅典人必須逃至天涯海角，要在心中先熟悉各種恐怖。雅典人仍不屈服。他們看起來似乎沒希望了。斯巴達跟雅典一樣決心抵抗，但她的政策卻太短視。起初斯巴達除了想全心防衛伯羅奔尼撒（Peloponnesus），不願做任何其他安排。但雅典人依舊堅持下去。薛西斯的大將派遣一個使者到雅典去給予他們投降最寬大的條件，除了喪失自由，可謂樣樣條件都很優厚。然而這使者所得到的答覆是：「只要太陽一日按常軌運行，雅典人就一日不與薛西斯妥協。」當人們具有這種精神的時候，奇蹟就可能出現。

斯巴達終於被喚醒了。他們派一小隊士兵去據守溫泉關這一波斯軍的必經之道，在那兒發生了一場為時極長且英勇的防衛戰——雖然終歸失敗。斯巴達統帥李奧尼達斯把與他並肩作戰的其他希臘人遣走了。希羅多德說，那是「因為他擔心他們會戰死，至於他自己和其他的斯巴達人是絕不會捨棄崗位的，因為那是可恥的事。」當他們等待波斯人的進攻——他們知道那將是最後一戰——的時候，有一個人說，他聽說波斯軍隊多到射箭時箭能遮蔽天日的程度。另一個人便說：「那好極了，我們不就可以在涼蔭底下作戰了嗎？」像這樣的人是會在殉難之前叫敵人吃些苦頭的。希羅多德說他們「從掩護著他們的堡壘中奮勇衝出，視死如歸，而在另一邊波斯軍官則揮著鞭子叫他們的部下往前進。他們就這樣在溫泉關大戰。」這場戰役過後，薛西斯跑到戰場上來，看到遍地屍體，命人叫來他軍中一名流亡的希臘人。「我們要怎樣才能征服這些人？」他問道。「告訴我吧。」但是沒有人能告訴他。

雅典棄守了。德爾菲的女祭司又說話了。「宙斯給雅典娜一道木牆，」她說，「它會保護你們和你們的子女。」當使者們將這句話帶回來的時候，大家都紛紛爭辯著它的含意，但是希羅多德說：「一個新近發跡、名叫特密斯托克利斯的人，他的意見終於被眾人所接受。」他說木牆就是船，於是全城的人就離城而去。婦女和孩童被送到安全的地方，他們的艦隊開到其他希臘人也聚集一起的薩拉米斯。雅典擁有最大的軍力，理應有權當領袖，但是當她發覺這將成為大家激烈爭奪的榮銜時，她便不去極力爭取。「她認為，」希羅多德解釋道，「最重要的是希臘必須得救。」而不是去贏取顯然應屬於她的榮譽。於是她退出了，毫無異議地眼看著經常與她敵對的斯巴達被選出來。這是雅典在歷史上表現得最偉大的一刻。假如她一直保持住何者重要、何者不重要這個遠大見解的話，也就不會有伯羅奔尼撒戰爭（Peloponnesian War）發生了。

即使如此，這場勝利還是屬於雅典的特密斯托克利斯，因為他設計出的方略，誘使波斯軍隊被迫在薩拉米斯狹窄的海域中作戰，而使他們的眾多人數反成為他們大敗的原因之一。薛西斯當時正在岸上觀戰。

有一王高坐岩石之巔
俯視海中的薩拉米斯島，
底下的成千戰艦與
萬邦之民皆他所有。
日出之時他曾細細數
日落之時他們在何處。

得勝的希臘人簡直不敢相信他們親眼目睹的事。他們幾乎是滿懷著絕望走向戰場的。「前一夜他們還充滿恐懼與驚慌。」希羅多德說。他們不能相信現在那可怕的威脅已經解除。他們準備好應付另一次的攻擊。但是波斯船艦已開向大海，一去不復返了。

就在敵人開始進攻之前，希臘的領袖如此告訴他們的人民，「當我們與波斯人作戰時，首先應切記自由。」當時在場的艾斯奇勒斯說，他們衝向敵人時口中高呼著：

爭自由，希臘的好兒郎，
為國家、為妻兒爭自由，
為祭拜、為祖宗的墳墓爭自由。

當這些勝利者注視著強大的敵軍撤退時，心中仍凜然生畏。「造成這項勝利的並不是我們。」特密斯托克利斯說。

第九章

修昔底德：曾經有過的事即是將會發生的事

旋轉的命運之球

歐洲最強大的海權國與最強大的陸權國彼此正在交戰之中。他們所爭奪的是歐洲的領導權。雙方都為打擊對方、增強自己的地位而戰：海權國的目的在於鞏固她散布疏落的帝國，而陸權國則意欲向海權國挑戰以建立自己的帝國。當戰爭開始時雙方都極不安地意識到，決定這場戰爭勝負的一個主要、甚至是決定性的因素，可能是一個亞洲國家，這個國家國土廣大，在歐洲也有據點，而且許多人相信，它有意旁觀這兩個歐洲強國互相削弱甚至消滅對方，以坐收漁人之利，輕易地達到支配歐洲的目的。

這時間是西元前四百三十一年，雅典是當時的海上之后，斯巴達則擁有全世界最強大的陸軍——而波斯則看到了這個不費一兵一卒、只需挑撥雙方便可一舉除去兩個大敵的絕好機會。

由於歷史會重演，因此可以把它當作一項警惕與針砭來加以研究的這種觀念，大體上都不為現代歷史學家所接受，現代的科學歷史學家就像地質學家一般地審視他的研究對象。他們認為，歷史是獨立的史實編年記載；時間的織機所織出的布疋絕沒有固定不變的花紋，所以研究它除了獲得知識之外別無益處。但那位記載雅典與斯巴達交戰史，且作品至今仍舊是一部歷史名著的希臘史家並不持這種觀念。如果修昔底德確作如是想的話，他就不會去寫他的歷史書了。「為知識而知識」（knowledge for the sake of knowledge）的這種觀念對雅典人毫無吸引力。他們是講求實際的人。他們需要知識，因為它有助於生活，能夠使人避免錯誤而做正直的事。修昔底德寫書是基於他深信認識這場毀滅性的戰爭之起因，對人類將大有裨益，就如同他們可以從一份解說導致死亡之病因的說明書中獲得益處一樣。他的推論是，既然人類的心靈和軀體一樣沒有變化，那麼為人性所左右的環境一定會重複出現，而在同樣的情勢中，人類的作為必然與前相同——除非有人替他們指出這種作為在以前曾釀成大禍。而當人類知道了釀成災禍的原因之後，他們就能夠設法應付這一危險。「大家或許覺得，」他這麼寫道，「我的書中缺少故事的成分，因此不十分引人，但是假如那些想知道以前曾發生過，而且依據人性的觀點來看將來可能再發生的事之真相的人，能認為我的書有用的話，我就心滿意足了。我的書不是為目前而寫的，是為千秋萬世而寫的。」

這位對史家的職責持這種見解的人，所敘述的都是發生在他那時代的事件。在戰爭開始的前幾年中，他是雅典的將軍之一。但由於命運的撥弄，他由一個軍人轉變為一個研究者，因為他在戰爭進行到第十年的時候遭到放逐。他被放逐的原因是：

守將派人去找該地區的另一位指揮官——修昔底德，他係奧羅魯斯（Olorus）之子，本書的作者——催他火速前往救援。這時修昔底德距安費波里斯（Amphipolis）約有半日的行程，他便率領身邊的七艘戰船急急前往援救，一心希望能在安費波里斯投降之前到達。但是該城的市民投降了，而就在同一天晚上，修昔底德和他率領的船到達了。

他剛好遲到一步。在雅典，凡未能完成使命的軍官都須受罰，所以修昔底德也就轉到觀察者的崗位上。「由於我被放逐，」他寫道，「我能夠很安靜地注意事情的發展經過。」

雖然這句話很不尋常，但他的書證明了它的真實性。從一個他的國家最信任的將官之一，一降而為一個沒有國家的人，在他那個時代，這是比戰死好不了多少的命運，何況就我們所知，他並未犯下應受這種嚴重懲罰的錯誤。不過他倒真是「很安靜地注意事情的發展經過」。剔除懷恨和偏見，寫出了一部冷靜公平猶如討論古代事蹟的書來。他以完全相同的態度來看雅典和斯巴達，從不任意褒貶。他真正全心繫念的，遠超出他所敘述的那場生死之爭。他看出他的題材之永恆的一面。從兩個希臘小城邦的鬥爭之變幻莫測的表面下，他看到了一個普遍的真理。在整本書中，在他詳細敘述的無數小規模的海陸戰鬥中，他指明了戰爭為何物，它何以發生，它帶來何種危害，而除非人類能尋出較好的解決途徑，否則這種危害將繼續下去。他的《伯羅奔尼撒戰爭史》（*History of the Peloponnesian War*）實際上可說是一篇研討戰爭及其因果的論文。

戰爭爆發於西元前四三一年。這場戰爭由許多接二連三的瑣碎爭吵所觸發，但這些爭吵加總起來也不足以構成這兩個主要的希臘城邦生死之爭的理由。亞里斯多芬嘲笑他們，說這整起事件只是雅典幾個借酒裝瘋的小伙子到鄰鎮梅格拉去

偷了他們的一個小蕩婦。
梅格拉人因而也跑到我們這裡
劫走阿斯帕齊婭的兩個妞兒。
而這三個人，這三個恰如其身分的
壞女人，就引起了這場戰爭。

因此奧林帕斯的柏里克立斯
在盛怒下雷電交加令希臘倉皇失措。

亞里斯多芬所嘲弄的戰爭原因不為修昔底德接受。戰爭的真正導因並不是這件或那件小動亂，一個遙遠的殖民地之叛亂，一項不重要的毀約事件，或諸如此類的事。真正的起因乃是遠離表面底下，深藏於人性中心，它也就是一切已發生的戰爭之原因。它的原動力就是「貪」，這種永遠無法饜足的對權力和財富的癖好。修昔底德說，權力，或與它相等的財富，會激起要求更多權力或財富的強烈欲望。雅典人和斯巴達人其實只為一個原因而打仗——因為兩者都極強大，因此便被迫（這些是修昔底德自己所用的字眼）去尋求更強大的力量。他們的交戰並不是因為他們不相同——雅典實行民主而斯巴達係寡頭政治——而是因為他們太相像。這場戰爭與思想觀點的歧異或對錯的爭執毫無關係。是否民主是對的，而由少數人統治多數人是錯的？對修昔底德而言，這類問題毋寧是避重就輕。從來就沒有權力是對的。權力，不論由誰行使，都是罪惡的，都是人類的腐化者。

兩百年之後有一位希臘歷史學家，波利比烏斯（Polybius），十分清晰簡潔地摘述了修昔底德的基本論點。他說，人類的歷史係由過分的權力所推動的週期循環。原始的暴君們發動了歷史的旋轉之輪。他們越有權力就越貪求權力，而且他們不斷地濫用權力，一直到激起必然的反抗，少數幾個聯合起來力量足夠強大的人便奪下統治權。而這幾個少數人的權力欲也從不會滿足。他們也侵犯別人的權益，終於也輪到他們被反對。這時人民群起反抗，民主遂取代了寡頭政治。但是在民主政治之下，權力的罪惡亦同樣猖獗。它帶來腐敗和對法律的蔑視，終至政府癱瘓，政權輕易地落入一個自信能恢復秩序的強人手中。獨裁、寡頭以及民主都次第被消滅，因為他們都潛藏著一種相同的罪惡——對權力的貪欲——而卻不見得具有道德的本質。

由於修昔底德注意觀察的週期循環帶來如此可怕的後果，所以他相信對這些後果加以敘述，應能給予人類以不能忽視的警告。伯羅奔尼撒戰爭所明顯指出的一件人們必須認識清楚的最重要的事，就是太大的權力將為自身帶來毀滅。雅典建立帝國的大業，最後結束於毀滅。她所興建的富強帝國曾有很長一段時間被認為是權力政治成功的範例。然而「種瓜得瓜，種豆得豆」，她的濫用權力終於導致她的衰敗覆亡。修昔底德就看到這麼遠。

不過我們還可以看得更遠一些。人性的理想遭到挫敗，希臘對世界的貢獻也告中斷而瞬即結束。等到人類能夠再度銜接上希臘思想中斷之處，已是數百年之後了。

在西元前六世紀的前期，也就是修昔底德所記錄的戰爭之前一百五十年，我們所熟知的雅典誕生了。開始時她是一個由地主貴族（landed aristocracy）所統治的小城邦，後來由於商業發達，這個統治階級慢慢成為財主貴族（aristocracy of wealth）。當時戰爭很少發生。到西元前五世紀為止，戰爭大都發生於城邦內部，在那裡，民權觀念逐漸抬頭，舊有秩序次第衰微。在西元前六世紀前期，這個城邦極幸運地出現了一位偉大的好人，他實在是太偉大、太善良，因為他不想掌握權力。他與修昔底德一樣敏銳地看出，權力會造成罪惡，而貪婪便是權力的根源與力量。「人們被貪婪驅遣去以不正當的手段獲取財富，」他這麼寫道，「而財富最多的人總想要有加倍的財富。」關於權力，他說：「有權者摧毀了城邦。」這實在是希臘人所能加諸於人的最嚴厲指責，因為當時的人都是完全依賴著城邦的。梭倫以當代的新精神改造政府。他使一般百姓分享這個政府，奠定了世界第一個民主政治的基礎。雖然在他退休之後曾有個強人利用各階級間的激烈爭吵而掌握大權，但大體上他還是很尊重梭倫立下的憲法。甚至在獨裁暴政之下，民主還能繼續滋長，而雅典也能和鄰國和平相處。不錯，薩拉米斯這個重要的島嶼是在梭倫本人的教唆下，從鄰近的梅格拉奪過來的，但這只是個獨一無二的例子。

奪取那個島嶼對雅典是頗為有利的。因為幾年後暴君被推翻，而在西元前四百九十年這一偉大而值得紀念的年度中，當雅典這個小城必須選擇與波斯作戰或被奴役時，她由此而免除防衛希臘境內敵人的內顧之憂。雅典與波斯的戰爭乃是一場動機最純潔的戰爭。馬拉松和薩拉米斯仍然是「向世世代代迴響著挑戰」的名字。不僅對當時親身贏取勝利的那些人來說，這場勝利來得太神奇，就是對今天的我們而言，它也仍像是個奇蹟。強者從權力的寶座上被推下，而弱者得以揚眉吐氣，此後的五十年間，波斯對希臘完全奈何不得。

隨之而來的是整個歷史上人文精神最光榮的重生之一。那時隔閡人類的強烈差異遠在背後，而自由——不僅是法律之前的平等，而且包括思想與言論自由的廣義自由——則充滿人間。在這個充滿悲傷與痛苦的世界裡，我們至少會這麼想：

> 只要能活在那個時代便是最大的快樂。

但是在修昔底德的書中我們看不到歡樂。一個巨大的變化在極短暫的時間內降臨到雅典。我們只要引兩段文字便足以證明。

當《祈願者》（*The Suppliants*，許多人認為這是尤瑞皮底斯的早期劇本之一，本人也持相同看法）一劇的幕升起時，阿果斯（Argos）派去征討底比斯的軍隊被打敗，而底比斯人做了一件每個希臘人都痛恨的事：他們拒絕讓敵人埋葬戰亡者。阿果斯軍隊的領袖便向雅典求救，「因為，」他告訴雅典王忒修斯（Theseus），「在所有城邦中唯雅典最富同情心。」當忒修斯正在猶豫不決是否要捲入別國的糾紛——不論理由如何名正言順——時，他母親告訴他，這是他的責任。因為這與雅典城及其個人榮譽都息息相關。

要關切上帝的事。
要知道你注定要匡助一切受侮者。
注定要制止所有破壞法紀者。
還有什麼能維繫國與國間的關係，
除非彼此尊重正義之大法。

忒修斯承認她的話是對的。雅典是無助者的保護人，是暴君的死敵。她走到哪裡，自由便跟到哪裡。

沒幾年之後，修昔底德讓他心目中的理想政治家柏里克立斯這般地警惕雅典人：

> 不要以為你們奮戰的目的純然是為了使這個或那個城邦獲得自由，或繼續臣服於你們。你們應以整個帝國為念。大家必須認識清楚，雅典今天之所以在世界上有個響亮的名字，是因為她從不向災難低頭，而且她擁有今天全世界上最強大的力量。被憎恨一向是欲統治他人者的命運。但是你們不能在這憎恨之前放棄你們的權力——即便有些懶人與懦夫主張我們應在這次危機中表現得高貴大方些。雖然現在你們的帝國已成專制暴政，且或許就如許多人所說的，是以不正當的方法建立的，但是若要放棄它，毋寧是件極危險的事。

雅典這兩種觀念間的不同是非比尋常的。我們不能以詩人與歷史家之間的不同來解釋它。尤瑞皮底斯與修昔底德同樣了解這個世界，且很少人比他們了解得更清楚。所不同的乃是雅典。他們兩人分別是他們自己那個時代的發言人。在不到一代的期間裡，那個一度為自由鬥士的城邦，竟替自己贏得了「暴君城」（Tyrant City）的惡名。

回顧西元前四百八十年，當波斯人終於被擊敗之後，雅典被推選為新希臘自由城邦聯盟的領袖。這是個很崇高的地位，而雅典人也頗引以為榮，但是這一名位要求高度的公正無私。雅典只有很公正地把別人的利益和自己的利益置於同等地位之上，才能成為自由人的領袖。在波希戰爭中她確實是做到了這一點。在那次重大的危機當中，她並未卑鄙地只為自身的利益著想，而是如尤瑞皮底斯親眼所見的，很正直，很豁達。而且當她被推選為新聯盟的領袖之後，有一段期間她也能不為權力所腐化。不過這段期間極為短暫。獲得更多權力的誘惑總是無法抗拒的。不久之後這個新的自由聯盟就一變而為雅典帝國了。一個國家可能發生極強烈的變化，而其國民的性格仍不受影響，但雅典的這一變化卻深入他們的宗教與道德的根本之中。

對於波希戰爭的參戰者而言，他們意外的勝利證明了神聖的正義統治人間的這一信念。而且它確實是以某種神祕的方式統治人間；至於那些侵犯他人權利者，不論其為個人或國家，亦不論其如何強大，都終將受到懲罰。由於意識到自己的強大而產生的傲慢無禮，乃是希臘人一向最痛恨的罪惡。在他們最早的文學——神話故事當中，個人的傲慢一定會引起天神的震怒，而一個國家的傲慢會帶來何種後果，他們從波斯力量在薩拉米斯被摧毀的例子中就可以看得出。他們最偉大的領袖梭倫曾經宣稱，人間的正義反映出上天的正義。他們最偉大的詩人艾斯奇勒斯寫道：

黃金從不是一座堡壘，
藐視上帝偉大的正義祭壇者，
將不受保護。

但是當雅典轉身去對付聯盟中的盟國，迫使他們臣服時，這些信念便被一片金錢與權力的浪潮沖刷得精光了。這帝國的年輕人認為，事實已證明那古老的信念是錯誤的。就他們所見，黃金才確實是攻打不破的防禦工事。很顯然地，他們看到了他們的城邦，在侵犯其他城邦之中繁榮起來，那麼正義的神聖權力究竟在哪裡？假如一個人可以隨意侵害他人而不受報復，那麼他還有什麼恐懼？修昔底德與他同時代的人又何必繼續相信，為惡者會受到痛苦的懲罰，而為善者必然獲得充分的報償？柏里克立斯時代年輕的一輩，只需睜開眼睛一看，便可消除不為惡便有安全的這種傳統觀念。一個用盡方法去加害他人以求利己的人，非常明顯是用不著生活在遭受雷殛的恐懼之中的。因此突然間在滿懷帝國野心而且天下無敵的雅典，為善獲利的動機沒有了，而動惡必受天譴的恐懼也隨之消失了。懲罰與報償的觀念不再發生作用，而當時那些才氣煥發的年輕人，對財富權力充滿野心與驕傲，也就沒有可以取代它的東西。當然，他們還照樣去看艾斯奇勒斯和索福克里斯的戲，但以他們的聰明才智，他們竟然無法了解。他們去看《奧瑞斯特斯三部曲》（*Oresteia*），腦子裡沒有一絲觀念說那位戲劇家正在指給他們看善的無上力量，他們喝采《安蒂岡妮》，但作夢也想不到他們所看的竟是公正無私的崇高之美。

在這座富麗而腐化的城邦中，有一個人了解這一激烈的改變。修昔底德察覺一切道德的基石——尊重別人的權利——整個塌陷下來。而當尤瑞皮底斯寫《祈願者》的時候，這不僅是公認的人與人間交往的道德基石，也是國與國間交往的基石。國家具體代表了有榮譽觀念者的觀念。然而到了修昔底德寫書的時候，雅典已因屏棄這一觀念而贏取了一個帝國。在權力政治當中，一個國家去攫取每一個為自己謀利的機會不但是必要的，而且也是對的。修昔底德即使不是第一個看到，也毫無疑問地絕對是第一個將這項已成為現代世界公開遵循的新理論書之於筆的人。他讓柏里克立斯坦然拒斥，公平與仁慈適合於個人，也一樣適合於一個國家的這種見解。他指出，一個追求自己的理想而無意將此理想加諸他人的國家或許可以存著這種觀念，但一個想支配別人的國家則不可有此觀念。「一個統治著一個帝國的城市，」他寫道，「是不會把任何於她有利的事認為是錯誤與不合理的。」

這就是伯羅奔尼撒戰爭爆發時的雅典精神。雅典帝國繼續擴張的勢力激發起她最強大的競爭者的欲望。斯巴達於是起兵與她對抗。

每個讀者讀修昔底德時都存有袒護雅典之心。斯巴達人在藝術、文學和科學上沒為這世界留下什麼東西。不過我們得指出，斯巴達人的理想從他們那個時代一直持續到現在，那是一個一、兩千年而不稍減弱的人性本能之具體表露。斯巴達人很像吉卜林書中的史多奇（Stalky）之輩，對事情的看法就如小學生，不像成人的見解。一個理想的斯巴達人必須有膽氣，無視於艱難與肉體的痛苦，是個一流的運動員。他越是話說得少、想得少，就越好。他尤其不能去推論為什麼，他的職責是去做、去犧牲生命。他就是個士兵，別的什麼都不是。斯巴達這個國家的目標就在於打仗。而雅典人對戰爭的態度，就如他們對其他事物的態度一樣，是極為實際的。他們看不出死在戰場上有什麼特別吸引人的地方。根據修昔底德的報導，柏里克立斯在紀念陣亡將士的演說中並沒勸他的聽眾去效法死者，相反地，他要他們祈禱，假如他們出戰的話，希望能在較不危險的情況下作戰。在雅典，戰爭被認為是一門壞生意。但它卻是必須的，它是一個國家攫取屬於別人的東西並保有它們的唯一途徑。戰爭也可能相當有利可圖的。

斯巴達人對戰爭所持的則是情感的而非生意上的看法。它絕不是一項必然的罪惡（necessary evil），相反地，它乃是人類最崇高的行為。他們對戰場懷著極大的敬仰。他們最敬愛的詩人提爾泰奧斯（Tyrtaeus），把他們這種浪漫的情感極為完美地表現出來。在一首達到了連專寫武事詩歌的詩人都很少企及的感傷高峰的詩中，他說：

少年的英姿當他死時最俊美。
甚至在死中那少年也極美，
那死於青春的少年英豪。
他活在人們的悔恨與女人的淚中。
比生時更神聖、更俊美，
都因他在戰場捐軀。

斯巴達青年一切訓練的中心觀念是，他們有責任維持國家的勢力，而所有對此沒有直接貢獻的事都應屏棄不顧。生命中其他一個人可能做的事情，如想像、愛美與智識上的興趣，都應擱置一旁。人類的企望和成就，厥唯維護祖國。只有有助於國家的才是好的，也只有有害於國家的才是壞的。一個斯巴達人不是個獨立個體，而是一個操作靈活的機器之一部分，這部機器替他負一切責任，要求他絕對服從，並塑造他的性格與心靈，灌輸給他一個活著的主要目的，在於殺人與被殺這一深刻的觀念。普魯塔克這麼寫道：

> 在斯巴達，市民的生活是固定的。大體上說，他們既不願意也無能力過私人的生活。他們就像一窩蜜蜂般環繞在領袖的四周，而在熱誠和野心（非自私的）之狂喜中，整個的屬於國家。

雅典則是個民主政體。每一個雅典人都是會員的全民大會（General Assembly）為最高權威。行政機構是每個市民都有權當選的「五百人議會」（Council of Five Hundred）。行政官吏則以抽籤決定或由人民選出。

國家並不對每個雅典人負責，但個人卻得對國家負責。結果他們對國家的看法當然與斯巴達人完全不同，雅典從不認為國家是個不同於且優於它的組成分子——人民——的神祕實體。雅典的實際作風使他們不至於有這種觀念。雅典人對國家的看法是，它是一群個人的集合體，這些個人可自由發展他們的才能和依他們自己的方式生活，他們只服從他們自己制定的法律，並能隨意加以批評與改革。然而在這顯然為時極短的法律觀點之下，存著一個支配西元前五世紀之思想與藝術而為雅典所持有的信念——凡是沒有限制、不受拘束、零亂無法紀的便是野蠻、醜惡而無理性的。由自我克制所限制的自由，是雅典最偉大時所秉持的觀念。她的藝術家表現出這個觀點，但她的民主則否。雅典的藝術與思想安然度過了時間的考驗，而雅典的民主政治卻因演變成帝國專政而失敗了。

在打仗的時候，便顯出獨裁專制是強者。當戰爭一年又一年地進行下去，雅典的眾議政府與斯巴達的嚴明紀律以及不受牽制的專一政策比較之下，弱點便慢慢顯露出來。雅典常因當權者的更換而改變其策略。缺乏道德原則，但才氣極高的阿爾西比亞德斯便是其中之一。這位蘇格拉底曾寄以很高期望的當權者，說服了雅典人派一支軍隊去攻奪西西里。他是個很不平凡的人，在他手中這次遠征很可能成功。它之所以失敗顯而易見的是由於整個事件的執行雜亂不當。差不多就在雅典艦隊抵達西西里的時候，阿爾西比亞德斯就被召回了。那時因為他的敵人指控他褻瀆神聖而使人民鬧哄哄地反對他。他很識時務，不敢去面臨一群沸騰著衛教熱誠、欲嚴懲輕侮宗教者以儆效尤的民眾，因此他轉而向斯巴達投誠，替斯巴達做了一番事業。

西西里遠征毀於處理不善之上。領導雅典人的是些不稱其位的小人物——他們被領導向錯誤的路上。他們低估了敵軍的力量，及至發現錯誤為時已太晚了。他們盲目地信任他們在海上的力量，但他們的海上力量卻辜負了他們。在敘拉古附近的一場決定性的海戰中，雅典人的戰術受挫，使他們的龐大艦隊遭到敗績。這是個徹頭徹尾的大敗。船隻被捨棄之後，整個軍隊便由陸路撤退，沒有食物，沒有任何儲存的糧食。幾天之後，這些境況困窘、挨著餓的士兵就分而為二了。前鋒與後衛失去了聯繫，敘拉古人自然輕而易舉地予以各個擊破。最後一場戰事發生在一個河岸上。那些渴得半死的雅典人爭先衝往河水中，他們看不到，或者根本就不管敵人已經向他們衝殺而來。血馬上就染紅了河水，但他們還是彼此爭著奔向河裡，他們就這樣一邊喝著河水一邊被殺。

被生擒的都變成了奴隸。他們大部分被帶到敘拉古附近的採石場，在那裡，不用人的幫助，自然就已經給予他們足夠的苦刑。白晝嚇人的熱毒與夜晚的酷寒，只留下極少數的幾條活命。修昔底德替他們寫了這句墓誌銘：「他們做了人所能做的事之後，挨了人必須挨的苦。」

從來不曾有，也不可能有比這更徹底的敗績。給予敵人以雅典人在西西里所遭受的打擊，至今仍是鼓舞參戰國家的最大希望。不過這還不是戰爭帶給雅典的最大災難。

修昔底德書中的高潮，是他對於戰爭期間在雅典城中發生於雅典人民身上的事之描繪。那是一幅一個偉大民族的解體之圖畫。他拿兩則故事，一則在戰爭前期，一則在戰爭後期，來指出這解體的過程究竟來得多麼迅速。第一則是關於一座重要的附屬島嶼的叛變。雅典先派了一支艦隊去掃平叛亂，後來在盛怒之下決定把該島的男人處死，婦孺則淪為奴隸。在投票表決之前的辯論中，當時一個頗得眾望的領袖警告雅典人不要被帝國的三個死敵所誤，即憐憫、耽於討論以及公正的精神。結果他的意見被採納了。於是便派遣了一艘船帶著這道可怕的命令前往那座島去。然而尤瑞皮底斯時代的雅典精神使雅典人甦醒過來。於是他們又急忙派出第二艘船去追趕第一艘船，至少也要及時趕到那座島上以阻止一場集體屠殺。他們是這麼樣地熱心，那時划槳者連吃飯時都手不離槳，一直到他們及時趕到島上為止都不曾休息。

第二個故事則是關於七年後另一座得罪雅典的島。它就是米洛斯（Melos），一座欲求中立而毫無重要性的小島。但這七年已在雅典留下了痕跡。這次她根本不需要被警告不能有憐憫心和公正的精神。修昔底德筆下的雅典與米洛斯使者的一席談話，顯示出戰爭為雅典人民帶來了何種災害。希羅多德曾說雅典人民從前處於卑下與崇高兩者之間時，一向都選擇崇高。

米洛斯人辯解說他們並未犯錯，去征討他們將是違反正義的，但是雅典的使者回答道：「只有在雙方勢均力敵的時候才有正義可言。強者盡力刮取而弱者得獻出他們所必須獻出的。」

「你們罔視正義，」米洛斯人回答說，「然而尊重正義卻是對你們有利的事，否則萬一你們被打敗，你們便無法訴諸正義了。」

「你們應該讓我們冒這個險，」雅典人說，「問題是我們要征服你們以免麻煩，這對你們也是比較好的。」

「成為奴隸？」米洛斯人問道。

「這會使你們避免更惡劣的命運。」

「你們不同意我們在不做你們的盟國這情況下，做個朋友而仍享有和平？」

「不，」雅典人這麼回答，「我們不要你們的友誼。它看起來會像是證明了我們的弱點，但你們的憎恨卻可以顯示出我們的強大，請記住，你們的問題是如何自保不亡。我們是強者。」

「運氣並不常站在強者那一邊，」米洛斯人說，「我們還有個希望，假如我們盡力而為的話，我們仍能昂然而立。」

「要當心希望，」雅典人回答，「不要像一般人一樣，當可見的希望消失了便寄託於不可見的希望，譬如宗教之類的。我們勸你們不要存這種愚蠢的想法。讓我們提醒你們，在我們的談話中，你們不曾提出過一項實際的人會提出的論點。」

米洛斯人的確很不實際，他們起而抗戰。雅典不費吹灰之力就征服了他們，於是就殺戮男人、奴役他們的婦孺。雅典已到了不在乎用美好的字眼來處理醜事的地步，因為她已經不以它們為醜了。修昔底德說，到了那個時候，惡已被尊為美德。甚至於連字的意義都變質了：詐欺被稱頌為機敏，鹵莽被讚美為勇氣，忠誠、溫和、慷慨被譏為軟弱的證明。「高貴性格中的主要品德——善意，已被人們所恥笑而終於消失了。人人都互相猜忌。」這就是爭奪權力所帶給雅典人的後果。

斯巴達的情形要好一些。在斯巴達，國民有責任死於戰場的這個理想注定是不會令人滿足太久，但它至少比之雅典在與米洛斯使者的談話中所顯示出的缺乏任何理想要好得多了。雅典於西元前四百零四年被征服。激烈的黨派之爭離間了這座城市，而最後親斯巴達的貴族黨占了上風。但是另一個權力週期的循環又發生了。

事實上，接著而來的這一圈循環運轉得更快。斯巴達不懂如何統治他國。雅典除了榨取重稅之外，並未干涉治下的其他國家。斯巴達人所採取的方法可以一個崇拜她的雅典人的一句話來說明：任何一個斯巴達公民的意志就是臣屬國的絕對法律。除了她自己的方式之外，斯巴達從不能夠了解任何別的方式，而其他希臘人並不接受她的那一套。他們並不馴順，尤其不喜歡服從。斯巴達無法長久羈繫住他們。斯巴達帝國只持續了沒幾年就垮了。在戰爭的末期，她與她一向的生死大敵人波斯訂定聯盟，而波斯確曾大力襄助她打敗雅典。但不久之後這兩個盟國便發生爭吵。斯巴達被打敗，而波斯遂從她手中奪走她奪自雅典的海上帝國。

這就是打了二十七年戰爭的結果。乍看之下，它似乎是一場徒勞無益的勝利，但實際上比這更糟。在這二十多年當中，許多雅典人被殺。幸運的是，一些達到役齡的人——如蘇格拉底、柏拉圖、修昔底德本人，以及其他跟他們一樣為我們所熟悉的人——並沒有死在戰場。但是毫無疑問地，在那些死於戰場的人當中，一定有能夠引領這世界到達新高峰的人。要是這些死者不徒死戰場上的話，則西元前五世紀在雅典燃燒的那一道燦爛的火焰，必定會為這世界放出更多更多的光芒。

造成這些罪惡的原因，便是由貪欲和野心所引起的權力欲。——《修昔底德》，第三章，八十三頁。

第十章

色諾芬：平凡的雅典紳士

從修昔底德轉到色諾芬是一個令人愉快但帶著些驚奇的經驗。這兩人的一生互相交疊銜接，雖然色諾芬要小了許多。兩個人都是雅典人，也都是士兵；他們都生活在戰爭中，親眼看到雅典的敗亡。然而他們活在不同的世界之中，而且是那麼不同，看起來就像他們彼此毫無關係。修昔底德的世界飽受戰爭的蹂躪、破壞與摧殘瓦解，希望已消失，而幸福是不可想像的東西。色諾芬的世界則是個充滿歡樂的地方，其中有許多可愛的人物，許多愉快的消遣時間的方法。譬如打獵便是一例。他寫了一篇很可愛的文章來描述打獵的情形：在冬天的清早帶著與主人一樣熱心於追獵的獵犬，循雪地上的足印去打野兔的樂趣；在春天「野外長滿了那麼多野花，狗的嗅覺也不靈光了」；有時候一隻鹿可能是獵取的對象，一種最佳的樂趣；或是一頭山豬，雖然危險，但卻刺激得過癮。至於獵人可以得到這些好處：他能比別人更長久地保持健壯與年輕；他比別人勇敢，且更值得信任——雖然我們的作者並未說明何以然。一個打獵的人要比不打獵的人好，事實就是如此。去問英國文學中任何一位獵狐狸的鄉紳吧。打獵是一種很好的、健康而誠實的樂趣，喜歡上打獵的年輕人是很幸運的，它會使他不染上都市的罪惡，而喜愛美德。

在修昔底德的歷史中，什麼時候雅典人去打過獵？我們不禁要問一問。具有悲劇視覺的他曾經看見過打獵嗎？他曾經聽過獵獲的野豬多大的故事嗎？他曾不曾參加在巡酒時講故事的宴會呢？雖然蘇格拉底曾和他一起去參加一個色諾芬也出席且加以報導的宴會，我們還是難以想像他會在宴席上。我們應該假定，這個宴會比柏拉圖書中在阿伽頌家舉行的名聞遐邇的餐會更合乎當時的風尚，因為在阿伽頌家的晚餐會上，談話是唯一的娛樂。阿伽頌的賓客是雅典的精華，他們只要高深的談話助興。而色諾芬所描述的宴會上的賓客，除了蘇格拉底和他本人之外，卻是些平常人，恐怕馬上就會對饗宴裡頭的談論感到厭煩。「可是在色諾芬所描述的宴會中，不可能有人會感到厭煩。」那是個從頭到尾都叫人快樂的場合。宴會中當然會有些高妙的談話，這點蘇格拉底自能處理；話題偶而也會轉到嚴肅得足以吸引修昔底德注意的題目上。但大致說來，它是個輕鬆愉快、成功圓滿的宴會。譬如當蘇格拉底為他自己的塌鼻辯護，說它比直挺的鼻子好，或如一個新婚的人拒絕吃洋蔥的時候，宴會上就充滿了愉快的笑聲。此外還有音樂，蘇格拉底甚至也唱了一支歌，聽得大家開心極了。一個愉快的男孩表演了一段有趣的插曲，而色諾芬對這段插曲的描述顯示出他的觀察之敏銳與深富同情。那個男孩與他尊貴的父親一道應邀赴宴，而他不久前才在雅典一個重要節日的主要孩童競賽中獲得勝利。他坐在他父親身旁，席間的人都十分和藹地看著他。大家都想辦法逗他，但是他非常害羞，一句話都不敢說。一直到有人問他什麼事情最使他感到驕傲，而另一個人大叫：「當然是他的勝利囉！」他才漲紅著臉爆出一句：「不，不是！」他之終於開口說話使大家極為快樂，於是又慫恿著他。

「不是嗎？那麼你對什麼事情最感到驕傲呢？」

「對我父親。」他說著，一面挪得更靠近他父親。

這是一幅描繪雅典城兒童的行人圖畫，雖然修昔底德看不出那雖輝煌但腐敗的雅典城有任何優點。

依照慣例，主人為貴客準備了餘興節目。一個少女表演了幾項令人開心的驚人特技。最精采的一項是她一面跳舞一面又能合著音樂的節拍輪擲十二個環圈。凝神注視了這少女表演之後，蘇格拉底說他不得不下這樣的結論：「不僅是從這位少女，朋友們，也從其他事物上，可以證明女人的才能不在男人之下。」他接著又說，如果她們當中有人願意教他太太一點什麼，他將極樂於知道。這時候桌邊的賓客紛紛低聲說：「贊西佩（Xanthippe）。」其中有個人大膽地問他：「那麼你為什麼不把好脾氣教給你太太？」

「因為，」蘇格拉底反脣答道，「我一生最大的目標是與人和好相處，我選了贊西佩，因為我知道假如我能與她和好相處，我就能和每個人相安無事。」結果大家一致認為這是個令人滿意的解釋。

接著他們就隨意地聊起天來，最後談到了做體操。大家都興高采烈地聽蘇格拉底說他每天早上起來跳舞，想減胖。「這是真的，」其中有一個人搶著說，「我看見他在跳舞還以為他發瘋了。但是他對我談了起來，而我竟被說服了。當我回家時──你們相信嗎？我倒沒跳舞，因為我不會跳，但是我卻揮舞著手臂。」於是大家便都叫了起來，「蘇格拉底啊，也讓我們看看你跳吧。」

這時候那個跳舞的女孩已經在翻筋斗，頭先腳後地跳過一道由劍圍成的劍圈。這使得蘇格拉底很不高興。「這毫無疑問是場很精采的表演，」他說，「但這是樂趣嗎？看著一個這麼年輕可愛的人做這種危險的事？」其餘的人都同意他的看法，於是就馬上掉換另一個節目，由那少女和她的搭檔，一個很文雅的男孩，表演「貝喀斯搭救被棄的阿莉亞德尼」的啞劇。結果表演得可圈可點。這兩個演員一句話都沒說，但他們的演技那麼高明，光憑手勢和舞蹈就能夠把故事中的事件和情感清清楚楚地表達出來。「他們看起來不像是在演戲的演員，而像是一對真的情人。」節目到此宴會就結束了，蘇格拉底跟那對父子一道走回家。色諾芬除了在文章開頭說的幾句話之外，通篇文章絲毫不提他自己。他說他自己是賓客之一，想寫一篇記述宴會的文章，因為他認為德高望重之士在宴樂時的所作所為也有它的重要性。可惜的是，很少希臘作家同意他的看法。

他所描繪的另一幅雅典家居生活的圖畫，也能引起我們的興趣，不僅因為它反映一個時代，更因為它讓我們瞥見了那個在每一個時代都令人捉摸不定的人物——古希臘的婦女。一個新婚不久的人正談論著他的妻子。她還不滿十五歲，他說，而且是在儘可能見得少、聽得少、問得少的情況下撫養大的。所以這個年輕的丈夫大可以在她這頁空白的紙上寫下他想寫的東西。至於要怎麼開始，他已經成竹在胸。「當然，」色諾芬告訴我們他這麼說，「我必須給她時間去習慣我，但是當我們達到了可以很輕鬆地在一起交談的程度時，我便告訴她，她負有很大的責任。我跟她談論起，作為一個家庭主婦，我期望她做些什麼。她便有些驚奇地說：『但是我媽媽告訴我說我並不重要，重要的只是你。她說我只要懂事些、謹慎些就行了。』」她丈夫馬上就捉住這一點。於是他很和氣但鄭重地解釋給她聽，從此以後她的生活便是不懈地去做到謹慎與懂事。譬如她必須儲存一切拿進家裡的東西，要管理家中的事物，監督紡紗、織布與縫製衣裳，訓練新來的傭人和照顧病患等等，說到這裡，那位小新娘的興致似乎提高了些，因為她喃喃地說她認為自己很喜歡照顧病人。但是她丈夫又繼續說下去。當然她要待在戶內。他自己很喜歡清早起身騎馬到野外去轉一圈，那是件有益健康而且很好玩的運動。但是一個婦道人家在外拋頭露面是最丟臉不過了。不過她還是可以從紡織、鋪床及監督女僕等工作中獲得充分的運動。揉麵團據說是件最好的運動。凡是這一切工作都能夠增進她的健康和容貌，這對於吸收丈夫的心是非常重要的。人為的代替品總是不好的，做丈夫的總會知道他們的太太什麼時候在臉上塗滿脂粉，假如一個男人看出來的話，準會感到厭惡，而做丈夫的是一定看得出的。最後這篇文章便以這麼一句興高采烈的話做結束：「從那個時候開始，我太太便一切都依照我所教她的去做。」

要把那位盡責的少婦和他那位自尊自大的丈夫以及他們井然有序的家，放在修昔底德筆下的雅典，就有如把修昔底德安排在蘇格拉底的座位旁，觀賞那個女孩表演擲環圈一樣地困難。想把色諾芬和修昔底德並列而做成一張合成圖畫，實在是沒多大用處，因為這樣做唯一的結果只是失去雙方的原貌。修昔底德的真理要遠為深刻。在充滿憂患不安的生命畫面中，他能夠發現不變的真實。他能夠深深探入他那個時代的罪惡之根源，而發現它們全部基於人性之中千古不變的罪惡。從斯巴達對雅典的勝利中，他看到了以戰爭來試驗價值實係徒然無益，他也看出，假如人類一日被貪與權力欲所支配，則戰爭將一日成為人類最重要的大事之裁奪者。他所知道的確是一項沒有轉機、無可言喻的悲哀的真理。

不過色諾芬所見的真理倒也是真的。在飽受戰爭蹂躪的希臘，還是到處有歡樂的宴會、秩序井然的家庭、可愛的男孩和快樂的獵人。歷史自然不會去注意這些愉快的小事，但它們也具有一份重要性。如果修昔底德描繪的圖畫就是一切，那麼整個希臘世界早就要發狂了。色諾芬的心靈當然是擺在一個比較低得多的水平上，永恆的真理不屬於他。我們可以從色諾芬看到柏里克立斯時代的普通雅典人，卻不能透過修昔底德或柏拉圖看到他們。在色諾芬的世界中沒有像修昔底德在雅典看到的那種奸惡的、心中只有個貪字的陰謀家。但是也沒有柏拉圖式的理想家。他書中的人物是些與人愉快相處的普通百姓，在任何一方面都不走極端，但卻極為真實，如同色諾芬本人一般。這兒是其中一個人的寫照：

他說他老早就領悟，「除非我們知道應該做什麼，然後盡力去做，上帝將認為我們沒有顯達的權利。如果我們聰明而努力，他就讓我們當中的一些人顯達，雖然不是全部。因此，我總是對他非常誠敬，並且盡我的力量去做，這才祈求他賜給我健康、體力、雅典人的尊敬、朋友們的友愛，以及正正當當地增加財富——免受兵災之害，正正當當地增加。」

這些實際的期望具有真正希臘的風味。說這些話的人和記載這些話的人都是真正的雅典紳士。從他的作品中我們清清楚楚地看出色諾芬是什麼樣的人——是個心地善良、順情理、和藹、誠實和敬畏神明的人；他也很聰明，對思想很有興趣，不過不是那種純粹思維性質的，而是那種理智、實用的思想。他的朋友們也跟他一樣，是較好的雅典人的代表。

從另一方面看，我們也可以說色諾芬代表了他那個時代。柏里克立斯時代的雅典人與眾不同，他們具有廣泛的興趣和各種各樣的職業，而這些都在色諾芬的一生中顯示出來。年輕時他從父親在阿提卡（Attica）的農莊到雅典來，想好好接受教育，擺脫農村的習俗。他加入了蘇格拉底的圈子，在那兒就如柏拉圖所說的，不論老少都「充滿著瘋狂追求知識的熱情」，或者如他自己所言，「都想成為良好的人，要學習他們對家庭、僕人、朋友以及國家的責任。」他所恭身聆教的蘇格拉底，不像柏拉圖的蘇格拉底，並不談論那些「狂喜的靈魂所看到，在純潔的光輝中閃耀著燦爛光芒的正義、智慧與真理」，或諸如此類的話題。他所聆教的蘇格拉底是個思想穩重、冷靜、很有常識的人，根據色諾芬在《蘇格拉底言行錄》（*Memorabilia*）裡的記載，他幫青年朋友們做的，主要是給予他們實際的忠告，教他們如何處理自己的事務。一個年輕軍官被教以如何訓練他的部屬成為好士兵，一個為太多女眷所苦而責任心很重的少年則被示以如何教她們自立之道，等等，而色諾芬就入迷地聽著這些實際有用的智慧。色諾芬過了多久這種愉快的談話生活，我們不得而知，不過當他脫離這種生活，而去過一種相反的生活——即當兵的生涯——時，他年紀還很輕。他是個真正屬於他那個時代的人，那個當詩人、戲劇家和歷史家也兼為士兵、將軍和探險家的時代。

在作戰中，色諾芬到過很遠的地方，也見到了廣大的世界。他曾因俘虜了一位波斯貴族而得到一筆足夠他一生享用的贖金。然後他轉回希臘——回到斯巴達而非雅典。雖然在他的《撤軍記》（*Anabasis*）裡頭，他曾刻畫出一幅民主所能達成的理想成就之無與倫比的寫照，但奇怪的是，他本身並不是個民主派。他出身貴族之家，終身堅守他的階級觀念。他一向愛斯巴達，而不信任雅典。但儘管如此，在他面臨他一生中的大危機，當他與同伴們有隨時被殲滅的危險時，他的作風即完全像個深知自由為何物、深知自由人能有何成就的真正雅典人一般。當那一萬士兵選他擔任主將以領導他們衝出可怕的困境時，他完全不採取斯巴達的做法。他成為最自由的民主社會中最民主的領袖。至於他這次的驚人成功未對他的見解發生長遠的影響，實在不足以驚奇，因為變節改宗的貴族原是少有的。色諾芬再也不曾回到雅典，實際上在他回希臘後沒幾年他就站在斯巴達這一邊對雅典作戰，終遭雅典宣布放逐。斯巴達人在奧林匹亞附近的鄉下給他一座花園，他在那兒住了好幾年，騎馬、打獵、耕田，做一個典型的鄉紳。同時他也寫了許多書，內容包羅萬象，上自蘇格拉底參加的宴會，下至雅典城歲收的適當管理方法。除了兩、三個例外，他寫的東西大都極平凡，至多只是合乎情理、率直和清晰而已。不過散落在他作品中的一些句子卻顯示他驚人的思考力和遠見。雖然他打了許多仗，或者毋寧說就是因為他打了太多仗，他認為和平應當是每個國家的目標。他說解決紛爭的方法是外交而非戰事。他敦促雅典運用她的影響力去維持和平，他並進而提議以德爾菲作為各國解決爭端的談判場所。「以武力征服他人者，」他說道，「或許會誤認為他可以繼續這樣幹下去，但是唯一能夠持久的征服係被征服者對優於他們的人心悅誠服地歸順。寬大是唯一能征服一個國家的方法。」由此可見，連我們的世界都還沒能趕得上色諾芬的卓見。

不過他最好的書，他真正賴以傳世的書，是談論戰事的。這本書就是《撤軍記》，談的是「萬軍大撤退」的故事，在我們對希臘人的認識上極具重要性。再沒有別的作品像它這樣清晰地描述希臘的個人主義——這個古希臘最傑出的、決定了希臘成就之方向的特質。它乃是希臘人熱愛自由的原因。或者是結果——這要看各人的觀點而定。希臘人喜歡自由自在地按自己選擇的方式生活。他喜歡單獨行動、自行思考。他不習慣於向別人請命，他按照自己的是非曲直觀念行事。除了那難以獲得、更難以了解的神諭之外，希臘根本就沒有大家一致公認的指導者。雅典並沒有權威性的教會或政府來規定一個人的信仰和他的生活細節，也沒有任何機構來干涉他對任何事物的任何想法。雅典人絕對想不到國家可以干涉他的私生活，諸如要教導他的孩子以愛國主義，規定他買酒的數量，或者強迫他為老年儲蓄等等。像這一類的事情，每個雅典公民都得自行決定、自行負責。

雅典民主的基礎是一切民主的基本觀念——即一般普通人可以被信賴去運用理智以盡其責任。「信任個人」乃是雅典公開的信條，且不論其是否被明顯地表達出來，它乃是全希臘所共有的。斯巴達是我們眾所周知的例外，而且必定還有其他類似的例外。但儘管如此，就是最具反動性的希臘人也會隨時回歸到典型之中。歷史就記載過，在國外作戰的斯巴達兵士曾經轟下一個不受歡迎的軍官，用石頭擲擊一個所下的命令不為他們所贊同的將軍，又在一次危急事件中罷黜無能的指揮而自行應變。甚至斯巴達鋼鐵般的紀律也無法完全根除希臘人對獨立自主的熱愛。「民治，」希羅多德說，「這個名字多美。」在艾斯奇勒斯所寫的那個關於波斯人在薩拉米斯大敗的劇本中，波斯皇后問道：

「誰是統治希臘人的暴君？」她得到這麼一個驕傲的回答：「他們不做任何人的奴隸和屬臣。」因此，所有的希臘人都這麼相信，他們征服了波斯暴君的奴隸臣民。自由而獨立的人比那些卑服的、被控制的人要有價值得多之又多了。

軍事當局從不曾宣傳過這種見解，但是《撤軍記》已清清楚楚地指出它照樣適用於士兵。那一萬人在經歷過歷史上最危險的跋涉之後終於能安然歸來，就是因為他們不是一支訓練有素的標準軍隊，而是一群有冒險心的個人而已。

這個大撤退開始於離巴比倫不遠的一座亞洲小城旁的一個營區。那兒聚集了一萬多個希臘人，他們分別來自四方；有一位領袖來自色薩利，另一個則來自維奧蒂亞（Boeotia），他們的總指揮是斯巴達人，而這總指揮的幕僚中有個雅典來的年輕人，就是色諾芬。他們都是想賺錢的士兵，一支典型的僱傭兵，他們到國外來是因為國內沒有就業的希望。當時希臘沒有戰事，斯巴達君臨後所帶來的和平正瀰漫全希臘。時為西元前四百零一年的夏季，即雅典陷落之後三年。

然而這時候的波斯卻是各種陰謀對策的溫床，革命迫在眉睫。波斯前王的兩個兒子互相為亂，弟弟想從哥哥手中搶奪王位。這個弟弟名叫賽魯斯（Cyrus），與一百五十年前征服巴比倫的賽魯斯大帝同名。這位賽魯斯大帝的同名者，只因這件事而出名：

當他向波斯進軍時，色諾芬加入了他的軍隊。要不是有這件事，他的名字怕早就隨那無數的亞洲小國王一同湮沒，那些小國王無休無止地在為一些對世界無絲毫重要性的原因而打仗。但是他活在色諾芬的書中，快樂、英勇而慷慨地關心士兵的福利，與他們共甘苦，總是身先士卒，是一個了不起的領袖。

加入了賽魯斯的麾下後，這一萬人除了領薪水和足夠的糧餉這兩件對他們真正重要的事外，根本不清楚他們要做些什麼。在以後的幾個月中，他們是兩者都有了。他們從地中海岸經過沙漠深入小亞細亞，名為「依靠國家生活」，實際這就表示所得的食糧極有限，有時候甚至點滴全無。另外還有一支至少在十萬以上的亞洲軍隊，不過這支軍隊在《撤軍記》中並沒扮演什麼重要的角色。賽魯斯真正依託的是那些希臘人。據色諾芬所說，當賽魯斯與國王的軍隊做正面遭遇戰時，希臘軍為他贏得勝利。庫那科薩（Cunaxa）之戰是賽魯斯的一場決定性勝利。但是他本人卻戰死了，當他擊傷他哥哥時被殺了。隨著他的陣亡，他所領導的討伐軍也就失去存在的意義。那一支亞洲軍瓦解了，於是這一小支希臘軍就孤立無援地陷身於亞洲的腹地，處於四周都是敵軍的陌生國度，沒有糧食，沒有軍械，更不知要如何返國。不久之後連領袖也沒有了。原來，他們的主要軍官們持著安全通行證去與波斯人進行談判。大家焦急地等待他們回來，但他們卻久久不歸。當所有的眼睛都圓睜睜地尋找那些軍官時，他們看到有個人獨自從遠方慢慢地踱過來，從服飾上可以確定他是希臘人。他們連忙衝出去迎他，就在他因重傷垂死倒地時接住了他。他只來得及說出其餘的人全被波斯人暗殺了。

這是可怕的一夜。波斯人的計謀已昭然若揭。波斯人認為只要失去領導人，他們就束手無策。先除去軍官，其餘的軍隊就成了待宰的羔羊，這個看法的唯一不妥之處就是這是一支希臘軍隊。

由於朋友俱亡，色諾芬便一個人信步走出這座嚇壞了的營房，走到一塊安靜的地方睡著了。他作了一個夢，夢中他看到宙斯的雷電落入他家，接著有一道金光閃現，醒來後，他便堅信這是宙斯要他出來挽救這支軍隊。在熱心的鼓舞下，他召集那些未曾赴會參與談判的助理軍官開會。而他這個非職業軍人的年輕人，就站起來對那一群身經百戰的士兵發表演說。他告訴他們不要絕望，「要拿出克服噩運的氣魄。」他提醒他們，他們是希臘人，絕不能在亞洲人面前畏縮。結果他們也感染上他的熱心，他甚至使他們哭了起來。但有一個人很頑固地拒絕聽信他的話，只一味地談他們的困窘處境，色諾芬便提議把他貶為普通士兵，讓他挑負行李；他告訴那些欣賞他的聽眾，那個人將是一匹上等的騾子。大家一致推選他出來領導後衛，並由大會加以宣布，使他能以這個身分對士兵們講話。他給他們來了一個振奮士氣的演說。他說，儘管事態嚴重，別的人或許會認為已毫無希望，但是他們是希臘人，是自由人，住在自由的國度裡，有自由的祖先。而他們所要對付的敵人只不過是些受暴君統治，對自由愚妄無知的奴隸罷了。「他們以為我們的老將軍克利阿科斯（Clearchus）和其他軍官死了，我們便算垮定了。但是我們要做給他們看，讓他們知道實際上他們使我們都變成了將軍。原來只有一個克利阿科斯，現在卻有一萬個克利阿科斯抵抗他們了。」他獲得了全體的擁戴，於是就在當天早晨，一萬個將軍開始踏上歸程。

圍繞在他們四周的只有敵人，連一個可置信的嚮導都沒有，更何況他們那個時候根本沒有地圖和羅盤。他們只確知一件事，那就是他們不能循原路回去。他們所經之處糧食都已經被搜刮精光。不得已，他們只好沿河北上，到達底格里斯河（Tigris）與幼發拉底河（Euphrates）的發源山脈，經過了今天的庫德斯坦（Kurcdistan）、喬治亞（Georgia）和亞美尼亞（Armenia）的高地，那兒住的是野蠻的高山族。這是他們能獲得糧食補給的唯一來源。如果他們不能攻下這些高山族的要塞，奪取儲糧，他們就要活活餓死。最艱難的山地戰爭正等待著他們。熟悉每一尺土地的敵人或埋伏在狹窄的山谷上用滾石打擊他們，或以神射手躲藏在湍急的冰河對岸攻擊他們，而他們則狼狽不堪地猶在尋找渡口。他們一步步地向高山前進，遭遇到的是酷寒與積雪，而他們的裝備卻是專以應付阿拉伯沙漠用的。

今天研究他們處境的人可能都認為，他們唯一的生望在於維持最嚴厲的紀律，遵守他們優良的軍事傳統，和全心全意地信任他們的領導者。然而他們的重要領袖都死了，對付野蠻人的山地作戰又不屬於他們的軍事傳統，何況作為希臘人他們絕不會在困窘的情況下盲目地服從。實際上，要應付他們所遭逢的局勢，只有拋棄平日灌輸給他們的紀律與規則。他們真正需要的是發揮他們每個人所具有的智慧和自動自發的精神。

他們只是一隊傭傭兵，不過是希臘傭傭兵，而且他們的平均智力都很高。維繫一萬個將軍的紀律原可能是一個嚴重的、甚至可能是個生死交關的問題，但是就如與他們有幾分相像的我們拓荒西部的祖先一樣，他們深深了解行動一致的必要。沒有一個士兵不清楚在他們所面臨的危險之外再加上混亂會造成什麼結果。他們的紀律是自動自發的產兒，有極高的效率。當開發西部的篷車跨越美國大陸時，每個領隊的崛起都是由於他具有超人的能力，使身赴險境的人們都樂於跟隨他。領導一萬人之軍隊的領袖們也是這樣崛起的。軍隊是極善於觀察一個人的能力的，不久之後，年輕的非職業軍人色諾芬便實際地躍居領導地位了。

不過每個人都負有一份領導的責任。有一次色諾芬在派遣一支領導隊去偵察一條越山的小徑時對他們說：「你們每一個人都是領袖。」所以一遇到危機，他們便召開會議，把詳情公開，大家一起討論。「凡是有好意見的人便請發表。我們的目標是全體的安全，這應是大家都關切的事。」大家於是熱烈地反覆討論，然後付諸表決，並依從大多數人的決定。無能的領導者要接受審判，由整個軍隊做審判者以決定赦免或處罰。這件事看起來頗似一幅滑稽畫，但是一般平民就從不曾像這個樣子翻過身來，揚眉吐氣。這一萬個由將軍臨時充當的審判者，就色諾芬的記載來看，從不曾下過一次不公正的判決。有一次色諾芬因打一個士兵而受審。「我承認我打了他，」他說，「我要他把一個傷患帶進營房，但我卻看見他在那個人還沒死之前就把他活埋了。我也打過別人，那些要躺到雪地中送死的凍得半僵的人，那些落到隊伍後面可能被敵人捉去的疲憊不堪的人。打上一拳會使他們抖擻精神站起來，加快腳步。我得罪過的人現在控告我。但是我在打仗時、行軍時、在寒冷與病中幫助過的人，卻沒有一個起來替我說話。他們記不得了，然而記住一個人的善舉比記住他的惡行顯然是更快活的事。」聽了這些話之後，這篇文章繼續寫道，「大家便回想到過去，而赦免了色諾芬。」

這篇完全使人屈服的辯辭顯示出色諾芬多麼善於御人。他的辯解透露了他的感情受到傷害，但言辭中卻沒有憤怒與不滿，尤其沒有自以為是的味道。聽他辯解的人都被他的坦白誠實所說服，他毫不自誇地讓他們記起他過去的偉大貢獻，使他們了解他並不是說自己毫無過失，而是希望他們不僅記住他的過，也記住他的功。他了解他的聽眾，也了解一個領袖——至少是任何想領導希臘人的領袖——所應具有的才能。在一本談論賽魯斯之教育的書中，他描繪出一幅理想將軍的圖畫，雖然以這圖畫來形容一個東方帝主顯得有些荒謬，但它卻十分完美地指明希臘人對於這樣的一個方法所能抱持的觀念；所能夠使一個具有絲毫價值的人變成獨立，自主而又願意服從他人。「一個領導者，」他寫道，「必須相信自願的服從勝過強迫的服從，而他唯有做到凡事成竹在胸、知所適從才能獲得它。」這樣他才能得到部下的服從，因為他能夠使他們相信他最懂，就如一個好醫生使他的病人聽從他一樣。而且他必須忍受比他所要求於部下的更多的艱難與疲乏、更極端的冷與熱。沒有一個不比他所率領的人，忍受過更多困苦的人，能當一個好軍官，「賽魯斯常這麼說。」不管這句話的對錯如何，缺乏經驗的平民色諾芬是不可能以其他方法贏取那一萬人的信服的。他能夠使他們相信他懂得最多，因此願意犧牲己見而甘心地聽從他。

他甚至讓他們知道，致使他們選他當領袖，那也不過是在他與整個軍隊之間各分其事而已。有一次他騎馬從後衛趕到前面去與前鋒商量事情，當時積雪很深、步行艱難，一個士兵便對他大叫道：「你有馬可騎，自然不怕囉。」色諾芬當場跳下馬，推開那個士兵，就站在他的行列中步行。

每一次不論情勢如何艱難，那種只有自由人才有的自動自發精神使他們度過難關。經大家同意，他們捨棄行囊、扔掉戰利品。「我們要叫敵人幫助我們揹行李，」他們這麼說，「當我們征服他們之後，就可以予取予求。」在撤退之初，他們飽受波斯騎兵的困擾，因為他們自己沒有騎兵。羅德島（Rhodes）的人投石投得有波斯人的兩倍遠。他們把投石器裝在馱騾的背上，瞄準馬背上的騎士但饒了他們的坐騎，因而奪得了馬匹，從這個時候起波斯人就使他們有馬可騎。假如他們需要軍器的話，他們就派能射得比敵人遠的弓箭手去引來陣陣箭雨，那些箭射落到他們前方不遠處，於是就很容易地被收集了起來。不論用什麼方法，他們總能教波斯人為他們效勞。到達山地之後他們就捨棄了平時操練的戰術。他們不再利用他們懂得的唯一實心戰陣，改以縱隊前進，有時各縱隊間距離極遠，在崎嶇零亂的山區中應用這種戰術是一種常識而已，不過這也是行動有自覺的人特有的優點。至於受嚴格訓練的軍事頭腦在這方面向來不出色。

在饑寒凍餒交迫與不停苦戰中，他們仍舊奮勇撐持下去，根本沒有人知道他們自己究竟在什麼地方。有一天色諾芬自隊後騎馬走上一個陡峭的山坡，聽到前面傳來極大的聲響。一陣風吹來一陣呼喊叫鬧的聲音。他以為是敵人的埋伏，便命令其他人跟隨他策馬往前急跑，結果山頂上並沒有敵人，有的只是希臘人。他們站立在那兒熱淚交流，雙手伸向面前他們所共見的景物。他們歡聲雷動，喊著：「大海！大海！」

他們終於到達家鄉了，海便是希臘人的家。這時正是正月中旬，而他們是九月七日離開庫那科薩的。四個月的時間裡，他們行經兩千哩，所遍歷的艱辛困苦與危險不論古今都無法比擬。

《撤軍記》的故事是希臘人的縮影。一萬個本性熱愛獨立的人，在一個他們必須捨棄成規自行設法的局面中充分顯示出他們的精誠合作，同時也證明了自願的團結合作能帶來什麼樣的奇蹟。希臘，至少我們所最熟知的雅典，也顯示出這點特性來，使那些希臘人安然從亞洲歸來的原因，也就是使雅典偉大的原因。雅典人不墨守成規，而自以為法，但他熱愛獨立的天性與他為國服務的強烈責任感卻剛好互相制衡。這是他自身對生命事實的自然反應，而非由外力加諸於他的東西。在一個充滿敵意的世界中，他的城市便是他的防衛，他的安全與自尊，是他作為一個雅典人的價值的保證。

柏拉圖說一個人唯有從為城邦服務中找到真正的道德發展。雅典人不至於把他的生活當作一件私事。英文中的「白痴」（idiot）源自希臘文，原意是指不參與公共事務的人。根據修昔底德的報導，柏里克立斯在一次葬禮演說中這麼說過：

我們是個自由的民主國，但我們也很服從。我們服從法律，尤其是那些保護被壓迫者的法律，以及那些違犯了就會帶給人以公開恥辱的不成文法。我們不容許過分專注於私事而影響到對城邦公務的參與。我們跟別的國家不同，我們認為對公務袖手旁觀的人是無用之人，但在精神之獨立和自我信賴方面，我們絕不輸於他人。

不過這種可喜的平衡現象只維持了很短的一段時間。無疑地，即使在它表現最佳的時候，它也像每一個人類欲實現的崇高理想一樣，是不完美的。但儘管如此，它仍然是希臘人的成就之基礎。民主的信念、全民享有思想與政治自由，以及每一個國民都樂意為國家效勞等等，乃是希臘天才之最高成就的基本觀念。柏里克立斯時代的財富與權力競爭致命地削弱了它，而伯羅奔尼撒戰爭摧毀了它，希臘遂永遠失去了它。雖然如此，自由人在自願為公眾服務的動機下團結一致的這個理想，卻成為這世界的一項財富，永遠不會被遺忘。

第十一章

悲劇的觀念

世界上有四個偉大的悲劇家，其中三個是希臘人。從悲劇中我們最能清楚地看出希臘人的卓越不群。除了莎士比亞之外，艾斯奇勒斯、索福克里斯與尤瑞皮底斯這三個偉大的悲劇家是無與倫比的。悲劇是特屬於希臘人的成就。他們首先發現悲劇並且把它發展到顛峰。它不僅直接影響到那些創作悲劇的偉大藝術家，而且也為全國國民所關切，他們對悲劇性事物是如此入迷，一次竟會有三萬多人湧入劇場觀劇，在悲劇中希臘人的天才最能深入事物之理，它顯示出他們的天性之最深處。

希臘人最大的特點在於他們能清晰地觀察這個世界，同時又能體會出它的美。由於他們能做到這一點，他們才能創造出一種與其他藝術大不相同的藝術——一種沒有掙扎，且顯出他們所獨有的從容穩靜的藝術。這種藝術似乎向我們保證，確實有個美即是真、真即是美的境界存在。他們的藝術家引導我們走向這個境界，為我們照明生命的混沌，雖然與宗教信仰屹立不搖的光輝比起來，他們的光芒未免顯得搖曳不定，但是由於他們的某種魔力，它終究是很令我們滿足，使我們見到了某種雖未確定但意義無窮的東西。這對於所有的偉大詩人而言是真切的，而尤以悲劇詩人為然，因為在他們身上，詩的力量面臨了無法解釋的奧祕。

悲劇是希臘的產物，因為在希臘思想是自由的。人們對人生越來越深入地思考，也越來越清楚地看出人生與罪惡相結，而不義乃是萬物的本性。然後，當有一天一位能從現實世界看出美的詩人猛然領會世界上存在著某些無法補救的罪惡，於是第一部悲劇就誕生了。有個作者寫過一部論悲劇的書，內容非常出色，他說：「當探究的精神與詩的精神融會在一起時，悲劇就誕生了。」具體而言：早期的希臘一方面有叱吒於多風的特洛伊（Troy）平原上如神的英雄與英雄天神，另一方面又有個如抒情詩般的世界，那每樣平常事物都沾著一分美的詩創作的雙重世界。不久之後一個新時代誕生，這個時代不以美麗的詩歌與故事為滿足，而想要知悉究竟、闡釋事理，於是，悲劇首次出現。一個偉大非凡之詩人出現了，他不以舊的神聖不可侵犯的俗套為滿足，具有叫人難忍的真實之靈魂——這個人就是艾斯奇勒斯，第一個悲劇作家。

悲劇屬於詩人。只有他們「到過陽光普照的高峰，從生命的不和諧中彈起清越的樂弦」。只有詩人才寫得出悲劇。因為悲劇係以詩的魔力將痛苦醇化為歡欣亢奮，而如果詩是真正的知識，且詩人可被安全信賴的話，那麼這種醇化便有值得注意的涵義。

痛苦轉化為——或者說蘊含著——歡欣亢奮。看起來悲劇似乎很奇怪。的確，再也沒有比它更奇怪的東西了。悲劇把痛苦指給我們看，但卻給予我們快樂。它所描述的痛苦越深沉、所敘述的事情越怕人，我們的快樂就越強烈。生命中最可怕、最駭人的事，莫過於一個悲劇家所指出的，而藉著他所指給我們看的慘象，我們產生了濃烈的快樂。羅馬人酷愛比武鬥殺的表演，而即使在今天，那些發揮殘存的野蠻暴戾天性的玩意仍能激動最文明的人，這些現象確實頗值得玩味，雖然淺薄之輩不以為然。但儘管如此，指出這現象來，我們在解釋悲劇快感上仍然不會有絲毫進展。因為悲劇快感與殘酷、嗜殺毫無關係。

關於這一點，來談談我們日常對悲劇（tragedy）和悲劇的（tragic）這些字的使用將是很有益的。痛苦（pain）、哀傷（sorrow）、災難（disaster）這些字都被當作沮喪、消沉的意義使用——如痛苦的黑暗深淵、毀人的哀傷、無法抵擋的災難等。但是一說到悲劇，整個隱喻（metaphor）就變了。我們說把我們提升到悲劇的顛峰（tragic heights）而不用別的字眼，我們說感情的深淵（the depths of pathos）而不說悲劇的深淵；提到悲劇我們總是用「顛峰」（height）這個字眼。字並不是等閒之物。字和真理被稱為「化石詩」（fossil poetry），意思就是說每個字都代表一個創造性的思想。整個人性的哲學就隱含在語言當中。人類的本能發現悲劇的痛苦與其他痛苦之間的差別不是程度的差別，而是種類的差別，這是一件值得深思的事。悲劇含有某種東西使它與災難截然不同，這在日常語言當中就可以獲得見證。

凡是被這個因痛苦而獲得快樂的矛盾所吸引的人，都會同意悲劇的痛苦與其他痛苦確係不同，而且世界上一些最是才情縱橫的心靈都曾關注過這個問題。他們告訴我們，悲劇是自成一類的。「憐憫與畏懼，」亞里斯多德這樣稱呼悲劇，「以及一種感情被洗滌淨化的感覺。」黑格爾（Hegel）說是「和解」（reconciliation），這個我們可以把它理解為由生命一時的不諧化為永恆的諧和。叔本華（Schopenhauer）認為悲劇即「接受」（acceptance），是宣稱「願爾旨承行」的心性。尼采（Nietzsche）則說它是「在死亡之前重申生存的意志，以及對重申後的意志力之不衰竭的喜悅」。

憐憫、畏懼、和解、喜悅，這些就是組成悲劇快感的元素。凡是不能引出這些情愫的劇都不是悲劇。哲學家們說——他們的看法與全人類的共同見解一致——悲劇遠超於痛苦的不諧和之上。但是從事探究什麼東西使一個劇本引出這些情愫，以及什麼是悲劇的基本要素的，則只有黑格爾一人，他在一段著名的論文裡說，唯一的悲劇題材是一種雙方都能獲得我們同情的精神鬥爭。可是就如批評他的人所指出的，這樣一來，他就排除了純潔無辜者之受苦的悲劇，而一個不包括科蒂麗亞（Cerdelia）或戴阿尼拉（Deianira）之死的定義，是不能算作定論的。

我們可以用極不同的手法來處理純潔無辜者的受苦受難，而把它再分成不同的類別。在艾斯奇勒斯的《普羅米修斯》（*Prometheus*）這一偉大的悲劇中，雖然主角也是個無辜的受苦者，不過除了這一形式上的相同，劇中那位敢於反抗上帝及其他宇宙力量的熱情叛徒，與可愛的科蒂麗亞可謂毫無相似之處。一個完整的悲劇定義應該包括一切生命與文學領域所能提供的各形各色的環境與人物所組成的各種情況。它必須包括如安蒂岡妮與馬克白這兩種成極端對比的人物，前者是位寧可勇敢地面臨死亡也不願親兄弟暴屍於野的心靈崇高的少女，後者則是位殺害國王與貴賓的利欲薰心的謀殺者。這兩個劇本似乎完全不同，實際上卻都能激起同樣的共鳴與最強烈的悲劇快感。它們具有共同點，只不過哲學家並未告訴我們是什麼而已，因為哲學家們所關切的是悲劇帶給我們的感受而非造成悲劇的成分。

在文學史上只出現過兩個偉大的悲劇時代，一個發生於柏里克立斯時代的雅典，另一個在伊莉莎白時代的英國（Elizabethan England）。研究這兩個相距兩千多年的時代究竟有何共同點使得他們以同樣的方式表達他們自己，或許能提供我們若干有關悲劇本質的觀念，因為這兩個時代絕非黑暗與失敗的時代，而是生命活躍、充滿著無窮的令人激奮的機會之時代。那些曾於馬拉松和薩拉米斯征服敵人的希臘人，以及那些與西班牙奮戰並目擊無敵艦隊（The Great Armada）沉沒的英國人，都是昂首闊步的。對他們來說，世界是奇妙的，人類是美麗的，生命是活躍於浪花上的。英雄氣概的尖銳喜悅比什麼都能激蕩人心。你能說這不是悲劇的材料嗎？一個置身於浪花之上的人若不是興起悲劇感便是歡樂感，他絕不可能有溫馴的感受。能夠從生命中看出悲劇的這種心性與能體會出喜悅的心性絕不是對立的。與悲劇性之生命觀相對的是生命的「齷齪觀」（sordid view）。當人性被認為是毫無尊嚴和意義，是瑣碎、卑微，陷入了可怕的無望之中時，悲劇精神也就消失了。「有時讓絢麗的悲劇於王者的棺廓中趨前而過。」在另一端對立的則是高爾基（Gorki）與他的《下層世界》（*The Lower Depths*）。

別的詩人追不追求生命的意義都無大礙，但是悲劇家卻非追求不可。通常有一個常見的出奇的錯誤觀念，認為達成悲劇意義這目的，多少要依賴外在的環境表現出來，如依賴：

鋪張宴樂縱酒狂歡，
化裝與古式的華麗場面——

其實這些都與悲劇無關。生命的表面為喜劇所關切，悲劇則對它漠然無視。很自然地，我們不會到「大街」（Main Street）或珍納斯（Zenith）那裡尋找悲劇，不過原因與它們之熟悉到令人生厭毫無關係。巴比特（Babbitt）在珍納斯的家本身倒沒有不能像埃西諾爾堡（The Castle of Elsinore）一樣成為悲劇場所的理由。它之所以不能成為悲劇場所的唯一原因在於巴比特本人。叔本華在悲劇中看到的「那種躍向崇高之獨具的擺盪」，不會從外在事物中獲得原動力。

只有人生的尊嚴和意義才為悲劇所緊握不放。問答悲劇是什麼構成的這個問題，就等於回答究竟人生的基本意義何在、人性的尊嚴基於何物這兩個問題。關於這一點，悲劇家以極肯定的語氣告訴了我們。偉大的悲劇本身能對它們提出的問題給予解答。我們之所以比麻雀具有較高的價值，主要的原因是我們有受苦的能耐。若是麻雀賦有更大的或同等的受苦潛能，那麼我們在宇宙中的崇高地位就不再是不爭的事實了。當我們探究何以我們深信每一個人都具有超然的價值（transcendent worth）時，我們心中都明白那是因為每個人都能夠忍受極大的痛苦。珍納斯抑或埃西諾爾，這些外在的裝飾又有什麼相干呢？悲劇所一心關注的是苦難（suffering）。

不過我們應該說明它並不是指所有的苦難。苦難有不同的程度，而每個人所能忍受的苦也不相同。人與人之間的最大差別乃是個人的感受能力。我們的程度有高下之分，而個人生命的尊嚴和意義便依這程度為準繩。沒有任何尊嚴能與受苦中的靈魂之尊嚴相比擬。

在這兒我與哀愁同坐，
這兒是我寶座，命諸王前來叩首。

悲劇登上王座，但是只有真正的貴族——那些熱情的靈魂，才能進入它的領域。悲劇的一個基本要件是一個感受力敏銳的靈魂。有了一個這樣的靈魂，那麼任何災難都可以是悲劇的。反之，即使發生滄海桑田之劇變，但受驚恐惶惑的只是些卑下淺薄之輩的話，也不足以構成悲劇。

在羅馬史上有過很黑暗的一頁，它敘述一個七歲的小女孩因父親犯了死罪，連帶地也被處以極刑。當她穿過群眾面前時，群眾一面注視著她，一面哽咽地問道：「她到底犯了什麼過錯？要是他們告訴她的話，她就不會再犯了。」可是她還是被帶入黑獄之中，送到劊子手的面前。這件事固然令人心肝碎裂，但它不是悲劇，而是動人的哀情（pathos），它欠缺靈魂可以攀升的高峰，只有令人流淚的黑暗，不應得的受苦本身不是悲劇的。死亡本身並不帶悲劇性，無論美麗與年輕者之死，或可愛與被愛者之死都不是的。馬克白所感受、所身歷的死，以及李爾（Lear）所感受到的科蒂麗亞之死才是悲劇的。但歐菲麗亞（Ophelia）之死則不是悲劇，以她的為人，只有在哈姆雷特和雷阿提斯（Laertes）的哀傷是悲劇的哀傷之情況下，她的死才可能是悲劇的。神的戒律與人的法律之相互衝突的要求並未造成「安蒂岡妮」這一悲劇，使它成為悲劇的是如此偉大、如此受折磨的安蒂岡妮本人。哈姆雷特要刺殺叔父時的猶豫不決也不是悲劇的，悲劇係在於他的感受力。所以只要把戲劇環境加以改變，那麼不論遭到的是何種災難，哈姆雷特便永遠是悲劇的。反之，波羅紐斯（Polonius）永遠不能成為悲劇人物，不論他的災難如何可怕。唯極能忍受苦痛的靈魂之受苦，才是悲劇。

以此類推，悲劇和寫實主義與浪漫主義間的對立是毫不相干的。但是總有人持相反的看法。他們說，希臘人之以神話為題材，不過是藉此遠離現實生活，因為現實生活中不可能有悲劇。最近有一個討論這個問題的學者說：「寫實主義是悲劇的滅亡。」這不是真的。假如寫實主義確實只處理些尋常瑣事的話，那麼悲劇便真的不存在了，因為一個具有偉大熱情的靈魂是不尋常的。但假如沒有一樣屬於人的事物能脫離寫實主義，那麼悲劇是屬寫實主義的領域之中，因為不尋常的事與尋常的事一樣真實。當莫斯科藝術演員協會（Moscow Art Players）演出《卡拉馬左夫兄弟》（*Brothers Karamazoff*）時，舞臺上出現一個衣服骯髒的可笑小人物，他一邊揮動手臂，一邊慢吞吞地走著、抽泣著。這與傳統的悲劇人物簡直相去十萬八千里，然而在他身上就出現了悲劇——雖然這時悲劇卸去其華麗的衣飾，但卻具有真正的王者之威，發出的是人類苦難——那處身於人心所無法忍受的掙扎中之苦難——的真實聲音。我們實在很難找出比這更悽慘、更真實的背景，觀看這齣戲就會在那個只因受痛苦的折磨而變得偉大尊嚴的人面前感到憐憫與敬畏。易卜生（Ibsen）的戲劇不能算是悲劇。不論易卜生是否為寫實主義者——一代的寫實主義很容易變成下一代的浪漫主義——他的劇中人物都是些卑微的靈魂，而戲的結局也總是悲慘的。《群鬼》（*Ghosts*）令我們感到恐怖，也使我們對這個可能發生那種事的社會感到憤怒，然而這些並不是悲劇的情感。

最偉大的寫實主義小說是法國人和俄國人寫的。讀了一部偉大的法國小說之後，我們會對這樣卑鄙、這樣無聊、這樣惡劣的人類感到既絕望又憎惡。但是讀俄國小說的感受則完全不同。在他們的書中，人類的卑鄙與獸性，以及生命的悲慘，都和法國小說表露得一樣明顯，但是，讀完之後我們並不感到絕望與憎惡，相反地，我們對能忍受那麼大的痛苦的人類寄予同情與讚嘆。俄國人對生命作如是觀，是因為俄國天才基本上是詩的天才，而法國天才卻不然。《安娜．卡列尼娜》（*Anna Karenina*）是悲劇，《包法利夫人》（*Madame Bovary*）則否。這與寫實主義和浪漫主義，或不同程度的寫實主義毫無關係。這是卑微的靈魂與偉大的靈魂之間，以及一個具有「透視現實」之秉賦的作家與具有詩人的直覺者之間的差別。

假如希臘人沒有留下悲劇給我們的話，他們的天才之最高成就就會埋沒掉了。那三個能深入探測人類苦痛之深淵的詩人，幸而也能體會這種痛苦並將它表現成悲劇。他們說，罪惡的神祕遮掩住「任何靈魂不是呆若泥塊的人都能看到」的東西。痛苦可以昇華，而人們也可以在悲劇中瞥見原不是他們所能了解的意義。「如果不是上帝翻轉手來把我們的偉大成就打落地上，」尤瑞皮底斯讓落難中的特洛伊王后說道，「我們將會悄悄消失，沒有留下任何東西給人類。他們就不能從我們的遭遇中找到歌謠的題材，也不能把我們的悲哀寫成偉大的詩篇。」

為什麼一個普通人之死是一件令我們掉首的悲慘可怖的事，而一個英雄的死亡卻總是悲劇的，總給我們以生命復甦的感覺而溫暖我們的心？若回答出這個問題，那麼悲劇快感之謎自然就揭開。「不要告訴我英勇的血流得徒然，」司各特勳爵（Sir Walter Scott）說：「它向世世代代提出了一個傲慢的挑戰。」一個悲劇的結局就這樣地向我們提出挑戰。痛苦和死亡中的偉大靈魂改變了痛苦和死亡。從悲劇中我們可以瞥見那位苦修派皇帝的親愛的上帝之城（The Stoic Emperor's Dear City of God），以及較我們生活的世界更深沉、更終極的真實。

第十二章

艾斯奇勒斯：第一位劇作家

當尼采替悲劇快感下那一個著名的定義時，就像所有下定義時的哲學家，他的眼睛所注視的不是繆思（Muse）本身，而是某一個悲劇家。他的「在死亡之前重申生存的意志，以及對重申後的意志力之不衰竭的喜悅」指的並不是索福克里斯或尤瑞皮底斯的悲劇，而是艾斯奇勒斯的悲劇之本質。悲劇所擁有的那種雖然表現苦難與痛苦，但卻令人昂奮飛揚而不流於沮喪的奇異力量，只有在艾斯奇勒斯的作品中才能見到，其他的悲劇詩人都沒有這份功力。他是第一位悲劇家，悲劇是他的創作，也烙上了他的精神印跡。

艾斯奇勒斯的精神就是戰士精神。他是個馬拉松戰士（Marathon-warrior），這是獻給擊敗早期波斯強烈攻擊的那一小隊中的每位戰士之頭銜。他的墓誌銘似乎顯示出，作為這樣一個戰士，他所獲得的榮譽如此崇高，以致他的詩所帶給他的光榮也不能與其比擬：

艾斯奇勒斯，雅典人，尤佛里昂（Euphorion）之子，死了。傑拉（Gela）穀地上這座墳墓埋葬著他。馬拉松神聖的戰場能告訴你，他氣呑山河的豪勇，長髮的米底亞人（Medes）對此知之甚詳。

他是否也在別處作過戰？除了從他的作品中所能尋獲的一絲線索，對於這個問題，以及任何關於他的問題，都沒有答案。我們所僅有的資料便是這篇聲明他出身貴族之家的墓誌銘，和一些日期——他的劇本演出的日期，他去世的日期。沒有一個柏拉圖來替他描繪一幅準確而親切的畫像，使他永遠是個活著的人。就像莎士比亞一樣，我們只能從他的劇本中去認識他，但即使是這一點也頗值得懷疑，因為最偉大的詩人之寫作範圍包括整個生命，他們能與任何事物一體同心，正如濟慈所說，創造一個伊阿高（Iago）能給他喜悅，而創造伊莫根（Imogen）也能給予他同樣的快樂。雖然如此，艾斯奇勒斯的作品，也就是他九十部劇本所僅存的七部，都能表露出他作品中人物的主要個性以及他本人的心性，而莎士比亞包羅萬象的作品則不然。不過下這個結論的同時我們應該考慮到，假如他的九十部劇本悉數流傳下來，而莎士比亞只留下七部悲劇的話，結果可能恰如其反。然而，艾斯奇勒斯的每一部戲劇都使人對他的心靈與精神的光輝，以及他塑造的英雄典型留下難以磨滅的印象，我們實在無從想像他的作品中會有任何不帶這種烙印的東西。

關於他的人，我們可以獲得這些結論，但關於他一生的實際生活，我們幾乎沒有絲毫線索。我們可以推論他習慣於名門豪族的生活方式，非常藐視暴發戶，在《普羅米修斯》中他藉宙斯大大地取笑這種人，「一個暴發的神」，「藉著他在位那短短的時日、他掌權的那片刻光陰，來炫耀權力」。假如一個人要當奴隸的話，克呂泰涅斯特拉告訴被俘的特洛伊公主說：

> 最好是寄身在習於豪奢
> 的古老家族。因為每個
> 暴發戶，突然得到未曾夢想的財富，
> 對他的奴隸總是無比殘酷。

關於他的當兵生涯，也有幾段文字顯然是屬於他個人經驗的記載：「我們的床鋪靠近敵人的牆。我們的衣服因潮濕而腐爛，我們的頭髮中爬滿臭蟲。」這不是新兵眼中的戰爭，克呂泰涅斯特拉有一段宣告特洛伊城業已淪陷的話要更為逼真，她原在得意揚揚地敘述勝利的故事，這時特地停下來對這座新近被攻陷的城市做一番真實的描繪：

婦人們伏身在已死的軀體上，那是她們的丈夫、兄弟；而小孩子們則緊挨著曾賦予他們生命的死者，伏在他們最親愛的人身上，從已不再自由的喉頭間發出哽咽。而勝利者，經過一夜的遊蕩之後正大談著這座城所能供應的早餐，並非經過事先的命令安排，而是臨時指定。

這些話出自一個王后口中，似乎有點奇怪。它聽起來更像一個老兵的回憶，每個歷歷可見的細節都是他常見景象的一部分。不過這些也就是我們所僅有、能略微提示他的生活方式的幾段文字了。

我們當中之最偉大者，乃是我們時代的產兒。艾斯奇勒斯所生活的時代，屬於幾個不時照亮歷史之黑暗且充滿希望和奮勉的短暫時代之一，在這種時代中，人類堅定無懼地沿其命定的途徑顯著地跨進。憑著少數的一群人擊退了當時統治世界的強權，而波斯經過這次的慘敗之後，也只能再發動一次幾使其全軍覆沒的侵襲。這次戰役的成功使全國人為之歡欣鼓舞、熱血沸騰，而他們的生命也因而提升到一個更激奮熱烈的境界。禍患、恐懼和痛苦激勵了人類的精神，加深了他們的洞察力。正當他們絕望地認為戰敗已成定局，他們將失去一切時所得到的意外勝利，使他們雀躍歡欣、勇氣百倍。人們知道自己可以成就英勇的事業，因為他們看見有人成就過英勇的事業。這正是悲劇這個痛苦與喜悅的神祕混合物誕生的時候，它在災難無可挽救的關頭散發出不可抗拒的精神。到那個時候為止，希臘詩人一直是很直接而不自覺地注視著世界，覺得它是好的。英勇事蹟的榮耀和自然界萬物之美就足以使他們滿足。然而，艾斯奇勒斯是新時代的詩人。他溝通了屬於外在世界之美的詩和屬於世界之苦痛的詩之間的巨大鴻溝。

他是第一位了解令人迷惑的生之奇異，以及「在世界中心對立」的詩人。他對生命的認識，就是最偉大的詩人對生命所能有的認識，他洞察出苦難的神祕。他領悟到人類由於某些不可知的力量在作祟而與災難緊緊連結在一起，注定要在災禍的陪伴下從事奇異的冒險生涯。然而對於英勇的人，極端的艱險就是一個挑戰。艾斯奇勒斯深深地具有他那個時代之高昂的精神。他天生就是個徹頭徹尾的鬥士，只要知道對手是個強悍的敵人就夠了，至於勝利與否他是毫不在乎的。對他而言，生命確是個充滿危難的冒險，但人並不是為避難安息而生的。生命的充實就在於生命的險難上。何況，最低限度，我們還具有化失敗為勝利的天性。

在這樣一個具有英雄氣魄的人身上，透視人類苦難之真實的洞察力與詩的力量結合在一起，悲劇於是就誕生了。而假如悲劇的特殊職責是要表現人類最黑暗的悲慘和最偉大的榮耀，那麼艾斯奇勒斯不但是悲劇的創造者，也是所有悲劇家之中真正最具悲劇性者。沒有人能像他那樣從生命的不和諧中敲出如此裊繞不絕的音樂。他的劇中沒有宿命觀或消極的忍受。偉大的精神偉大地正視災難。《普羅米修斯》劇中詠唱團的少女要求完全清楚發生在她們面前的罪惡：「因為當一個人臥病時，能夠睜眼注視一切痛苦是甜蜜的。」當安蒂岡妮要去做那件一定會使她喪命的事時，她大聲說道：「勇敢些！我會有力量，也懂得如何下手。」當克呂泰涅斯特拉殺死她丈夫之後，她打開宮殿的門站在那兒宣布她所說的事：

> 我堂堂地站在我下手的地方。我幹了。什麼我也不否認。我砍他兩次，他慘叫了兩次，他四肢癱軟而倒下。當我第三次砍下時，我便給了那緊拘死者的地獄之神一份獻禮。他躺在地上喘息，血噴如泉，灑了我一身的雖是罪惡之血、死亡的露，對我卻甜蜜如五穀抽芽時天降的甘霖。

當他無助地暴露在不可抗拒的威力之前時，普羅米修斯還是絲毫不屈。在他身上沒有所謂屈服的細胞，即使他只要說出一個屈服的字就可獲釋，他都不願意；他是絕對不會在強權之前屈膝懺悔的。對於力勸他服從宙斯的神使，他這樣回答：

沒有任何苦刑或詭計
也沒有任何暴力能逼我俯首就範
除非是宙斯自願解除我的鐐銬。
就讓他儘量打下灼灼的雷電吧，
讓他以大雪白亮的雙翼，
以閃電和地震
去震撼那搖搖欲倒的世界，
這一切都不會使我屈服。

使者：屈服吧，傻人。屈服吧。要從痛苦中獲得智慧。

普羅米修斯：去叫海浪不要衝擊吧，
要說服我不比這更容易。

隨著這最後的一句話，整個宇宙便開始打擊他，然而他仍堅持他的行為合乎正義——「看吧，我蒙受冤屈的苦刑」——巴斯葛（Pascal）說，他比打擊他的宇宙更偉大。艾斯奇勒斯對人類的看法便是這樣，他們英勇地應付災難，永不被征服。「勇敢些，當痛苦達到極點時，它便為時不久了。」這一句出自一本佚失的劇本的話，很簡潔地說出他個人及其時代的精神。

他是個拓荒的先驅，以他個人的力量披荊斬棘，開創出一條路來，但他並未停下來做填平修補的工作。他的作品欠缺光滑完美的形式，因此不會使人感覺到他已達顛峰，再過去就是衰落了。他能夠扛來建造邁錫尼（Mycenae）城門的巨石，但他絕無法雕刻出普拉克西特列斯的赫密司的優美。亞里斯多芬這個尖銳的批評家，這個即使在嘲弄艾斯奇勒斯的時候也仍然是真正熱愛著他的人，將艾斯奇勒斯所使用的所謂詩人的試金石（形容詞），描述為「是湍流沖刷過的新木材，由戰爭中的巨人所吹散」，這句話使人想起那一場打擊李爾的起於「義憤的戰爭」之風暴，那場「摧樹折枝的雷電之先鋒，摧殘思潮的硫磺烈火」之風暴。那是絕妙的粗獷與無可比擬的文氣相結合所產生的形容詞。刻意雕琢是艾斯奇勒斯和莎士比亞所不屑為之的。我們不當假想這兩人會徹夜徘徊，絞盡腦汁去搜索一個獨一無二的適切字眼。

他們兩人之間頗有相似之處。莎士比亞也親眼見過有人超越平庸人生之上的創業與受苦，也曾經被類似馬拉松和薩拉米斯的英雄之抱負與勇氣所感動。對於人生的奇妙，它的美與恐怖與痛苦之認識，以及人類敢作敢為和勇於忍受的力量，只見之於艾斯奇勒斯和莎士比亞兩人而已。

你們的朋友是歡樂、痛苦，
是愛與人類不屈的心靈。

這些出自一位十九世紀詩人的話語，就像莎士比亞和艾斯奇勒斯本人的作品一樣，說出了他們的特點。

莎士比亞的一個劇本，《馬克白》，在觀念上與艾斯奇勒斯完全相同，而且遠比索福克里斯或尤瑞皮底斯的任何劇本都來得接近。馬克白的城堡和阿格曼儂的宮殿，在氣氛上是一樣的。黑夜總是籠罩著那兒，空氣中瀰漫著重濁的幽暗，死亡從門廊中飄入。這不僅僅是由於這兩處地方所發生的罪惡事蹟結成的。伊底帕斯的王宮，也同樣染滿血跡；恐怖停留在那兒，而命運的足音，雖緩慢但清晰可聞，一步步逼近，終至到了無可避免的毀滅。但是在《奧瑞斯特斯三部曲》和《馬克白》中的恐怖，都是因為不能清楚聽到那些足音，它們是被蒙住的；你盡可傾耳聆聽但卻無法確定，一切動靜都被裹在黑暗之中，不可知的事物與罪惡的神祕都包藏在裡頭。

我們無法引用原文來指明這兩齣悲劇產生的全盤印象的雷同，但我們卻可以引幾個段落來說明各劇用來持續指出某種隱約模糊的恐怖事件即將來臨的表現方式。在這兩部劇本中，凶惡的預兆一再出現。某一件可怕的事就要發生了，到底是什麼事沒有人說得出，不過我們隨時都可能與它迎面相逢。

馬克白

第一幕第三景

馬克白：為什麼我會聽從
　這種建議，它那可怕的形象就令我
毛髮豎立，使我的心移位敲擊肋骨，
一切違反常理，眼前面臨的恐懼
遠不如可怕的想像那麼嚇人。

第一幕第四景

馬克白：群星啊，隱去你的火光！
　不要讓一絲光亮看到我邪惡而深藏的
　心意。我的眼眨視著我的手——但願它
　是眼睛所怕看到的，當它做出了惡事之後。

馬克白夫人：來吧，濃厚的黑夜，
　　穿上地獄最黑的煙霧之衣。
　讓我的刀看不見它所刺開的傷口
　也別讓天神從這層濃厚的黑暗中窺視到，
　而大叫「住手，住手！」

第三幕第四景

馬克白：滾開！別出現在我眼前！讓泥土埋藏你！
　你的骨頭無髓，你的血液冰冷！

你瞪視的眼睛毫無神采……走開，可怕的鬼影！
虛假的冒牌貨，走開！

阿格曼儂

詠唱團：陰鬱的恐懼告訴我
有晦暗而可怖的形影
隱藏在黑夜之中。
那些殘殺同類的人們
他們的所作所為逃不過上帝的眼睛。
凶惡的是復仇之精靈……
為何在我預感的心之門廊
仍如此堅定地流連著那邪惡的恐怖……
復仇的精靈，你的音樂不和琴而唱。
跳動的心
起伏的胸

震撼精神的痛苦之潮，
你們只是愚妄者？
不，你們預兆將來臨的事……

卡珊德拉：你們把我帶到那兒，到的是什麼樣的家！
詠唱團：到阿崔斯（Arteus）之子的家——
卡珊德拉：啊不——這是上帝憎恨的一家。
謀殺與絞死——
親人，殺害親人。
啊，他們在這裡殺個人。
熟識罪惡之家——地板上滴著鮮血。
啊，上帝，上帝他們會做出什麼事來。
還有什麼不幸是這個家族不知道的？
啊，無可救藥的罪惡事蹟。
——而救助遠遠避開。
卡珊德拉：看看他們——在那牆邊，那兒！

是那麼年輕——就像夢中的影像。
他們看似小孩，被所愛的人謀殺。
而他們手中握著血肉——他們自己的！
以及內臟——啊，最可怖的一堆！
我看到他們……
我發誓他們盤算的是復仇。

這幾段引文所造成的效果之相似是不待言的，其實我們可以引用更長的篇幅來說明它。在一個劇本中有三個巫婆（weird sisters），另一個劇本則有三個復仇女神（Furies），這絕不是偶然的巧合。而這兩群都不可能在伊底帕斯的王宮中出現。

另一個值得注意的相似點便是，這兩個詩人都能笑。這一點是其他悲劇家所做不到的。實際上，詩人們，不論是哪一類的，都是不笑的；他們是很嚴肅的一群。只有艾斯奇勒斯和莎士比亞當得起蘇格拉底所說的，同一作家可以寫悲劇，也能夠寫喜劇。略差一等的人會認為在悲劇中滲進喜劇成分是一種違背高級趣味的錯誤，譬如有些批評家就為《馬克白》中的看門人惋惜。但是我們可以猜想得出，這兩位偉大的詩人是不在乎趣味的高級與不高級的，他們隨心所欲，有一個幾乎無出其右的悲劇懸宕發生在阿格曼儂的宮殿大門緊閉之後的那一刻，那個想弒母的兒子，假扮成向他母親報告自己死訊的使者，而得以接近她。當他進入宮殿，心中盤旋著他所要做的可怕事情時，一個老婦人登場，詠唱團稱呼她為奧雷司提斯的奶婦。她哭泣道：

啊，我是個可憐的婦人，我見識過不少苦難，但沒有一件這麼可怕。啊，奧雷司提斯，我的心肝！啊，他真是我一生的痛苦之源。他母親把他交給我養育，半夜裡他的尖銳哭聲使我倉促下床，以及他給我惹來的無端麻煩，我都得忍受。一個小孩子不比一頭啞口無言的野獸懂事。你只好一切順從他的任性怪想。一個嬰兒不會告訴你，他什麼時候餓了、渴了，什麼時候會尿濕衣服。但是他的肚子就惹得出這些麻煩——有時我知道他要什麼，但常常我都不知道，然後他的衣服都得要洗了。我不僅僅是奶媽，我也是個洗衣婦——

這麼說著，這個茱麗葉奶媽的前身就退場了，戲便直接轉向兒子弒母的場面。

我們可以說莎士比亞根本就是個屬於戲劇方面的人才，而依據時下的看法，艾斯奇勒斯並不是。一般都認為他是個哲學詩人，由於機緣不巧而誤入舞臺之上。這個看法是再錯誤不過了。艾斯奇勒斯是個天生的戲劇家，他看出生命是如此地戲劇化，以致要發明戲劇的形式來表達他自己。因為實際上這就是他所做的。在他之前，戲劇演出時只有一個詠唱團加上團長，而他加入了另一個演員，因而創造了人物間動作相互交錯的戲劇基本要素。至少，他是個跟莎士比亞同樣屬於戲劇的人物，不但是戲劇的創立者，也是個演員和實際的舞臺監督。他設計所有希臘演員的服裝，改進舞臺布景和道具，奠下了希臘戲劇的基礎。

一個人要肩負這麼多任務，也就難怪他的技巧常有不當之處。無疑地，他會寫出很壞的詩行，甚至寫壞整幕戲；他很粗率，不留意細節。有時候他根本忽略了應有的細節，而有時候卻又拖得太長，令人看了覺得厭倦。就如在《奠酒人》（*Libation-Bearers*）中，伊雷克楚拉（Electra）辨認出奧雷司提斯的事只輕描淡寫地幾筆帶過，而在墳上發現一綹頭髮的事卻占了一百五十行之長。不過他總是認清楚他所寫的故事之基本戲劇成分，而直接把握住它。在這一點上他就不粗心了。對於每一個戲劇的中心主題，他都能夠以完美的戲劇技巧和戲劇力量表達出來。他的兩個繼承人的作品常是更好的戲劇，因為他們是很卓越的技巧家，其有較高明的處理手法，但是在艾斯奇勒斯的作品中有些場景的戲劇濃度，是索福克里斯或尤瑞皮底斯所趕不上的。他不僅發明了戲劇，也把它提升到只一度被企及的顛峰，但論到他雙重成就的光榮，他是獨步天下的。

引用一段文章來支持這個看法應該就足夠了，因為只有很長的一段文字才能指明這一戲劇效果的特殊力量。在《奠酒人》中，克呂泰涅斯特拉獲悉奧雷司提斯尚活在人間，而且已殺死了她的情夫之後，她知道接著會發生什麼事，於是，便命令一個奴隸：

快些！拿給我一把能殺人的斧頭。我就會知道我到底會贏還是會輸。
我在這兒站立於悲慘的頂峰。
（奧雷司提斯與皮拉德斯入。）
奧雷司提斯：我找的是妳。另一個已經得到報應了。
　妳愛他——妳應與他同葬一墳。
克呂泰涅斯特拉：且慢，啊，我兒。看看我的胸吧。你的頭經常埋在我的胸前睡
　覺，而你無牙的嘴在我胸前吸奶，你因此才長大——
奧雷司提斯：啊，皮拉德斯，我該怎麼辦？我的親娘——畏懼令我住手。
　我可以饒她吧？

皮拉德斯：那麼阿波羅的話和那可怕的協定呢？寧可與人結仇也不要得罪眾神。

奧雷司提斯：好意見。我聽從。妳，跟我來吧。我要帶妳到他躺著的地方去殺妳。

克呂泰涅斯特拉：我兒，看起來你是要殺為娘的了。

奧雷司提斯：不是我，是妳殺妳自己。

克呂泰涅斯特拉：我還活著，但我站在自己的墳墓旁。我能聽到死亡之歌。（眾退，詠唱團唱著：她得了應有的報應。）抬起頭來，啊，我的家族。光線！我看到那光線。

（宮殿的門打開。奧雷司提斯踏在兩具屍體上。）

奧雷司提斯：對這一個，我沒做錯。他的死是姦夫應得的下場。但是那個計畫謀殺與她共同養兒育女的親夫，這種罪行的女人，你們對她看法如何？她是條長蟲或是毒蛇？她的一觸一摸都會使人腐化。

詠唱團：悲慘——悲慘——啊，可怕的事！

奧雷司提斯：她到底幹了沒有？根據你們所知道的，證明那可怕的事與死亡。我是勝利者，但是卑鄙而墮落。

詠唱團：這兒原有件不幸，而另一件又發生了。

奧雷司提斯：請聽我說，並從我的話中獲取教訓，因為我不知道這將如何了局。我是被載於一頭脫韁的野馬背上，我的思想無法控制。我心中的恐懼都一起湧現。在我失去理智之前——啊，朋友，我告訴你們，我殺了我母親——但不是毫無理由的——她極惡毒，她殺了我父親，天神都憎恨她——看吧，看吧，婦人們——那兒，那兒——黑的——全是黑的，長髮像蛇一般地扭曲著。啊，讓我走吧。

詠唱團：什麼幻象驚擾了你？啊，忠於父親的孩子，不要害怕。

奧雷司提斯：不是幻象，是我母親遣它們來的。它們擠向我面前，眼睛淌著血，仇恨的血。你們看不見它們？我——我看得到。它們在驅趕我。我不能待在這兒。

（他衝跑而出。）

詠唱團：啊這一陣瘋狂將伊於胡底。

說完了這句話之後，全劇就告終了。還沒有任何文學作品比這一幕更戲劇化。這個新藝術形式的發明者，在本性上就是個革新者，他看到舊形式的衰微遂高高興興地協助創立一種新形式。當世界所未見的新思想在醞釀時，他是希臘思想界的領袖；只不過他很快就把門徒遠遠拋在後頭了。他銳利的智力透視了那即將奴役世界達數世紀之久的錯誤和愚蠢的思想觀念。他是大理性主義者尤瑞皮底斯的先驅。早在尤瑞皮底斯在《特洛伊婦女》（*Trojan Women*）中猛烈抨擊戰爭之前，艾斯奇勒斯——雖然身為馬拉松戰士——就已經扯下戰爭的光榮外表了。他在行伍中打過仗，而就像個身歷其境的人一樣，他深知戰爭的本來面目。奇怪的是，他看出了金錢與戰爭密不可分地連結在一起。

每個來自希臘的參軍者
都能清清楚楚地看到
發生在每個家庭之中
非人所能忍受的悲愁。
有太多的事叫人心膽碎裂。
婦女們知道她們遣赴戰場的是誰，
但是回到每個家中的不是活生生的人。

而是盔甲與戰火後的骨灰。
而那以人換金銀，
以活人換死人的戰爭，
在長矛短劍交擊之處，
拿著天平秤她們的親人，
他（指戰爭）從特洛伊送還給她們
被戰火焚化的骨灰，
沉重的灰，
淚水浸濕的灰，
齊整地裝入骨灰甕中
仔細保存的東西，人的骨灰。

在《阿格曼儂》劇中還有許多類似的段落。他光以一個簡單的句子就駁斥了希臘人的一個——也許是最重要的一個——中心觀念，就是過度的繁榮會招致上天的忌妒而不免有悲慘的下場。他說：「我自有主張，而且與別人的想法不同。招致悲慘的不是繁榮，而是罪愆。」

一般都認為，激進和宗教的本質是互相敵對的，但事實上有很多最偉大的宗教領袖是激進派。艾斯奇勒斯具有極深厚的宗教氣質，但同時也是個激進者，所以他一手推開宗教的外在矯飾去探求真理。在他的劇中，天神徬徨地來來往往，因為對他而言天神只不過是影子罷了，對他們的首尾不一貫、朝三暮四，他毫無興趣。他的眼光超過他們，越過眾神而歸於一尊，「古老的父，他以自己的手塑造我們。」他認為在上帝身上存著關於人生這個神祕之最終的，可以化除衝突的真理，而所謂人生的神祕在基本上就是無端受苦之神祕。既然無辜的人受苦，那麼上帝怎會是公平的呢？這不僅是悲劇的中心問題，也是世界各地當人們開始思想時所遭遇到的一個大問題，而各地屬於同一個思想階段的人都提出相同的解釋，即天罰，最初它是由人的罪所招來的，但隨後它就自己一代一代地傳下去，因此也就替上帝擺脫不公平的可怕重擔。在文學中布滿幽靈出沒的屋宇，和遭受天譴的家族。「祖先的罪會降罰於子孫。」所以伊底帕斯和阿格曼儂必須償還他們祖先所犯下的罪惡。偷竊得來的金銀使波爾遜族（Volsungs）破滅。這是一種折衷的解釋方法，可以暫時滿足人類覺醒的道德意識。不過它並不能使艾斯奇勒斯滿意。

當他開始思考「那些垂及永恆的思想」時，他是個很孤獨的思想家。大約在同一個時候，希伯來的以西結（Ezekiel）也看出了以這種方式來維持上帝之道是不公平的，他對孩子們為他們父親而受苦這種無法容忍的事提出抗議，然而他的解決方法竟是去否認他們的父親所犯的罪。猶太人向來滿足於「上帝如此說」這句話，這種態度使得這個世界沒有悲劇立足的餘地。他們可以接受不合理的事而恬然不以為意；擺在他們面前的事實，並沒有讓他們像希臘人那樣認為面對現實是無可逃避的。

當艾斯奇勒斯撇開一般人所接受的解釋而從事更深入的探討時，他也自覺到自己的孤立。「只有我不這麼相信。」他寫道。他偏重這問題最壞的一面，妻子謀殺親夫，兒子謀殺生母，而後便是他們所繼承得來的接而連之的可怕罪惡。沒有任何一個可以「稍微醫治」這個世界所受的「傷害」的輕易解決方法能使他滿意。他看到天罰無情地降臨，他知道祖先的罪惡降罰到子孫身上，他也相信上帝的公正。他從人類的經驗中發現了可以調節這些相衝突的真理之真理——（他那一代的人一定比其他時代的人更能領悟這個真理）——那就是痛苦與恐怖也有它們存在的目的和用處，它們是知識之梯的梯級：

神的律則是：凡學習的人都要受苦。甚至在睡眠中也無法忘卻的痛苦，一滴滴降落心中，而雖然我們極不願意，但無可奈何地，藉神之凜然的恩典，智慧還是降臨。

這真是一位偉大而孤獨的思想家。只有在最偉大的思想家中，他的思想深度和透澈才偶而被趕上，但他對世界之謎的見識是從不曾被凌駕過的。

第十三章

索福克里斯：希臘的精華

希臘的精華

叔本華說悲劇的快樂分析到最後即是接受。這位悲觀的大哲學家用一位悲劇家為一切悲劇下定義。他的定義僅適用於索福克里斯一人，但他一語道破索福克里斯悲劇的精神。接受不是默從或聽天由命。因走投無路而忍受是一種和悲劇沒關係的態度。接受是抱著「願爾旨承行」——也就是「瞧，我來執行祢的旨意」——的心性，它是主動的，不是被動的。然而它又與奮鬥者的精神有別，兩者之間實全無共同之處。看清了生命既非如此不可，它接受生命。「我們必須安生順死。」致力了解事物不可抗拒的運動是虛幻的；使我們自己與我們無能為力之事，如星球的運轉，為敵更是如此。話雖這樣說，我們並非旁觀者而已。世界上有高貴、善、仁慈。就人類命運而言，他們是無助的，但他們能擇善而從，在受苦和死亡時，可以苦得光榮、死得光榮。「心中有備便是了。」

這就是索福克里斯的精神，跟艾斯奇勒斯的精神不同，艾斯奇勒斯像站在一艘要沉沒的船上的一個人，他讓婦孺用救生艇，自己把死當作分內事，安詳地接受；也不像伊莉莎白時代最光榮的戰史上，那些駕著小小的復仇號與西班牙無敵艦隊作戰的紳士。這兩位悲劇家相距不過二十年，但雅典生命之流奔瀉得如此迅速，在索福克里斯成年時，那造成馬拉松、溫泉關、薩拉米斯等偉大史蹟的人生觀已經過去。它們的名字今天仍有力量使我們振奮。「那時神即是人，行走於地上。」即便在今日，我們仍得以窺見當時眼見崇高希望成空、英雄式的努力式微是何種感覺。雅典為世界產生自由，立即轉而將自己光榮的產兒置於毀滅之中。她強盛起來，帝國主義、殘暴政策也跟著抬頭。她欲置全希臘於軛下，因此眾叛親離，在索福克里斯死前，斯巴達已直逼她的門口，她的太陽正降落西山。在老年將與世長辭時，索福克里斯寫下這些有名的詩句：

漫長的歲月苦痛多歡樂少。
……末了是解我倒懸的死亡。
不生下來比一切都好。
其次是一見光明
立即又回去來的地方。
當青春與無憂無慮已經過去，
外有多少禍患，內有多少憂傷，

忌妒與黨派，傾軋和暴亡。
最後是老邁，遭人輕視，
龍鍾，被友朋遺忘。

這些話並不是他的信條，是他在年老失意已極時所寫的東西。它們是他一生的紀錄；他的少年時代在雅典的盛世；他壯年時雅典困於戰爭和黨爭；他的晚年，美、寬容和美好的生活這些雅典所代表的一切，已在敵人的征服下岌岌可危。這是一個老人在失去了對生命的喜愛與生活下去的理由之後為自己的一生做個總結，而不是一個大詩人為生命所下的最後評判。他所下的評判絕不模稜兩可。他所處的時代正是考驗人類性格的時代。對性格柔弱者而言，這種時代只帶來絕望，星月無光，而真理和正義都已不在。但對索福克里斯這種人而言，外界的改變絕不致使內心失去穩定。強者能把短暫的與永久的分開。索福克里斯為他所愛的城邦感到絕望，降臨到他身上的只有惡而非善；但，依他對生命的看法，外在的環境到底對人是奈何不得的；他認為在內心中沒有人是無助的。在內心的堡壘中，我們能統治自己的精神；活則為自由人，死則不致辱沒人性。埃傑克斯說，一個人永遠能光榮地生、光榮地死。安蒂岡妮能死而無憾；死是她的抉擇，詠唱團告訴她，她的死使她成為「自己命運的主宰」。索福克里斯正視生命且勇於承擔它。當戴阿尼拉獲得她丈夫變心的消息而通報的人支吾其詞時，她對他說：「不要隱瞞我真相。不知道真相才是真的傷害我。」《伊底帕斯王》第二部最後的話正是他全部劇本的主調：「別再哀悼，因這些事怎樣也不會改變。他不給我們逃避現實的避難所，他唯一的逃藪是安祥地，以屹立不搖的力量來接受苦難和死亡。」

除此以外，外在世界的一切都是無常的，而大多數的事是可悲的。索福克里斯是憂鬱的，但他患的不是黑色或強烈的憂鬱症；是米爾頓「沉思的修女」那種憂鬱。「友誼常是假的」、「信心不常在」、「人生只如幻影」。像這樣的句子每頁都有：

克隆諾斯（Kronos）之子從沒將
完全免於痛苦的日子賜給凡人。
僅有樂與哀
時間之輪
為萬物轉
正如星斗周而復始的軌道。

無物為人長存，明星煌煌的夜空，
末日、死亡等等都不常。
財富來又去，
哀樂皆亦然。

這種說教的危險是它極容易淪為老生常談。索福克里斯常好作警譬之句：「凡人死生皆有命」、「無人能預測未來或命運，除非事已到眼前」、「生命之榮譽不在言而在行」。他雖有如椽之筆，也無法把這樣的東西提到詩的領域，但是不論在此處或在其他地方，他都像是一位道地的希臘人，酷愛對偶和精簡。奇怪的不是索福克里斯非在文章中寓教訓不可，而是艾斯奇勒斯竟不這麼做。這是他們兩人之間基本上相異的許多點之一。

索福克里斯是保守的，是既定秩序的擁護者。在神學上保守的心性總趨於形式主義。索福克里斯將「處世不尊重仁義」和有心「不敬畏神明」等量齊觀。他滿足地持著奧林帕斯體系的正統看法，但像他那樣的心靈和精神無法安於該處。他想像中的天國與幼稚神話中的幻想及寓言毫不相干。他嘴邊永遠掛著的字是「法」，當他窮極碧落以求了解時，他找到的是「純粹、可敬的法則，永遠不致被遺忘泯滅，而上帝因它們而偉大、長生不老」。他用「法律」來代替艾斯奇勒斯所熱愛的「自由」。雅典對他而言是一座對「處於正義法則中的天十足敬畏」的城市。他愛「秩序」、「和諧」與「節制」。自由在他看來說不定是一件喧囂、混亂、恣肆的事，不見容於莊重的範圍內。《安蒂岡妮》劇中詠唱團唱道：「只要維此法於不墮，沒有任何巨大的事進入凡人的生活而不帶來天罰。」那是希臘人在說法。一切意為「廣大」、「無限」、「無範圍」的希臘字都有壞的含意。希臘人喜歡他看得清清楚楚的東西，模糊不明將使其感到不快。

不論從哪方面說，索福克里斯都是我們所認識的希臘事物的化身，甚至可以說一切希臘精神、希臘藝術的定義，首先都是他的精神、他的藝術定義。他在世界上有「希臘的精華」的令譽，於是許多特有的性質也都惠於其他希臘人。他的文體率直、流暢、簡潔、合理。過分，這是他從沒患過的毛病。嚴謹是他所特有的，而為別的作家所無。美對他而言不在色彩、明暗，或任何修飾的方法，而在結構、線條和比例，或從另一個觀點看，美的根不植於神祕，而在明白真實之中。這就是我們想像中的古典精神；而與索福克里斯成對比，艾斯奇勒斯是一位浪漫主義者。即使在絕望中，索福克里斯的話也還是那麼地冷靜。他最慨激的文章仍是講理的：

只有卑賤的人求長命
長命而不離邪路。
日逐一日，悠悠忽忽，
唯一目的是死，何樂之有。
那心裡因空虛的希望而快樂的人
我認為一無可取。

而艾斯奇勒斯的絕望是多麼浪漫：

我要化成一陣黑煙，
與上帝的雲霞毗連。
完全看不見，高舉上翔，
我要像無翅的灰燼滅亡。
啊，但願在高高的天上，
在濕雲化雪的地方，

以孤峰的禿頂為座，渺無人見。
獨自沉思默想。
而後將自己投下，到深深的下方，
只有蒼鷹能夠看見。

兩個安蒂岡妮最後所說的話，將這兩位作家之間性情的不同清清楚楚地顯示出來。

索福克里斯的安蒂岡妮哀悼道：

沒人哭，沒人助，沒有婚禮的歌曲，
我走完最後的旅程至墳墓。
瞧我，是誰使我受這麼大的苦，
只因為我擁護崇高的事物。

艾斯奇勒斯的女主角則非如此：

沒人能這樣決定我的命運。
我是一個女人，然而我為他
掘一個墳墓，一個葬身之所：用我雙手！
鼓起勇氣！我會找到行動的力量。
不要拿話把我阻止。

亞里斯多芬在《青蛙》一劇中對索福克里斯的描寫正好與劇中其他人物嘲諷性的畫像成對比。其他的人吵起來像潑婦，打起來像小太保，在最前頭的是艾斯奇勒斯和尤瑞皮底斯。索福克里斯則超然獨立，溫文有禮，隨時讓步給人家，「生時無過死也無過。」甚至亞里斯多芬也不能在雅典的觀眾之前取笑他。[4]索福克里斯是極受歡迎的戲劇家這個事實，就是證明雅典一般人的聰明才智和涵養功夫的最佳明證。不論那時與現在戲劇觀眾之間趣味的懸殊是多大、多可悲，他們有一點是相同的：受大眾愛戴的作家總是富人情味。在索福克里斯的劇本中，我們隨時隨地可以發現那溫柔敦厚、使他深得雅典人愛戴的精神，而且他之所以感人，是那種強者的溫柔敦厚。失明後的伊底帕斯乞求他的子女：

讓我摸摸他們——啊，我要是能用雙手摸到他們該多麼好，我會想到他們和我在一起，就如同從前我能看見他們的時候一樣。我聽見哭泣嗎？我的心肝在我身旁嗎？到我跟前來，孩子們。到我的手這裡來。

這是一支新的調子，在艾斯奇勒斯作品裡沒有跟它一樣的東西。

有人情味並不就是熱情。索福克里斯是溫情的，但是他骨子裡是冷靜的。他是大悲劇家兼至高無上的大詩人，然而仍是一位超然的生命之觀察者。另一位跟他一樣的詩人曾被詠嘆過，「你的靈魂像一顆星，獨居遠離群。」因此凡愛米爾頓的人總是最能了解索福克里斯。他們兩個人時代的相似正如艾斯奇勒斯與莎士比亞的時代是相同的。當克倫威爾（Cromwell）使歐洲對英國刮目相看時，米爾頓也有過一段充滿希望的日子，然而他也不得不眼看他所心愛的一切落空，且最後當他極老時，眼看他的國家——用他自

4 亞里斯多芬曾在《和平》（*Peace*）一劇中把索福克里斯與西莫尼德斯（Simonides）相比，但《和平》為亞氏極早期作品。

己的話來說——「被侮辱褻瀆」而去世。他也學會了接受，生命「以了無情焰的平靜之心」，把它當作與自己無關的東西看。他高華莊嚴的詩正是《安蒂岡妮》和《伊底帕斯王在柯羅納斯》裡的境界。

這兩位作家最大的優點是相同的。可惜的是，索福克里斯的優點因為古典的希臘文不再是活的口語而無法保持其完美。一個偉大的思想能永遠活下去，從一種語言傳給另一種語言，但一個偉大的文體僅能活在一種語文裡。在英國的詩人中，米爾頓是最少被不講英語的人所閱讀的。莎士比亞是英語的，也可以說是德語的，但米爾頓僅僅是英語的。索福克里斯和米爾頓的文體都是無與倫比的。他們都是具有偉大風格的藝術家。他們把用字遣詞之美、文氣的徐疾諧婉保持在連續不斷的水準上。與他們相比，艾斯奇勒斯和莎士比亞都是有缺點的工匠，雖寫得出絕妙的佳句，但也有可笑不倫的話語。米爾頓詩歌的天才是典型的英文的；它是一種高華豐瞻、遒勁富麗的詩歌，但是他也有平易率真、瑩澈明白的時候，這是他古典的一面，而對一個不能暢讀希臘文的讀者而言，想一睹索福克里斯完美無瑕的文采最好的方法是讀米爾頓：

美麗的薩布麗娜，

請在妳坐的地方傾聽
在宛如琉璃的清涼透明波浪下……
當靜謐的清晨拖著灰色的涼鞋出去……

那就是索福克里斯寫作的方式。
在內容和風格上完完全全是索福克里斯式的是：

來吧，來吧，現在沒有時間哀悼，
也不再有別的原因。山姆遜為人
就如山姆遜而且英勇地完結了
英勇的一生……
這裡沒有東西要流淚，沒東西要哭泣
或搥胸，沒有弱點，沒有輕蔑，
貶損或譴責；在如此光榮的死亡之前，
沒有別的，只有如意美好與安慰。

說這不是索福克里斯寫的，簡直令人難以相信。

米爾頓不是戲劇家。他最大的興趣在思想，不在動作。索福克里斯則自然地從事戲劇。他生於雅典柏里克立斯時代，當戲劇最受重視時，但是他個人的志趣是否會使他走上那條路則尚是未決的問題。無疑地，作為詩人的他比作為戲劇的他更偉大。在戲劇力量方面，他在艾斯奇勒斯之下。然而在另一方面，就好戲而言而不論純戲劇，他則居他之上，但那僅是說他具有最高度的雅典的技巧——不論他寫什麼他都是一位頂尖的作家。假如他寫一部劇本，從戲的技巧的觀點來看，它一定是無懈可擊的。我們可以想像他年輕時去看艾斯奇勒斯的《奠酒人》，劇裡有許多因陋就簡的細節，有許多劇情該緊張而沒緊張的地方，他都注意到了；例如劇中人喋喋不休地談奧雷司提斯的一束鬈髮，伊雷克楚拉發現跟她相同的腳印就猜想她的弟弟已經回來的這種愚蠢；再如她認出他身分的那一幕僅草草交代過，其實它大有戲可做。於是他就回家寫了個好劇本。那就是《伊雷克楚拉》。那麼短，但沒有一個贅辭；伊雷克楚拉的性格在和她妹妹強烈的對比中馬上顯露出來，緊湊、濃縮的對話，每一個字對當局者與旁觀者的意義不同，其效果像電一般；那一束鬈髮被貶黜到背景裡去，表露身分那齣戲則淋漓盡致；而結局是一個驚心動魄的場面。做兒子的來報殺父之仇，殺死謀害親夫的母親和姦夫。在揚言他帶來自己的死訊而得見他的母親之後，他把她殺死。他的姊姊在宮內等候。她母親的情夫向她走來，正慶幸他們所畏懼的一個人死了：

伊吉莎士：為我們帶來奧雷司提斯被殺的消息的陌生人在什麼地方？

伊雷克楚拉：在裡面。他們已經找到一條到他們女主人心裡的路。

伊吉莎士：我們可以親眼看看屍體嗎？

（宮門打開。克呂泰涅斯特拉的屍體用布掩蓋著，放在門內。奧雷司提斯立於其上。）

伊吉莎士：把臉揭開，讓身為他親戚的我向他致應有的哀禮。

奧雷司提斯：你自己揭開那面紗。

伊吉莎士：好吧——但你，伊雷克楚拉，要是克呂泰涅斯特拉在附近的話，你叫她來。

奧雷司提斯：她在這裡，不用去遠處找她。

（伊吉莎士揭開覆面的布）

伊吉莎士：我看到的是什麼……

奧雷司提斯：為什麼這樣驚駭？這張臉陌生嗎？

揭開面紗的那幕戲真是神來之筆。它是整齣劇本的關鍵。但索福克里斯用戲劇手法處理的故事以一個已達戲劇性飽和點的局面為中心，那就是做兒子的弒殺了他的母親。在劇本中注意力卻不放在這一點上。當做兒子的殺了母親之後出來，他和他的姊姊都認為幹得好，立刻轉向真正的高潮——殺死伊吉莎士。索福克里斯故意避免第一樁謀殺的恐怖。他用一個凶手罪有應得的懲罰來代替它——伊吉莎士的死不可能使人憐憫敬畏。他一直認為，「對人來說過於偉大的思想」不應當由人說出來。他具有大藝術家胸有成竹的本能：舉凡太偉大無法十全十美地完成的作品，他都不嘗試。最崇高的戲劇所需的高度熱情他闕如。他有非凡的詩才、過人的聰明，以及老練圓熟的技巧，但他並沒升到僅有艾斯奇勒斯和莎士比亞達到的顛峰上。

第十四章

尤瑞皮底斯：現代精神

亞里斯多德曾說，尤瑞皮底斯「儘管有許多缺點，是詩人中最富悲劇性的。」亞里斯多德執批評家之牛耳，他說的話被認為當然是最後的定論，這個事實最近才有人表示懷疑。近代人對他這個判斷的態度是：這位大批評家錯了，他把悲哀和悲劇混為一談。尤瑞皮底斯是詩人中最擅寫悲哀的，而正因此不是最富悲劇性的。他無疑仍是一位大悲劇家，世界四大悲劇家之一。這四位都具有那最神奇的力量，把痛苦的場面呈現於我們之前，將我們提升到真正可稱為悲劇的高峰。

尤瑞皮底斯確能遊步於「那些崇高的峰巒間」，但痛苦的深淵卻是他最熟悉的。他是「世界哀愁的詩人」。他感覺到其他作家所沒感覺到的人生的可悲，諸如一群受苦難的孩童，無助地為他們不知道也永遠不會了解的理由而受苦，世上從沒有一位詩人的耳朵像他那般敏感地配合人類低沉、悲哀的音樂，一支極不為古世界所留意的調子。和這連在一起的是一件在那時更不受注意的事情——每個人的價值感。在古代的世界，他是唯一感覺到、注意到這些事情的人。這實在是一個驚人的現象。在兩千三百年前寫的書裡，響著我們覺得正是今日世界之主調的兩個調子：一個是對受苦者的同情，一個是認為每個活著的人就有價值的信念。一位古代詩人對著我們講話，而我們聽見似乎特屬於我們的東西。

有一類心靈是萬古常新的。一切具有此心靈的人，不論他們之間時間的距離多大，都屬同族。在本世紀初，當莫瑞教授的譯本使尤瑞皮底斯家喻戶曉時，最予人好印象的是他驚人的現代性：他似乎用一九〇〇年代的口吻在講話。今天，不把當時的大文豪梅瑞狄斯、詹姆士（Henry James）或任何維多利亞時代後期大作家放在眼裡的另一代青年人，卻把尤瑞皮底斯當作屬於他們的作家來讀。在西元前四百年時的年輕一代，感覺也是如此，在許多世紀以後，他們也仍將這樣。那些站在時代尖端的人總在尤瑞皮底斯的作品中找到他們自己的精神之表現。他是永遠再現的現代精神的偉大典型。

這種精神，永存世上且永不變，原是一種破壞性的精神，批評性而非創造性的。「沒有批評的生活，」柏拉圖說，「是不值得活的。」每一代具有現代精神的人都是那些保護我們、不使世界僵化、不讓我們穩便地步祖先後塵的批評家。對他們而言，既定的秩序永遠都是錯的。但是批評的種類不一。譏誚式的批評完全與現代精神的性質相反。那將他用雙手做成的一切東西、辛勞造成的一切成就，看作都是虛幻、是徒耗精神的聰明國王，也不是一個有現代精神的人。讀《傳道書》（*Ecclesiastes*）一定會覺得，「這正是人們常想到的，將來也一定會想的事」；它不可能使我們有這種信念，「這個，僅有這個是現代的。它是今日的新聲。」另一位最聰明的人，最偉大的批評家伏爾泰也使人有這種感覺。他揮著如椽之筆攻擊當時古老的弊病，直到它們瓦解為止。他不是一個現代心靈。他的態度，從他說「我不知道永生為何物，但知現世是個笑話」這段話中可以簡賅地看出來，是屬於另一個層次的。他的批評智性係朝向人事。與「代代依以為生的人心」頗有區別，而且這種區別是具有現代精神者一無所知的。

具有現代精神者特別關心的是人類的生活和與人有關的事物，而且對它們不抱敬而遠之的態度。他們為人類受苦，全心關注痛苦的問題。他們對「世界巨大的苦悶」特別敏感。他們對周遭所見的不必要的苦難，對想像中將來的不必要的苦難都感到難忍。對他們而言，世界是由許多具有極大的受苦力量的個人所組成，而他們心中強烈的憐憫使他們不能在這麼多痛苦之前建立任何哲學觀念，使他們不能遠離痛苦。他們首先看見的是世上最可悲的東西，不義，這激起他們反抗的熱情，傳統是他們所鄙棄的，因它常是掩護不義的偽面具；在他們不顧一切地追求正義之中，他們撕毀了掩蓋可憎的東西之面具；他們對一切愉快、舒適的事物表示懷疑。他們不是那些以「生命的全體為關注的範圍」者，他們不留意他們時代的優點，他們的眼睛只注視有毛病的地方。然而他們不絕望。他們是叛徒、鬥士。他們永不接受失敗。他們之具有深遠的影響，正是這個事實——即凡是洞察弊端與苦難，覺得其不可忍的人，絕不會承認人類心靈失敗這個事實——之所賜。

像這樣一種批評性、反叛性、破壞性的精神，很少見之於一個詩人。在文學之巨大的世俗天平中，心靈總是不占分量、無足輕重。這種情形實在很自然。天才趨於創造，不趨於破壞。僅有極少數的人兼有兩者。在尤瑞皮底斯前三百年有這樣的一個人，是一個完完全全的現代心靈，他比任何人都更強烈地感覺到人生的可憫、人為的不義之難忍，他的眼睛犀利，看得到美好表面下的東西——他就是以色列最偉大的預言家以賽亞。如骨鯁在喉，不吐不快，他對那些為惡者發出最嚴正的控訴，而同時又能以最溫柔恰貼的話對受苦者表示他的憐憫。

以賽亞和尤瑞皮底斯並列為文學現代精神的偉大典型。他在每一頁中抗議人類所做的壞事：「我們尋求公斷，但一點也得不著；指望救助，救助離我們太遠……正義站在遠處：因真理在街上仆倒，公道也不得進入。真理確已不行……每個人都喜愛賄賂，追求贓私；他們不為孤兒伸冤，寡婦的案件也不得呈到他們面前，他們因受賄賂，就稱惡人為義，絞榨窮苦的老百姓……他們稱惡為善，稱善為惡……人若望地，只見黑暗艱難。光明在雲中變為昏暗。」

與他的憤怒之火並肩同存的是他悲天憫人的胸懷：「他差遣我醫好傷心的人……我

將如慈母安慰你……婦人焉能忘記吃她奶的嬰孩，不憐恤她所生的兒子？她們或許會忘記，但我絕不會忘記你……唯有我是安慰你們的，開瞎子的眼，領被囚的出牢獄，領坐黑暗的出監牢……啊，你們受苦的人，在暴風雨中飄搖……我雖一時生氣，掩面不見你，卻要以永遠的慈愛憐恤你。」

我們不應在尤瑞皮底斯作品中找與它們相同、甚或可以相印證的段落；他們寫作的方法大相逕庭。尤瑞皮底斯對罪惡的控訴不是從他的某一句話中可以找到的，而是在他全部的劇本中。他壯年的時候正逢雅典與斯巴達大戰。他自己國家初期的勝利，向四方大大擴張的勢力，從沒有使他目眩。他正視戰爭，他看穿虛偽的光榮，看見下面可怕的罪惡。他寫的《特洛伊婦女》，就是以數個被俘的女子等候勝利者把她們帶回去當奴隸的觀點來寫戰爭。特洛伊城之陷落，原是一部最光榮的主題，在他的劇本中以一位傷心的老婦人坐在地上，雙手抱著一個死嬰作結。

同樣地，他對一切不幸者的同情，他的重視人命，也無法引用他的文章來說明。他把一個窮苦無知的農夫與一位公主放在一起，使人看出他的品格至少和她一樣高尚。即使是理想家柏拉圖也不會做這樣的事。奴僕以古人衡量價值的尺度看不算是人，僅是家具什物而已，但在他的書中卻以不折不扣的人的身分出現。尤瑞皮底斯另有量人的尺度：「不懼者不可能為奴。」老人、老婦，甚至老僕，在他那時代完全受忽視，但他卻能因完全諒解而賦予深深的同情。赫庫芭（Hecuba）跟李爾一樣，是文學中研究淒涼的老年至情的傑作。

那種慈悲博愛的精神使他洞察人性，遠比他的兩位前輩要深入得多。艾斯奇勒斯不能，索福克里斯不能，除了他自己，真的沒人能刻畫出《特洛伊婦女》結尾那幅完全屬於人的極端痛苦的圖畫。得勝的希臘人的傳令官來告訴安德洛瑪刻（Andromache），她的兒子將被拋下特洛伊的城牆。她對她的孩子說：

去罷，去死，我的心肝，我的寵兒，
死在惡人的手裡，留我獨自在這兒。
……哭了嗎，你？
為什麼這樣，我的小心肝？你不會懂。
父親不會回來；他不會回來；
他的長矛不再閃亮，將墳墓
劈開，把你放出來！

將來如何？一座可怕的黃泉……深深地
在地裡。你的脖子……啊，上帝，長眠已臨？……
竟沒人憐惜你！你這個小東西
蜷成一團睡在我臂彎裡，你的脖子四周
的氣味多麼香！心愛的；我鞠你
育你；多少漫漫的長夜
在你病中我看顧你，直到我自己
憔悴消瘦，難道這一切
都成泡影？吻我。這一次；
永遠沒第二次，把你的胳膊
抱著我的頸子；現在，吻我，脣對脣……
快！把他拿去，拖去，你要把他擲下城去。
你就擲罷！你們這些野獸，要撕他就快撕！
上帝已經毀滅我，我舉不起
一隻手，來救我的孩子。

孩子被殺後，他的母親也走了，在一艘開往希臘的希臘船上，那小孩的屍體被送到他的祖母處。她用雙臂抱他對他說：

啊，你死得多麼淒慘，小東西。
……可憐的孩子！
那把你的鬈髮扯碎的可是我們的
古城……這裡，在磨斷的骨頭邊
露出白的……啊，上帝，我不要看！
你嬌嫩的胳膊……脫了肩
下垂著。可愛驕傲的雙唇，充滿了希望
從此永閉！黎明時你爬上我的床
你說了哄騙我的話，你好言好語地
稱呼我、許諾我：「祖母，
當你死時我要把髮剪短，

領著全部的隊長，騎馬經過
你的墳墓。」……誰料到為你灑淚的
竟是年邁、無家、無兒的我。

這些都不是嚴厲的人物，異常遙遠地居於高不可攀的悲劇顛峰。尤瑞皮底斯留意的是人心，因此有名的特洛伊城神話般的公主和皇后變成受苦的婦人，在哀愁築成的寶座上，她們感覺到一般婦人所感覺的情感。一位深通人性的大師寥寥幾筆便使她們與我們接近：做母親的最後一次把臉埋在孩子芬芳的脖子裡；老婦人記起有一天早晨小孩爬上她的床告訴她，她死時他要怎樣領著隊長們給她一個備極哀榮的葬禮。這裡沒有悲劇那種昇華崇高的境界，但也許是一幅淒慘的畫面。在一切書寫痛苦的文學中，找不到幾段文章堪與它相比。

現代精神之思辨的一面，即不斷考察與檢討的精神，較不易引經據典來說明。在以賽亞的一切指責痛罵的詞句中都有它的因素存在，最草率的讀者也會發現它。有些地方它在隻字片語的犀利批評中出現。以賽亞尖銳、好問的頭腦了然看到罪惡，在兩千六百年後的今天我仍然沒他看得那麼清楚：「願那些兼併田地，想在世上獨占一方的人不得好報」——這把廣置地產的罪惡，英國今天的土地問題，簡賅地指出來。尤瑞皮底斯在《米底亞》（*Medea*）中有關婦女的名言，在不久之前是擁護婦女選舉權的人常引用的句子，是一個有遠見的批評的好例子：

> 但是我們，人家說，安居在家裡
> 而他們，男人家，執干戈去衛社稷。
> 傻子！我寧可拿劍持盾
> 三倍甚於生一個孩子。

實際上，批評的精神留在尤瑞皮底斯的作品中，比在其他的詩人中深刻。他在世時，正逢批評在雅典的思想中越來越得勢。在這座文物昌盛的城市，生活的步調極快，在分開尤瑞皮底斯和艾斯奇勒斯短短半世紀間就有驚人的改變。這些改變的徵候在索福克里斯的作品中找不到。雖然他長壽，比尤瑞皮底斯還晚死一、兩年，他是屬於上一代的。也許更恰當地說，是索福克里斯不受其時代精神所左右，不論他生於哪一代，他仍是那樣子。他從頭到尾是一位藝術家，超然地看待人類，把他們當作他的藝術材料，他認為人生就是他所看到的樣子。在人生的事實面前發出激勵的抗議，在他看來是幼稚的行為。「這就是神的旨意，他們也許見怒於我古老的宗族。」這是無辜但失明、受誹謗而且潦倒的伊底帕斯王最後的評語。沒人能回答的問題，索福克里斯是不問的。

正與他成對比的是另外兩位作家，極不相同而又有相通之處。萌發於艾斯奇勒斯時代的懷疑精神也使他起而問難、推測。他永遠不會因他發現的東西的確存在就予以縱容。他也用雪亮的眼睛看戰爭，索福克里斯的安然接受「一切奧林帕斯哀落的階級」，他是辦不到的。他並不是一位完完全全具現代精神的人。不論在何時何地，他絕不會認為人類大體上是可憫的。憐憫之心不是他主要的情感。他具有軍人的性格，勇於面對將來而不屑回頭去哀悼過去。但尤甚於此，深印在他全部作品中的是他那認為凡人皆能到達崇高的境界、勇敢面對災難反能增加人的智慧的信念。和索福克里斯相同，在他的作品中也找不到對人生的事實發出激勵抗議的片段，但原因完全不同：一位英雄的死既不動人惻隱之心也不使人憤慨不平。

雖然在這一點上完全不像艾斯奇勒斯，尤瑞皮底斯仍是他精神上的兒子，尤瑞皮底斯越過索福克里斯，直接得他的真傳，好像索福克里斯不存在似的。艾斯奇勒斯把當時的宗教置之度外，尤瑞皮底斯則直接攻擊它。他一再揭露一般人觀念中之天神的好淫、善妒、動機的卑鄙，完全劣於被他們降禍的凡人，他對他們毫無敬意：

莫說天上有通姦的人，
我心中早已知道那是假的。
假若他是神，神什麼也不欠缺。
這些全都是無稽的道聽途說。

他最後的拒斥：「假如天神作惡，他們就不是天神。」主要的是拒斥人以自己的形象來創造神，這種看法在他之後在世界上不知行了多少個世紀，而在今天奉行的人尤多。由此可見，一位大師的才智是超越時代的。十拿九穩的事他認為極少：

因為誰知道我們所謂的死說不定
就是生，生就是死——誰能知道？
除了我們在太陽下全部的人
都病痛，都受苦，而那些已去的

都沒病痛，不為罪惡所沾汙

亞里斯多芬在《青蛙》中對他的控訴，可以拿這個指責來總括：他教雅典人「去思考、觀察、了解、懷疑、問難每樣事物」。

他，據流傳下來有關他的故事說，是一個不快樂的人。他棄世而在圖書館中過著隱士的生活；「憂鬱、寡歡、嫌惡社會」，古時有人這麼描寫他。他們說他是一個厭世者，不願與人交而與書為伴。沒有比這個更錯誤的判斷。他逃世乃因為他太關心世人。他不能忍受自己心中尖銳的悲憫之情。他不幸生逢亂世。最後的失敗越接近時，雅典起了恐慌，變得凶惡、殘忍。尤瑞皮底斯有雙重的重要負擔，大詩人的敏感與現代精神者悲痛的同情心。像他這樣的一個人怎能忍耐與雅典習於容忍讚美的事物接觸呢？他能為雅典做的事只有一件：他能寫作，把殘酷的可憎、人類凶惡的情欲，以及受苦、軟弱、邪惡的人類的可憫寫出來，感動他們，藉以激起他們即將泯滅的同情心。

根據這兩點理由來解釋這初看似乎令人困惑的現象——他在世時的無人望以及他死後不久無比的受愛戴，就容易了。他的劇本僅有五部獲第一名的獎，索福克里斯則有二十部以上。亞里斯多芬為艾斯奇勒斯說好話，給索福克里斯最高的讚美，對尤瑞皮底斯則口不擇言。有現代精神的人在世的時候永遠不會得人望。人們恨人家教他們思想，尤其是想根本的大問題。索福克里斯以崇高的詩之奪目的光華來描繪古代的天神，雅典人看了他的戲，回家總帶著「古老的東西是對的」這個討人歡喜的信念。但尤瑞皮底斯是頭號的異端者，非常地使人煩惱，永遠不讓人舒舒服服地躲在心愛的信念和偏見裡。獎不是為像他這樣的人設的。然而，他一死之後，輿論立刻改變了，他如何備得三教九流的愛戴那種不尋常故事竟一直流傳下來。

各代獨斷的議論終被淘盡。認為是絕對包含真理的話變得淺薄，露出破綻，最終被揚棄了。上一代的異端是下一代的正宗。純理性的定評認為它的結果不能長存。尤瑞皮底斯對宗教體系的抨擊已被遺忘了；人們記得的而且到他這兒來找尋的，是他對受苦於充滿痛苦的奇異世界中的人們的同情與理解，以及摧毀古老的弊端、不屈不撓地追尋美好新事物的勇氣。一代又一代的人把他與那些為數極少的大藝術家並列在一起，他們都：

> 感覺到世界巨大的痛苦，
> 甚且像人類可憐的奴隸，
> 為凡人的幸福勞瘁……

第十五章

希臘人的宗教

希臘人在宗教方面的作為通常不甚受重視。他們在這方面的成就被形容為不重要，沒有任何真正的價值。它甚至被稱為瑣碎不足取。一般人持這種看法是因為把希臘宗教和希臘神話混為一談。希臘的天神當然是荷馬的奧林帕斯山諸神（Olympians），《伊里亞德》中一群酒肉朋友坐在奧林帕斯山頂筵席上飲酒作樂，笑聲不絕以至於驚天動地，這絕不是一個宗教性的聚會。他們的道德更是有問題，他們的尊嚴也如此。他們互相欺騙，他們跟凡人打交道特別詭詐善變；他們的行為有時像叛逆的百姓，有時像淘氣的小孩，只有在天父宙斯（Father Zeus）的恐嚇下才守規矩。在荷馬的詩中他們是有趣的，但一點也沒有勸善教化的用處。

假如荷馬的史詩確是希臘的聖經，而他的這些故事表現出希臘人的宗教觀念，那麼唯一可能的結論是，在極端重要的宗教領域中，希臘人是天真的，更不用說其幼稚了，而對倫理行為非常漠視。由於荷馬是希臘人當中最有名者，所以這種觀念確實是最流行的，儘管它在希臘的成就之前顯得可笑。但這種看法實在是一無是處。宗教在希臘表現出在人類精神史上一項叔本華所謂的躍向崇高之獨具的擺盪。它是由無意義而可怖的儀式朝向一個仍很幽暗遙遠的世界（其輪廓幾乎看不見）的漫長道路上之一個重要的階段；在此幽暗、遙遠的世界裡絕不為某個目的而犧牲一個人，但在那裡，每個人都願意為了他人的福利，以上帝愛的精神犧牲自己。

將希臘的宗教壓縮進一章的篇幅裡是不可能的，但把希臘與眾不同的特色說個梗概也許辦得到。希臘的宗教不是由教士、不是由先知、不是由聖人，也不是由任何一群具有異稟、與凡夫俗子迥然不同的人所發展的；它是由詩人、藝術家和哲學家——全都是本能地給予他們的思想與想像力以自由，全都是在希臘實事求是的人——所發展的。希臘人沒有權威性的聖經，沒有信條，沒有十誡，沒有教條。正統的觀念他們完全不知。他們沒有神學家為永生與無限（的上帝）下神聖不可侵犯的定義。他們從沒有想要界定它，僅表現或暗示它而已。當聖保羅說不可見的應從可見的來了解，他的口吻就像一個希臘人。那就是一切偉大藝術的基礎，在希臘，偉大的藝術家都致力於用可見的來表現不可見的。他們——而非神學家——為希臘人下它（指永生與無限、上帝）的定義。菲迪亞斯所作宙斯在奧林匹亞（Zeus at Olyapia）的塑像就是他對宙斯的定義，就美而言，是有史以來最偉大的作品。據戴翁．克雷塞司通（Dion Chrysostom）的報導，菲迪亞斯說純粹的思想如精神不能描繪，但藝術家發現人的軀體是一個真正容納思想與精神的器皿。於是他作成了一尊天帝的像，看見它的人會忘了自己，省參神聖。「我想，」戴翁．克雷塞司通寫道，「假如有一個傷心的人，在嘗盡艱難困厄後，站在它面前，他

定會忘記他一生的困苦。你的作品，菲迪亞斯啊，是

悲傷的良藥！
教人把種種煩憂忘掉。」

「菲迪亞斯的宙斯，」羅馬的昆體良（Quintilian）說，「對我們宗教的觀念大有貢獻。」那就是希臘人苦心完成他們的神學的一種方法。另一種方法是詩人的，如艾斯奇勒斯用他的筆力暗示無法絕對斷論的事物：

上帝——他的心意途徑
難以找到
然而它在幽暗中放光明
在人類生命黑暗的機運裡。
不費力而安詳
他完成他完美的旨意。

界定上帝的言辭在心靈之前放下了閘，但像這樣的話打開了眼界。那道門一時暢開著。

蘇格拉底的方法也一樣。除了尋求真理，在一切之中的真實，換句話說，它的另一面即上帝的真實，他都認為不重要。他一生致力於尋求它，但他從不把他看見的用刻板的話寫下來。「找到萬物之父，萬物的創造者是困難的，」他說，「一旦找到了他，也無法用言辭來描述他。」

希臘宗教之道不得不與其他宗教之道有別。其他的宗教不依靠個人為自己尋求真理，像詩人或藝術家非尋找它不可，卻仰賴那絕對的、每個人都得順從的權威。希臘沒有壟斷的教堂或教條，但有一高於一切的理想，凡是看見它的都想要追求它。不同的人來看它也不同。它對藝術家而言是一件東西，對戰士是另一樣。「excellence」（卓越）是我們字彙中與他們常用來表達它的字眼最相近的字，但它的意義不僅止於此。它是至高無上的完美，是人所能達到的最好、最高的境界，見者自然肅然起敬。人應努力臻此境界。我們看見崇高的事物不禁油然嚮往。蘇格拉底說：「沒有人自願失去善。」要獲得它，一個人須傾全力以赴。西莫尼德斯（Simonides）寫道：

「卓越」不是人們用肉眼所能看到，
　唯有那鞠躬盡瘁流過血汗，
　已臻人格極致的才能見到。

赫西奧德早已說過相同的話：

　上界的神仙在「卓越」的門前放著血汗，
　到達那裡的路十分漫長，最初的道路崎嶇陡峭。
　但一旦到了高處，就自在自如，
　雖然在贏得時十分艱苦。

亞里斯多德總括追尋和奮鬥說：「優良是人類所竭力以求的。」這漫長、崎嶇、陡峭的路正是希臘宗教所取的道路。

在現有最早的希臘記載中，希臘文明已經到達一極高境界。一切希臘的東西我們都從荷馬開始，在《伊里亞德》和《奧德賽》中。希臘人不但早已拋棄原始崇拜的獸性，而且已遠遠地超越了他們四周為恐懼所籠罩的世界所流行的可怕而有損尊嚴的儀式。在荷馬的作品中，魔術已被揚棄。在《伊里亞德》和《奧德賽》中，它幾乎是不存在的。這在精神上、智力上所表現的大進步實不易為我們所體認。在希臘之前，一切宗教都是魔術的。魔術重要無比。它是人類抵抗與人為敵的妖魔鬼怪的唯一法寶。億萬的邪魔皆思降凶災於人類。他們無所不在。一篇迦勒底（Chaldean）的碑銘上說：

他們躲著等候。他們繞在梁上，他們從一家到另一家，而門無法阻擋他們。他們把新娘從新郎懷中分開，他們把嬰孩從慈父膝上搶去。

人仍能活下去，只因為他們縱然可怕，他們可用魔法來鎮壓，或使他們變弱。而魔法常是愚蠢可怖的。人的思想全無用武之地。它被恐懼所奴役。一個魔術的宇宙是不合理的，所以極為駭人，因此也完全無法預料。在因與果之間毫無可靠的關係。生活在這個氣氛中對人的智力有什麼影響，是顯而易見的，對人的性格也如此。恐懼是一切情感中最接近獸性的。

在這個充滿恐怖的世界裡，一件奇怪的事情發生了，在一個小小的國家裡，恐怖被驅逐出境。不知多少年代以來，它一直支配了人類，阻礙了人類的生長。希臘人把它驅走。他們把一個充滿了恐懼的世界改變成一個充滿美的世界。這個非常的改變在何時或怎樣發生，我們絲毫不知。我們僅知道荷馬的人物都是自由而不懼的。沒有可怕的鬼神要用可怕的方法來媚祭。很像人的天神居住在一個很快樂的天堂。奇怪而駭人的不真實事物——那些認為只有與人不同的事物才具神性的藝術家，以禽獸與人接合成的奇形怪物——在希臘沒有地位。宇宙已經成為合理性的。一位希臘初期的哲學家寫道：「在心靈來處理萬物之前，一切都在混亂中。」那心靈是希臘的，而就我們所知，它的第一位代表就是荷馬。在《伊里亞德》和《奧德賽》中，人類已經從不人道的神的恐怖下解放出來。

荷馬的宇宙是相當合理性、有秩序，而且開明的。夜來的時候，天神都去睡覺，不論在天上、人間，沒有什麼神祕鬼祟的事不能在青天白日之下做。假如說邪神的崇拜仍繼續存在——暗指這種行為的詞句的確有——至少文學不重視它。荷馬既棄之如敝屣，在他之後的作家也沒人把它撿回來。像把伊菲革涅亞作為犧牲這類的故事，顯然是指殘忍的儀式，總是代表所作的是惡。

一位古代的作家談到荷馬時，說荷馬不論寫什麼東西多少總要使它更體面、更榮耀。他並不是希臘的聖經，他是希臘人的代表兼發言人。他是典型的希臘人。在他的兩篇史詩中處處可以看到希臘天才的特色：在他之把醜惡、恐懼以及愚昧驅除；在他之持天神像人而人能如神仙的信念；在他的英雄面臨任何敵手——不論人或神，甚至命運——時之有勇氣，有大無畏的精神；在那以理性和良知為主的氣氛中。希臘理性的精華就在下面這段文章中。赫克特（Hector）上陣之前有人勸他問卜，看鳥群的飛翔是什麼預兆，他說：「順從長翼的鳥群，看他們飛向左或飛向右嗎？不，只有一個預兆，為國而戰，最吉利。」荷馬是鑄造希臘最偉大的力量，因為他本人有道地的希臘風。柏拉圖說：「我從早年即敬畏、深愛荷馬，使我現在（當他即將評論他時）還期期艾艾，說不出話來。他是偉大的領袖兼導師。」

希臘人永遠不會從他們與荷馬一起到達的高峰上退下來。他們繼續向前，但不往他所禁止的方向，離開理性而就魔術，背棄自由而從教條和祭司。然而他的天神不能長久適應那些熱心追求至善的人。他們不能使那些明辨是非、肯用批評精神思考宇宙問題的人們，尤其是那些想找到宗教——不是奧林帕斯可疑的神，而是生命奧祕的答案及生命最終目的的信念——的人們感到滿意。人們開始要求一位更崇高的宙斯，一位關心人類全體，而不是像在《伊里亞德》中，僅關心偉大而有力者的宙斯。因此在《奧德賽》的一段詩中，他成為貧苦無告者的保護人；且在不久之後，那由經驗深知身為弱者無法抵禦強梁的滋味的農民詩人赫西奧德，把「正義」放在奧林帕斯，作為宙斯的伴侶，「魚蝦、野獸，以及空中的飛禽互相吞食。但宙斯將正義賜給人類。在宙斯的寶座之旁是正義的席位。」

德爾菲，希臘最偉大的神託所，採納了這個隱含著對荷馬的批評而用明白的話寫出來。道德的標準都應用在荷馬詩中的天堂裡的事件。品達，德爾菲最偉大的發言人，斥荷馬說了些關於神仙的不實之言。他抗議道，說神仙們的壞話是缺德悖理的：「詩人以傳說故事來詆譭神仙，是可恨的。」這種批評從四面八方而來。合理性的精神，原是荷馬自己的，轉而不利於他。真理的觀念已經露出曙光，在這情形下，個人的偏好不得不讓步，在六世紀時一位科學思想初期的領袖寫道：

有一位神，在眾神眾人中最偉大，
不論身體或精神都與人不同。
他整體都能視、能聽與思想。
我們人以自己的形象造了天神。

> 我想牛、馬和獅子，要是也有手
> 也會做像牠們一樣的神。
> 馬有馬仙，牛有牛神。

荷馬筆下的奧林帕斯山諸神是在一個瘋狂、魔術盛行的世界裡對理性的熱愛所產生的，但他們終被這同一種愛所攻擊。不但新觀念，而且新需要都在甦醒。希臘需要一種安慰心靈的宗教——荷馬的正好不是這一種——能滿足人們靈魂的饑餓，正像德爾菲冷靜的道德恰恰不能。

像這樣的一種需要遲早總會解決。一位新神終於來到希臘，他一時為希臘精神做了很奇異的事。他是酒神戴歐尼修斯（Dionysus），在眾神中來得最遲。荷馬從沒讓他進奧林帕斯。他跟那裡的高朋扞格不入，他是地上的神，不是天上的。酒可提神，能給人一種唯我獨尊的感覺，並且能使人忘卻自己，終於變成酒神使人們解放自己，使他們知道自己也能超凡入聖的觀念。這個觀念其實早已蘊含於荷馬有人情味的神及像神一樣的人的描寫中，但等到戴歐尼修斯來臨才得以發揮盡致。

酒神的崇拜一定在某一盛大的宗教復興時肇始，很可能是對德爾菲之為一個鼎盛的崇拜中心的反動。無論如何，它正好與德爾菲——阿波羅的神殿——相反。阿波羅是眾神裡最道地的希臘神。他是藝術之神，是詩人兼音樂家，永遠從紊亂中理出秩序與和諧來。他代表中庸與節制。在他的廟裡刻著德爾菲的名句：「中庸」，新的宗教則樣樣過度，酗酒、饜飫，人們好像發瘋一般，尖叫、咆哮、亂舞、在狂喜中東奔西竄。在其他的地方，當尋求解放的欲望產生時，它常將人們導至禁欲主義以及禁欲的極端，認為肉體敗壞靈魂因而一意戕害懲罰肉體。這樣的事沒發生於希臘。一個比其他民族更知道自由依靠自制、限制之下才稱無拘的民族，是不可能發生這種事的。希臘人永遠不會離開阿波羅的精神太遠。到後來，我們不知道何時，也不知道怎麼樣，阿波羅的崇拜與戴歐尼修斯的崇拜竟合而為一。關於這個重大的會合，我們僅知道大樂師奧菲斯——阿波羅的弟子——改革酒神粗野的儀式而使其井然有序。

戴歐尼修斯的納入厄琉息斯（Eleusisian）的神祕儀式，希臘的偉大儀式，而側身於狄米特（Demeter）之旁，一定在這改革變化之後。厄琉息斯的神祕儀式（Eleusinan Mysteries）即為崇拜狄米特而建立的。將這兩位地上的神——五穀的女神和葡萄的男神——連在一起是很自然的。他們是人類的恩人，人類賴以為生的麵包和酒都是從他們而來。崇拜狄米特的厄琉息斯神祕儀式，和以戴歐尼修斯為中心的奧菲斯神祕儀式，在希臘和羅馬世界一直都是宗教上一股極為重大的力量。西塞羅（Cicero），很明顯地是一位接受祕傳的人，說：「沒有東西比這些神祕儀式更高，它們不但告訴我們如何快樂地生活，而且教我們怎樣抱著更大的希望而死。」鑑於它們的重要，我們對它們幾乎一無所知實在是異事。每位接受祕傳的人都得宣誓不洩露祕密，它們的影響如此之強，顯然沒人曾經洩露過。我們確知的僅是：它們使人產生一種深深的敬畏感，它們予人洗罪潔身的機會，它們並且許人以不朽。普魯塔克在一封給他妻子、談到他在外時小女兒死去的信中，對她說，他知道她不會相信靈魂一旦離開肉體就消失而毫無感覺的話，「因為巴克斯（Baccus，即酒神戴歐尼修斯）神祕儀式裡神聖可靠的諾言……我們堅認我們的靈魂不腐不朽是一個無疑的真理……我們因此應好好做人，外應修身，內應使我們的心更純潔、更聰明，使精神不朽。」

普魯塔克有一段文章顯然是描述接受祕傳的儀式。「當一個人死時，他就像那些接受祕傳而進入神祕儀式的人。我們的一生是一段道路崎嶇艱難而沒有出口的旅程。在離開它時，恐怖、顫慄、驚訝紛至沓來。然後一道移來接你的光、一片迎你的綠草地，有輕歌、有曼舞，還有神靈。」普魯塔克生活於西元第一世紀的末葉。我們無法估計這些細心安排的東西對屬於柏里克立斯時代的神祕情感到底有多大的吸引力，但是某些大吸引力無疑是有的，有亞里斯多芬的《青蛙》一劇為證：

赫拉克里士：然後你在耳邊會聽到
縹緲的音樂，在你的眼邊一道
最美的光——像這個——和桃金孃樹林，
以及男男女女快活的人群——
已接受祕傳的人們。

乍看起來，這個以得救為主的狂喜宗教，包圍在神祕中且極偏重情感，與我們觀念中的希臘格格不入。德爾菲和品達，教人可行的道德且一直強調節制的重要，似乎是希臘風的真正代表。但是若僅靠自己，他們永遠不能到達希臘精神最崇高、最深奧的境界。崇高的自制必須有物可以克制。阿波羅需要戴歐尼修斯，希臘人不用說也看得見這一點。「那沒有靈感的人，」柏拉圖說，「靈魂中沒有一點瘋味的人，來到門口想藉藝術之助就可以進廟堂，他呀，我說，跟他的詩都不得其門而入。」

德爾菲之道與戴歐尼修斯之道在西元前五世紀的戲劇中達到完美的結合。人生這個大謎在此藉大藝術的力量表現出來。詩人、演員與觀眾都知道有神祇在。他們簡直是聚集在一起崇拜，大家共享相同的經驗。詩人與演員們並不對觀眾說教——他們替觀眾說出心中的話。他們的重任與他們的力量是拿來解釋並表現偉大的公眾情感的。亞里斯多德說悲劇藉憐憫與畏懼來洗滌情感正是此意。當人們在一起共同體認到生命普遍性的苦難時，他們都從自我中解放出來。他們一時都超脫了私人的悲哀和憂慮。當一道不但不孤立人、反而使人團結的情感急流把他們帶走的時候，他們不再是閉塞、孤獨的個人，柏拉圖就說理想國是一個全體公民為相同的事物而哭泣、而歡騰的國家。這種深切的共同情感在描述戴歐尼修斯的戲劇中出現。人們不再有孤立的感覺。

神祕儀式的宗教是個人追求自潔與得救。它指示人神結合之道。戲劇的宗教使人彼此互相結合。私人的心事在舞臺上驚心動魄的痛苦場面之前消失了，而心內堵塞住的洪流當觀眾為伊底帕斯和赫庫芭哭斷肝腸時得到宣洩。

但是在伯羅奔尼撒戰爭漫長可怕的鬥爭期間，理想失去了光華。人們腦裡想的是安全，不是得救，是在一個動亂的世界裡得過且過的精神；沒有一樣東西是可靠的，因為神仙和舊道德都不行了。尤瑞皮底斯繼承了艾斯奇勒斯，一種對一切事物的新批評風氣已打開了，在柏里克立斯時雅典有一位名師宣稱：「我們不能說到底有沒有神，但生命太短不夠用來發現。」當局大驚，起而迫害，不過迫害的程度與中世紀及後代相比則微不足道，要不是在被迫害的人中最後一位是蘇格拉底，它簡直不值得我們注意。

宗教的形式也是長江後浪推前浪；假如宗教不改變，它即不能活下去。在人類追尋上帝與正當生活之基礎的悠長歷史中，改變來時幾乎都比原有的東西好。每次新觀念出現時乍看都是死敵，大有要摧毀宗教之勢；但到結果總產生一個更深刻的見解、較好的生活，完全沒有從前的愚昧與成見。然後其他的愚昧與成見又來了，整個過程又得重複一遍。當一切信仰的支持似乎要崩潰時的希臘，情形就是如此。蘇格拉底授徒並且為他的教義而死。由於征戰連年、生靈塗炭，更由於雅典的精神在剛強、狹窄、不容忍的斯巴達精神之前戰敗以致希望幻滅之際，雅典人最需要的是重新體會她的三位大悲劇家絕妙無倫地表現過的舊理想。雅典需要再發揚「卓越」，而這就是蘇格拉底為她與後世所做的事。

他永遠與柏拉圖分不開。柏拉圖自己說他寫的全是蘇格拉底說的話，是忠誠的弟子為老師所做的言行錄；要分哪一部分屬於誰，是不可能的。他們一起塑造了「卓越」的觀念，古代的世界不知有幾百年依此為生，現代的世界也沒把它忘掉。

蘇格拉底相信善與真是基本的事實，是人力所能及的。只要有人為他指點出真與善，每個人都會努力去得善求真。要不是由於無知，沒有人願意作惡。人一旦明白惡的真相，一定避惡唯恐不及。蘇格拉底相信他的任務是使人打開他們的眼睛，看清他們的無知，把他們領到能瞥見在生活的混亂與繁瑣之下那個永恆的真與善的地方，則他們一定不禁要往前追尋看個究竟。他沒有獨斷的教條、沒有成套的信仰要灌輸進人們心中。他要使他們體認到他們不知何者是好的，引起他們去發現它的欲望。每一個人，他確信，應當自己去找它。他從來不擺出導師的姿態。「雖然我絕非聰明，」他說，「然而來找我的人中有些有驚人的進步。他們自己，不是我，使他們豁然貫通——然而我仍是上帝手中的工具。」

他永遠是一位追尋者，問而不教；但是他的問題使人們對自己、對他們習以為常的傳統失去信心。結果在最初只有迷惑，甚至是極端煩惱。阿爾西比亞德斯在阿伽頌宅中的宴會上對在席的人說：

> 我聽過柏里克立斯及其他大演說家演講，但他們從沒激動我的靈魂，或使我生氣，認為這樣活著不如一個奴隸。但這個人常把我弄到這般田地，使我覺得這樣子忽略了我的靈魂的需要，我幾乎無法忍耐我現在所過的生活。有時候我真願他死了！

亞里斯多德說幸福是靈魂的活動。那正好為蘇格拉底使人幸福之道下了定義。他相信未經省察的生活，那些完全不了解自己、不知道自己真正的需要與欲望者的生活，是不值得人去過的。所以他要鞭策人們的靈魂，使其活動，以考驗他們的生活，因為他深信當他們發現他們的生活一無是處時，他們一定會被逼尋找那能使他們滿意的生活。

他自己的生活，就如他的話一樣，也激起這種神聖的不滿之情。他知道他心裡有一位顧問，作為他一舉一動的指南針，使他永遠保持精神的寧靜。當他在腐化年輕人這個性命交關的罪名下被帶上法庭時——蘇格拉底的弟子沒有一個能把當時仍是國教的荷馬的天神當作真有其事，他以完全出於善意的心情跟控告他的人打諢，十分客氣地拒絕答應放棄教育來救他的性命——最後還因為法官們判他死刑而安慰了他們一番！「別懊喪，」他對法官們說，「請認識一件千真萬確的事，那就是不論生前或死後，邪惡都無法降臨到好人身上。我清清楚楚地看見死對我比較好的時候已經到了，控告我的人並沒傷害我。不過他們對我並不懷好意——因是之故，我可以稍稍責備他們。現在我們各走各的路，你們去活我去死。哪一條路比較好，只有上帝曉得。」

在牢房裡，當喝毒藥的時候來臨時，他還為端杯子給他的獄卒說好話，正跟他的朋友們講世界上沒有比美與善的的確確存在更可靠的事，他突然打斷自己的話頭說：「我真的還是去洗個澡比較好，免得我死時麻煩那些婦人洗我的屍體。」在場的裡面有一位，突然在他風趣的談話中想起這冷酷的事實，大叫道：「我們應當怎樣埋你？」「愛怎樣就怎樣，」是他被逗笑了的回答，「但是千萬要把我捉牢，留心別教我跑掉。」然後轉向其他在旁的人說：「我沒法子使這傢伙相信我死後的屍體不是我。別讓他說埋葬蘇格拉底，因為胡言妄語對靈魂有不良的影響。親愛的克里圖（Crito），只說你埋葬我的軀體。」

認識蘇格拉底的人沒有一個能不相信「善有一最真最實的存在」。他自己就是希臘自始以來所嚮往仰止的「卓越」典範。在基督前四百年，全世界從他以及成為他言行基礎的信念獲得勇氣，他深信在黑暗、混亂、似乎徒然的生命中有一個好的目的，深信人們可以找到它，促使它實現。亞里斯多德，蘇格拉底的再傳弟子，在蘇格拉底死後五十年左右寫道：

> 有一種生活不是人道的尺度所能衡量的：人們不是藉人道便能過這種生活，而是藉他們體內某種神聖的東西。我們不應聽從那些勸人死守人類思想的人，一個人應依照他內心最高的東西生活，因為它雖然小，在力量和價值上卻遠超過其他的東西。

第十六章

希臘之道

「character」（性格）原是一個希臘字，但它對希臘人的意義跟對我們的不同。對他們而言，第一它代表印在硬幣上的標記，其次代表一個人氣質中某一特徵，如尤瑞皮底斯說到海克力斯（Hercules）英勇的標記——性格——時，他把人比作硬幣，英勇即是印在他身上的記號。對我們而言，一個人的性格即他自己特殊的東西，它使一個人與其他人不同。對希臘人而言，它是眾人共有的性質裡一個人的一份，它使每個人與其他人成為一體。我們對人們的特性、對使這個人或那個人與眾不同的東西感到興趣。希臘人則正好相反，認為一個人最重要的東西即他與人類共通的性質。

這是一個重大的區別。我們的方法是將個別的事項單獨處理，希臘人則認為凡事都是整體中的一部分，這種作風在他們所做的一切事情中都留下標記。這就是他們的藝術與我們不同的基本原因。建築也許是最明顯的例證。從希臘以後迄今最偉大的建築物，中古時代的大教堂，似乎都雜亂無章地隨意蓋在方便的地方，一點都不考慮它們四周的環境。幾乎每座大教堂都坐落在一堆亂七八糟的破舊小房子中央，使其與周遭環境顯得極不調和。建築物的格局不列入建築家的計畫內。他們僅關心教堂本身。將它和周圍的關係一併考慮的觀念，他們從沒想到。他們不認為它是整體中的一部分，它即是整體。但對希臘建築師而言，他要蓋的廟的背景重要無比。他設計它，看見它由大海或天空烘托出來明晰的輪廓，而以它在山崗上或在開闊的高原上的格局來決定它的大小。它雄觀全景，由於建築家的天才而成為全景的主要特色，但它永遠是全景中的一部分。他不把它當作一座獨立的建築物來構想，他從它與山巒、海洋，以及天空的關係來構想它。

從與其他東西的關係來看一種東西，就等於看它簡化的一面。一幢屋子就它本身而論是極為複雜的：要計畫、裝飾、設備，每一個房間確是由許多東西構成的，但假如把它當作一條街或一座城的一部分，細節就隱沒不見了。就像一座城，就其本身而言是一大堆複雜的東西，但是把它當一個國家的一部分來看時，便僅剩下幾個要點。地球呈現了無窮的變化，但從它與宇宙的關係來看，它僅僅是在太空中運轉的一顆星球，如此而已。

所以希臘寺廟被構想為其周遭環境的一部分，乃是單純化了，是全世界的偉大建築物中之最簡單的，而哥德式教堂，被視為與外界毫無關係的獨立整體，則是所有建築物中最繁複的。

希臘人這種看一物必注意其與整體關係的風尚，所產生的希臘戲劇，就跟它建築的寺廟一樣。一部希臘戲劇中的角色與任何其他戲劇中的角色不同。希臘悲劇作家們刻畫人物的方法在戲劇家間獨樹一幟。他們看見的人是簡化了的，因為，正如他們的寺廟，他們把這些人物當作整體的一部分。就他們對人生的看法，主角不是凡人；主要的角色由構成世界之謎的東西，由把我們帶來、又將我們劫走的「必然」（necessity）擔任。它愛憎無常，常教子孫承擔父母的罪過，且用大火、瘟疫及地震將無辜及有罪的人一起捲走。「被塑造的東西是否可向塑造它的人說，為什麼你把我造成這個樣子？難道陶匠沒有權力把泥土製成貴賤不同的器皿？」對聖保羅而言，這個謎是好解的。對希臘的悲劇家而言，它是永遠解不開的大謎，而且他們想到人類時，總最先想到人與那神祕之謎的關係。這樣子擺在「無限的背景」之前，成為深廣不可測的整體的一部分，人類的複雜都簡化了。偶然的與瑣碎的，從整體的觀點來看，都消失不見了，像是一幅廣大的風景畫面上的人物，只能看到輪廓，或像林布蘭特（Rembrardt）所畫的老婦的臉，假如把她放在開闊的背景裡，臉上無數的皺紋都會消失。

我們則正好反其道而行。每個人占了整個畫面。我們把紡了線又割斷線的命運撇開不談。人性是我們最大的謎；生命的神祕即一個人自我的神祕，而我們關心的衝突是在內心進行的衝突。一個人的一生不從他的遭遇看，而以他自己的作為來衡量，錯的不在我們的星宿而在我們自己，而且我們每個人都有一座演獨腳戲的舞臺。我們與希臘人不同的地方尤以對個人的看法最甚——我們看見的個人是完全孤立自足的。我們的戲劇，我們的一切藝術，是簡化的反面。它是一件最微妙複雜的表現個性的作品。

但對希臘人而言，人都是大同小異的。希臘的戲劇家，把他們的角色放在雷霆萬鈞的舞臺上，臺上的戲是「天生有缺陷奉命做完人」的人與塑造他的力量之間的衝突，他們認為只有主要的特色，恐怖、欲望、哀傷與憎恨等屬於全人類，構成人生百代不變的典型偉大情感才重要。從一部希臘悲劇中隨便選出一個角色放在莎士比亞的旁邊，由於觀點不同所產生的差別便可清楚地看出來。一個是簡而不繁，另一個則複雜而且矛盾。

艾斯奇勒斯的克呂泰涅斯特拉和馬克白夫人（Lady Macbeth），不同凡響的罪惡化身為婦人的兩個著名例子，是一個鮮明的對比。一個是古代最偉大的詩人筆下的奇女子，另一個則為現代最偉大的詩人之傑作；這兩個角色指出他們的作者對人世的看法。

在希臘劇本中的克呂泰涅斯特拉從頭到尾都是了不得的。她一進場，我們心理上已經有準備：她恨她的丈夫，她決心等他一從特洛伊回來就把他殺死；我們已經聽過那悲傷的故事，說在十年前，為使戰艦順利到達特洛伊城，她的丈夫答應天神要人祭的要求，把自己的親生女兒殺死。她第一次說的話裡有一句暗示了她心裡的感覺：

> 即使得勝者平平安安地回家來，

那些死者含的冤屈——那永不瞑目的痛苦
仍能降他們災禍。

它數年來一直伴著她不能睡去——那一位死去的少女所受的痛苦。詩人要博得我們的同情就到此為止，此後他用清楚、穩定的輪廓大膽地描繪出一位堅強、毫無弱點的女子的畫像；鎮定、驕傲、有把握，她藐視壓迫，從不懷疑自己能單獨執行她決定的事，不需任何人幫助。她的確做到了；她謀殺了親夫，從宮門出來，宣布她做了的事：

謊話，為達到我的目的我說了無數謊話。
現在我把謊話說穿，毫不覺羞恥。
多年前我就已計畫。現在它已實現。
舊恨結束了。它來得慢
但它來了——
我堂堂地站在我下手的地方。我幹了。
什麼我也不否認。我拋一件

長袍整個兒把他牢牢裹住。我捉住他，如
魚在網裡。無處可逃，無地可用武。
我砍他兩次，他慘叫了兩次
他四肢癱軟而倒下。然後——然後
我刺他第三次——
於是他躺在那裡，當他喘氣時他的血
冒出來，濺我以罪惡之血——死亡
的露，對我卻甜蜜如
五穀抽芽時天降的甘霖……啊，假如可以
向死者道謝致奠
向這個死人道謝最恰當不過，
他不在乎地，好像一頭畜生應當死
當羊欄裡羊群濈濈時，
把他親生女——我坐褥
產下至親的骨肉——殺戮，殺她

來解色雷斯的逆船風。

詠唱團：自誇的大話——那人是妳的丈夫。

克呂泰涅斯特拉：召我，像任何愚蠢的婦人，去審判？
咒罵我或祝福我——對我都一樣。
瞧，這是阿格曼儂，
我的丈夫，死了，被我用右手，一位
公正的工人，打倒。事情就是這樣。
這裡躺著那輕視我，我，他的妻子的人，
一個傻瓜，特洛伊城下每個無恥的
女人的工具。

她最後的話，對著她因民眾喧嚷而發怒的情夫說的，也是這個劇本最後的話，[5]是：

誰有工夫去聽這些狗吠？這些空談有什麼用？
你和我是這裡的主宰。現在我們把一切好好治理。

馬克白夫人在最初幾幕簡直是第二位克呂泰涅斯特拉，目標跟她一樣堅定，決心像她一樣不移，而且也毫不為疑慮所困擾。馬克白動搖時，她有力量使他堅強起來。她問他是否不願貫徹自己的決心，而做自己心目中的懦夫活下去？這些話大有克呂泰涅斯特拉的氣派。在她著名的一段話裡，她簡直和那位以手刃親夫為榮的希臘皇后是同一個人：

我曾哺養過小孩，知道
愛那吮我乳的嬰兒是何等溫柔：
但要是我曾發過誓像你為這件事情

5 即指《阿格曼儂》一劇，三部曲中的第一部，自阿格曼儂凱旋歸來，至奧雷司提斯弒母終獲無罪之間的一切經過。

發過誓一般，我定不惜，當他對著我
微笑，把奶頭拔出他無牙的嘴，
砸出他的腦髓。

鄧肯（Duncan）死後，馬克白帶著應當留在侍衛身畔作為罪證的匕首來找她，她叫他把匕首帶回去，把血塗在侍衛身上，馬克白大恐，拒絕道：

我怕再想我幹的事，
我不敢再看它一眼。

她不屑地說：

意志不堅！
把匕首給我。睡的與死的
僅像圖畫而已……

就是克呂泰涅斯特拉也會這樣說、這樣做。馬克白夫人的畫像從頭至尾都是線條簡明，尤瑞皮底斯來也是這樣畫，不過有一點微細而重要的例外。當她等馬克白去殺死國王時，心裡怕他意志不堅，她對她自己說：

要是他（指國王）睡時沒像我的父親，我早已幹了。

這個句子把清楚的輪廓弄模糊了。當她的丈夫浴罷起身，她即將把長袍蒙住他時，克呂泰涅斯特拉也有痛苦，也有歷歷的往事刺痛她的時候嗎？即使的確有，艾斯奇勒斯也不會描寫它。克呂泰涅斯特拉內心的私生活不是他所關心的事。對他而言，她的意義，她的重要性，完全在有目共睹的東西上面，傑出、簡明，具有偉大且堅強的性格，她終因內心的恨而毀滅，她無法抵抗恨，因為它是命運的工具。當最後她在自己親生兒子手裡死去時，她從從容容，把死當作司空見慣的常事。馬克白夫人在末了的時候唉聲嘆氣、淒淒慘慘的，不斷地洗那一雙用所有阿拉伯香料也薰不香的手，表現了希臘悲劇完全沒有的一種矛盾。她是對自己計畫、自己夢寐以求的謀殺起特殊反應的犧牲者。她的悲劇是內在的。莎士比亞注視的是她心中最深、最孤獨的部分。

克呂泰涅斯特拉的悲劇是外在的，她的敵手是命運。艾斯奇勒斯，像築廟的希臘建築家，看到的不僅是她而已：他不認為她與命運孤立在她自己的手中，或更恰當地說，不像莎士比亞看馬克白夫人，以為她與命運都在她自己手上。他的視界內還有許多其他的東西；他看見她站在過去的背景之前，從前的惡跡為她和她的骨肉帶來惡報；她的生命與過去幽暗的年代聯繫在一起；她自己縱然有了不起的精神，在開始之前已注定要失敗。她的先裔一代代罪上加罪，她的妹妹海倫引起了特洛伊戰爭，因為這場戰爭她的女兒被殺祭神；她自己殺死了親夫，終於被自己的兒子殺死；那就是生命，希臘的悲劇家說，每一個人編織一點悲哀、犯罪、受苦的經緯，而花式則由見之使人心臟為之止跳的一股力量決定。在此背景之前，個人的遐思異想或前後不符都渺不足道。僅有一個明晰的輪廓可以看得見，簡化至剩下根本的要素，那毫無疑問代表一個人的特色的東西。

赫庫芭在尤瑞皮底斯的《特洛伊婦女》一劇中，一切外在的情況都可以與李爾相比。她也是皇家出身，老邁而異常悲慘。她是特洛伊城的皇后，現在特洛伊已陷，丈夫、兒子都死了，她與她的女兒們在廢城之側等候希臘的王侯抽籤分配她們。赫庫芭開頭講的一段話把她完全表露無遺。劇中其他部分僅僅印證這位年老無告的婦人能受最大的痛苦而屹立不搖。戲劇開始時，她在地上的床上醒來，說道：

從大地上起來，噢疲倦的頭！
這不是特洛伊，上下，四周——
不是特洛伊，我們也不是它的主子。
痛折的頸項啊，拿出力量！
忍耐而不生氣……
我是誰，我坐在此地
在一個希臘王的門口，
是的，在門口的塵埃中……
一個無家可歸的婦人。
獨自為她死去的骨肉哭泣——
我們原都是皇冑，
我必須與帝王為婚。我為我的君王

生養王子，許多王子……全部，都去了。
我再沒有希望一看他們的臉龐，
他們也再看不到我的。
現在我的雙足走極端的一條路：
一個老邁的女奴……

希臘的使者告訴她，她有一個女兒已經在阿奇力士（Achilles）的墳墓上做了犧牲；希臘的士兵把她的女兒一個一個搶走，女兒們向她哭訴：

母親，您瞧這裡是什麼情形？

她答道：

我看見上帝為卑小者造了一頂
大皇冠，把偉大者推翻。

最後走的一個，安德洛瑪刻，是她的兒子赫克特的妻子。她勸告她道：

瞧，那邊無數的艨艟巨艦：我雖不曾乘過一艘
但故事與圖畫裡說當不可抗拒的大海
對它們掀起波濤：呶，那時
人們都束手無策，任它們由
命運與狂濤去安排。在許多的
哀愁中我的航程也如此多乖，
但從不詛咒，企求把情形改變，
自上帝處湧來的巨浪已把我征服。
你，你，讓赫克特與他遭逢的命運
安眠。不管你哭得多麼厲害，
哭泣無法把他喚醒。你現在應
遵從你上面的新主人。

而且將你溫柔孝順的性格
化為博取他歡心的東西。

赫庫芭從頭到尾就是這樣，由於神祕莫測的命運的撥弄，而非由自己的絲毫過錯，被置於最悲慘的境地，但她能安然處之；從外面看，她是一個可憐的老婦人，但求之於心，古井止水沒有半點波瀾；雖然她能完全像凡人一般地受苦，她已超脫了凡人的弱點。

當我們一想到李爾，那使他弄到這般尷尬局面的急躁脾氣和無理愚昧，顯然與赫庫芭成對比；赫庫芭在特洛伊戰爭及戰後所受的苦是無以復加的。高納里爾（Goneril）與里根（Regan）漫不經心地互相評論她們的父親：

那是他年老了的毛病；然而他一向也沒有多少自知之明。
他一生最明白的時候還不是很鹵莽。

然而還是那麼可敬可愛，一個具有高貴而無猜的精神的人，遲於發現人家待他的不周到：

武士：——依臣下的判斷，陛下現在所受的待遇不似往日那麼親切有禮……當我想到陛下受了怠慢，我無法緘默。

李爾：我最近發現有一點很輕微的怠慢；我還怪我自己，以為自己多心，沒想到是有意的無禮冷淡。我今後會留心這樁事——但我的弄臣何在？

這些細微的地方使他與我們接近。當他心裡氣得發抖，他努力抑制他的怒火：

李爾：拒絕跟我講話？他們病了？他們厭倦了？……弄個好點的答覆來。

葛羅斯特（Gloucester）：親愛的君主，
你知道公爵火烈的性情……

李爾：國王要跟康華爾（Cornwall）講話；親愛的父親要跟他的女兒談一談，傳她來；
他們都通知到了嗎？哎呀呀！……
火烈？火烈的公爵？——跟火烈的公爵說——

　　不，慢點——也許他不舒服……

而最使人愛憐、最動人的，是他的弱點：

　不，妳們這一對大逆不道的妖婦，
　我定要大大報復妳們
　使全世界都——我一定要這樣做——
　究竟做些什麼，我還不知道；但一定是
　世上最可怕的事。妳們想我會哭；
　不，我偏不哭——
　我有十足的理由可以哭——

近尾的時候他說了這些可悲的話，將自己赤裸裸地顯露出來：

　我是一個糊塗溺愛的老頭，

年紀足足上了八十，分秒不少。
咿呀，說句老實話，
我怕我的心智不十分清楚。

正如克呂泰涅斯特拉與馬克白夫人，老皇后與老國王恰好成對比，她是命運的犧牲品，他則是自作孽；她的性格並非用工筆細畫，僅見犖犖的大端；而他個人的天性，與別人不同，則不加分析地全盤擺在我們面前。李爾擁有整個舞臺；赫庫芭則僅有一部分。我們無須追問她代表什麼，我們的視線越過了她，她的痛苦和她的毀滅為我們指出沒人能了解，就如埃傑克斯無辜地被逼死時所看見的東西：

悠悠的歲月帶來許多光怪陸離的事實
隱晦了我們所知的一切。
旦旦的信誓與金石的決心終成虛，
沒有人可以說，這個不可能。

一座希臘的寺廟使觀賞者知道大海，天空與山岳的廣闊與瑰麗，但要不是有那光潔雪白的大石在那裡將它們鮮明地烘托出來，他就無法知道了；同樣地，一部希臘的悲劇藉極簡單又極有力刻畫出來的一位偉大人物的受難，把環繞著我們的奇事，包圍著生命的黑暗不可知的神祕，呈現在我們之前，使我們從裡頭獲知一切人類的煩惱與痛苦的神祕。

但是人物刻畫的簡潔與欠缺人物刻畫不是同一回事。事實上簡單地描寫出來的角色幾乎都沒鮮明的個性，但希臘悲劇則為如何克服這個困難的最佳例子。一部希臘悲劇中的人物都是性格分明的。赫庫芭與克呂泰涅斯特拉絕無相同之處，她們各有自己應付命中注定之事的方法。把她們的位置掉換過來，赫庫芭絕不會為女兒的死向丈夫報仇；要是克呂泰涅斯特拉在赫庫芭的位置，希臘士兵的任務就沒那麼容易。她們的畫像都被簡化了，許多東西都省略掉，但是寥寥幾筆即足以使她們各自栩栩如生，有獨一無偶的自我。一位藝術家勾勒出一張面孔的輪廓能與一幅工筆畫的人像畫一樣，絲毫不差地顯示出那張面孔是誰的，希臘悲劇家能兼簡化與表現個性之長正是如此。

這是必須加以強調的一點，因為一般人認為希臘戲劇的角色根本不是人，僅是類型，是人類的抽象而已。這既與事實不符，在理論上也不然。實際上有個表現個性不同的好例子，比赫庫芭與克呂泰涅斯特拉都更顯而易見，那就是三位大悲劇家筆下的伊雷克楚拉。這三位悲劇家都留有以她為主角的劇本，他們表現她的方法完全不同。她是克呂泰涅斯特拉的女兒，父親被謀殺後仍住在宮裡，抱著她的弟弟奧雷司提斯終有一天會返國復仇的唯一希望活下去。三個劇本都以奧雷司提斯歸來，發現她不肯與殺父的仇人妥協，受盡他們虐待凌辱，過著慘不忍睹的生活開始。

在艾斯奇勒斯的劇本裡，當她登場時，她聽母親的差遣帶著奠祭的物品到她父親的墳墓上，因為她的母親被一個惡夢嚇壞了。她開頭對由家中忠於她的女奴組成的詠唱團說的話顯示出她苦惱不安：

善於料理我們家務的婦人們，
請幫我出主意。
這些哀愁的祭品——當我把它們倒在
墓上，告訴我該說的話。
我能講些什麼好話？該怎樣措我的禱辭？
說我從一位深情的妻子那裡帶來這個
給一位她愛的丈夫——我的母親送來的？

不，不——我沒有勇氣。那麼說什麼呢？妳們說。
難道我應在恥辱與沉默中，像他死時一樣，
倒下奠祭的酒讓大地去飲？

詠唱團教她為「那個來索以命償命的人」祈禱，但她退縮道：

我祈求上帝給我這一種恩賜
難道不是非分之求嗎？

經她們勸導說那正是她的責任，她祈禱了，但用遮遮掩掩的話。她不能夠率直地求她的弟弟回來向她的母親報復：

我的父親，憐憫我，以及親愛的奧雷司提斯。
我祈禱，他能平安幸福地歸來。
而我——啊，請使我比她，我的母親，

心地純良，手不染罪。
願報應，父親，
降臨你的敵人，殺人者被殺。

她能說的以此為最。不慷慨激昂地痛罵她的母親，不大聲疾呼地要求報仇。她不但不激動，而且在哀愁之中十分安靜、自制，然而當奧雷司提斯出現而她認出他時，她急切、熱情得可愛。她稱他：

我的寶貝，我四個心愛的人，父親，母親，姊姊，
被那麼無情地殺死——我的弟弟，受人信任尊敬，
你對我等於他們全體。

在接下去的對話中，當詠唱團快樂地唱道在凶手被殺後他們將勝利地高呼，奧雷司提斯說：

只要讓我取她性命，然後我就死。

她只願殺害她父親的人在某個遙遠的地方被殺了。在最後的禱辭中，她說，除了宙斯之外沒有凡人可以懲治這兩個凶手。這樣她就退場了。從頭至尾她沒說到她的弟弟殺死她的母親，在這樁事裡她沒有分。艾斯奇勒斯筆下的她是不可能參與這事的。

索福克里斯的伊雷克楚拉則完全不同。人家一有虧待她的地方，她就磨牙切齒、怒不可遏。她對詠唱團說她像一個僕人似地住在她父親的宮廷中：

穿粗劣的衣裳，吃奴隸的食物

受「那個女人」——她的母親，以及「那個下流的懦夫」——伊吉莎士、她母親的情夫，嘲弄侮辱。當她的妹妹告訴她，他們決定奧雷司提斯一回來就把她關進地牢，她大聲叫喊道：

假如僅僅如此，願他很快地回來

我便能遠遠離開你，離開每個人。

她的母親不斷地侮辱她，責罵她只想到她父親，沒有想到被她父親殺死的姊姊，她反駁道：

稱我不忠、侮慢、盛氣凌人。
假如我如此多才，你可要明白
我是你的女兒。

但是她不時有令人見憐的地方。在劇本開頭她禱告說：

請送我的兄弟來，因為我已經沒有
力量單獨承擔悲傷的重荷——

對客氣地指責她的「憂鬱的氣質」會「不斷地產生衝突」的詠唱團，她回答道：

我知道我的脾氣——我無法逃避它——
你們的責備使我覺得羞恥。

奧雷司提斯歸來之後對她說話極為親切，在他們互相認出對方之前，她說：

希望你知道，你是第一個可憐我的人。

但是在他進去殺他們的母親，一聲

啊，我被打倒了——殺死了。

的慘叫傳來時，她對他喊道：

能再殺一刀就再殺一刀！

當他弒母後出來，她雀躍地迎接他：

罪人現在是死了——死了……

結尾時，她母親的情夫哀求饒他一命，她對弟弟說：

不——立刻殺死他，把他的屍首拋到
我們看不見的地方，讓野狗猛禽吃掉。

這些是她最後講的話。

尤瑞皮底斯的伊雷克楚拉與另外兩位戲劇家的不同。在他的劇本中，她被下嫁給一個農夫，為的是使她的兒女永遠沒有能力為害克呂泰涅斯特拉與伊吉莎士。她開頭的話是她從他們的茅屋中出來時，對丈夫說的。話裡充滿了溫柔與感激之意：

噢朋友，我的朋友，就如上帝可能是我的朋友，
只有你從未輕視我的眼淚。
生活不至於那麼艱難，即使在許多恐懼
許多羞辱之中，當凡人的心在某個地方
能找到一些治療的良方時，如我多病的心靈
找到你

他溫柔地叫她不要那麼辛苦為他工作：

你受的原是金枝玉葉的教養——

但是她回答得跟一個性情寬厚的人要說的一樣：

我們黽勉同心
我難道可不盡力工作？

你有夠多的田地和牛羊要照顧。
將戶內一切料理乾淨是我的事。

但是他離開後，她把心事對自己訴說：

向前，哦，勞動的腳步，
像歲月一樣前進，
在你的眼淚中向前，
哦，死了更快樂！
讓我記得：我是她，
阿格曼儂的孩子，我的母親是
克呂泰涅斯特拉……邪惡的皇后……我的名字
伊雷克楚拉……上帝保護使我免於恥辱。
啊，苦幹，苦幹是件累人的事，
生活是沉重的。

她曾經是位公主，不堪骯髒、不斷工作的農家生活。當奧雷司提斯剛到時告訴她，她的弟弟派他來打聽消息，她慷慨陳辭，說假如他回來，她一定要與他一起殺死母親：

是的——就用那把殺我父親的斧頭。
讓我喋我母親的血，我死也快活——

然後她將一切悲慘、受凌辱的遭遇以及怨恨都盡情傾訴：

告訴他這種苦役的汙垢和惡臭使我
呼吸窒塞；這低矮的屋頂使我低頭，
在住了皇宮之後。這衣服——一絲一縷
我必親織，否則無以蔽體……
而她——她！特洛伊的
戰利品在寶座四周發光，而在兩旁
站著東方的后妃，我父親的囚犯，

一片綾羅綢緞和珠光寶氣織成的雲彩。
就在那兒的地上，那血，舊時的
黑血，仍匍匐著，潰瘍著，像石頭中
一個爛瘡。

當奧雷司提斯向她露出身分，她巴不得與他毫不留情地將母親殺死。他看見克呂泰涅斯特拉從遠處走來，往事使他心動：

我的母親來了，我自己
生身的母親。

但她則滿懷欣喜：

筆直走進陷阱！
是呀，她來了——

然後那永遠忘不掉的傷心事——她厭惡的粗布衣裳，她母親繡金的東方細軟，又刺痛了她。她說：

盛裝得富麗堂皇——

奧雷司提斯只想到一件事情：

我們怎樣對付我們的母親？你是說要殺死她？

伊雷克楚拉：什麼？可憐？有什麼可憐？

奧雷司提斯：她哺育我。

我怎能擊殺她？

伊雷克楚拉：擊殺她像她擊殺

我們的父親！

當她的母親蒞臨時，她和她一起走進屋裡以幫助她的弟弟動手，一點也不猶豫，一點也不遲疑。但事畢後姊弟再進場時，她的氣都消失了。她嚇得六神無主，但她關心的是奧雷司提斯，不是她自己。她願承擔一切罪過而寬免他，跟在第一幕與農夫一起時同樣熱情慷慨：

兄弟，罪過是我的——
當我兒時在她膝上——
「媽媽」，我呼叫她的名字。
什麼地方能夠容納
能夠庇護我的罪惡？
我在心中泣求愛——
但有什麼愛能吻我的額角
能見烙在那裡的印而不退避？

奧雷司提斯哭道這樁事是他做的：

我提斗篷遮住我的
雙目待看不見後我才下手
就像人家撲殺一頭牲畜
而我的劍找到她的喉嚨。

但是她說計畫並策動他的人都是她，罪應是她的：

我叫你殺她，給你信號。
殺她的劍我親手碰到——

然後她跪下去掩蓋屍體：

她，我從前愛得深，

她，我後來恨得切——

除了在劇中向她的弟弟告別，這是她最後的話。

這三個女子除了她們的地位外，沒有共同的東西。艾斯奇勒斯的伊雷克楚拉是溫馴、親切而孝順的，受在古代比一切重要的責任的驅策而違反她的天性為父親的死報仇；但她不但自己完全無力完成這件事情，連面對她弟弟這樣做的勇氣也沒有。

對索福克里斯而言，她是一位銜恨、冷酷、性格要強的女子，她活著僅為了一件事：復仇。渾身是膽，她絕不向那些有絕對力量可以控制她的人低頭；決定奧雷司提斯如不回來，她要是不能手刃殺父的凶手，寧可一死；在弒母之前既毫不猶豫，在母死之後更沒一點懊悔之意；然而在某些地方還是帶著點悲愴的味道。

尤瑞皮底斯的描寫遠比他們的深刻。他筆下的伊雷克楚拉也是一位銜恨的女子，但是不論她的冤屈大小她都嚥不下。她恨殺父的仇人，也恨她的貧窮、陋屋和粗劣的衣裳。她跟索福克里斯的女主角一樣堅決，認為她的母親非殺不可，但她幫助弟弟弒母，索福克里斯則沒使他的女主角這樣做。可是事畢後她悔恨與厭惡交加，在最後當她掩蓋她母親的屍體時，她記得她愛過她。

這三個女子各有特性，每一個都與其他兩個不同，但都刻畫得極為清楚明白。她們沒有錯綜複雜的地方需要抱著懷疑加以分析。她們站在我們之前，輪廓清晰，各是她自己十足的一個人，受大苦難而能以她的痛苦使我們昇華，但簡明易懂，是「深入淺出」的好例子。我們注意到別的地方，注意到比一個性格複雜的人內心的衝突範圍更大的事體。

假如希臘戲劇以典型沒有血肉的人性之代表為中心，而三個伊雷克楚拉都大同小異——是一個，或任何一個被復仇的鬼魂附體的女子——則這麼寫的劇本不可能是悲劇。典型人物這個觀念不但在理論上無法自圓其說，在事實上也不正確。一部悲劇不能建立在一個典型人物上。除了在想像中，典型的苦難是不存在的，它是哲學家製造的蒼白無色的形象，不是藝術家的產物。痛苦是世上最賦予人以個性的東西。它的確也是聯繫人類的紐帶，但這只有在痛苦過後才能體認到。受苦即孤立，看他人受苦即能認識那使我們離群索居的壁壘。只有個人才能受苦，也只有個人在悲劇中有地位。希臘戲劇的人物最先要指出的是什麼是一位偉人的苦難，所以他們感動我們，使我們生惻隱、敬畏之心。情感不是抽象的思想所能激發的，赫庫芭則永遠能使我們蕩氣迴腸。悲劇屬於與典型人物毫無關係的詩歌領域。

典型人物屬於喜劇，理智的喜劇，即機智與諷刺的喜劇。一件藝術作品視其理智成分的強弱而傾向於典型人物或個人。現代藝術傾向於典型人物，即注重分析與觀察，法國人是最好的例子。個人化的傾向，以每個人深奧孤獨的生命為急務，是英國藝術的特色。法國人對事物的本身感到興趣，英國人則注重其意義。英國人是現代世界的大詩人，法國人則為偉大的知識分子。

在一部莫里哀的喜劇中，主角是一個典型人物，僅具少許的個性。塔托夫（Tartuffe）不是一位偽君子，他是偽君子的典型。他的創造者不但把他的虛偽描繪得唯妙唯肖，使他遺臭萬年，而且又刻意誇張渲染，使塔托夫成為虛偽的化身。他是一件偉大的藝術創作品，他不是一個有血有肉的人。與莫里哀所有的角色一樣，他活動於舞臺上，不在真實的生活中。大家一致稱莫里哀是一位偉大的喜劇詩人，但除非這個頭銜是一切有創作天才者的通稱，他可說一點詩人的氣質也沒有。他機智、諷刺的喜劇是像水晶一樣明澈的理智的產品，與跟瘋子情人、詩人為伍的東西相距最遠。但對詩人莎士比亞而言，典型人物毫無意義。他的角色是實際生活中的人，從來沒人把他們當作舞臺上的人物。孚司塔福安坐在他的小酒店中，他彳亍於倫敦街道上，他總是在生活的背景前活動，要把他永遠擺在戲臺上簡直是難以想像的事。提到波頓（Bottom）和他那班人馬，我們想到的難道是布景的樹林和弧光燈的日光嗎？草地是他們的舞臺，山楂林是他們的化妝室，如水的月亮的清光是他們的燈光。想到碧亞翠絲（Beatrice）和班尼狄克（Benedict）即如置身在一座果園中，正如想到阿塞斯特（Alceste）和西莉夢（Céliméne）不免恍如坐在舞臺的腳燈之前一樣。

生活這屬於個人的東西，是精神所關心的。生活的抽象，即分類的、典型的東西，是智力所關心的。希臘人則兩者並重。他們要明瞭事物的本身以及事物的意義。他們不會因注重典型而失去個人，如塔托夫的可放諸四海而皆準，也不會因個人而忽略典型，如孚司塔福的戛然獨造。從古代流傳下來的格言中最熟悉的一句是一位羅馬人說的，但它純粹是一個希臘的概念，是最偉大的希臘哲學中一個學派的基本觀念：「我是一個人，我認為人類沒有一件事與我不合。」

在希臘悲劇中，人物都是從遠處、大處著眼，是無始無終的整體的一部分，然而由於某種不可思議的理由，他們的遙遠並不削弱他們深刻悲劇性的與個人的吸引力。他們偉大地、慷慨激昂地受苦，所以他們也都偉大、激昂地活著。

能夠幫助我們了解這種手法的只有另一部傑作——基督的傳記。它是無與倫比的悲劇，但它是希臘式的悲劇。基督的輪廓極為簡明，但祂絕不至於被認為是一個類型。在一部莎士比亞的悲劇中，感人的力量是由於人物的刻畫能使我們深入觀察人類靈魂的神祕，那是我們在最親近的人裡也無法看見的。結果我們將自己與他們合成一體，我們自己多多少少變成哈姆雷特或李爾。那既不是一部希臘戲劇中動人的力量，也與《四福音書》（*The Gospels*）裡感人的東西無關。福音傳道師們（The Evangelists）只把說的話、行的事記載下來，從不讓我們知道裡面發生了些什麼。「彼得說，你這個人，我不曉得你說的是什麼。正說話之間，雞就叫了。主轉過身來看彼得。」

《四福音書》的悲劇感並不是因我們在心中與基督相契合而來的，也非來自私人深切的認識。祂的刻畫比任何地方、任何角色都來得簡明，而祂的個性也就特別特出。祂聳峙在人類善惡衝突的大舞臺上，我們離得遠遠的：我們僅能觀望。那種大痛苦與我們的不同。但是沒有任何景象更能使我們油然生憐憫敬畏之心。希臘的戲劇家就是以這種方式寫作的。

只有在心靈與精神平衡時才可能有這種成就。心靈負簡化之責，因為它看出每一事都是牽一髮而動全身，每一物是整體的一部分，如福音故事中的耶穌是上帝與人之間的居間人。精神則個性化。人子（Son of Man，即耶穌）這個人物就是這樣描寫的，多少世紀以來，數不清的人與祂一起受難，從祂而明白道理，祂是精神創造的。

因是之故，希臘戲劇中的角色，那些在一個人中顯示出全人類之真理的個人，也是希臘平衡的結果。希臘心靈從不單獨而孤立地看一件事物，而總是把它與更偉大的事物連結在一起，希臘精神則從每件獨立的事物中看出美與意義來；這心靈與精神兩者創造了希臘悲劇，也創造了希臘雕刻與建築，這三種藝術每一樣都完全具有個性，既被簡單化而同時又因總與某一普遍性的事物共同出現而被賦予意義，具體地表現了希臘的理想：「美、絕對、單純、永恆……以一般的事物烘托出特殊的事物。」

第十七章

現代世界之道

特殊與普遍兩者之間的平衡分析到最後即精神與理性之間的平衡。希臘人的一切成就都戳有這種平衡的樣記。就某種意義而言，它可說是他們一切作為的動因。希臘天才的絢爛煥發是思想的清晰加於偉大的精神力量上所產生的偉大動力。那種結合使希臘的寺廟、雕刻和文學都以淺近明白的形式表現重大深長的意義；廟宇質樸無華，雕像融合了現實與理想，詩歌以聲律為內容的附庸，悲劇則結合了懷疑的精神與詩的精神。它使雅典人愛真愛美，它使他們兼顧看得見與看不見的事物，總而言之，他們把科學、哲學、宗教與藝術遺留給我們。

但是自希臘時代迄今，那不偏不頗的觀點一直是最稀有的成就。西方的世界從沒完全採取精神的道路或理性的途徑，只能逡巡於兩者之間，有時依附前者，有時後者，永遠不能放棄任何一方，但又無力協調雙方。

當希臘的城邦告終，在接踵而來的迷惑不安裡，人們捨棄了理性可見的世界而歸依斯多噶學派，求庇於他們固若金湯的精神王國。同樣地，在基督之後最初數世紀，教會由於貧弱且受逼害，其趨向也是大大地背離可見世界。沙漠中的隱士，居於柱上的聖人，都在這時候興起；他們以自我折磨、自己戕害身體受到推崇。可見的事物不但等閒視之而且被認為是邪惡的，有礙於對不可見世界的沉思默想。在大修道會出現時，這種極端的趨勢才受遏制；學術與藝術有一席之地，嚴酷刻苦的生活方式稍變溫和，但是掩藏在中世紀美麗外表下的苦難仍是不折不扣的苦難，使人備嘗人世的辛酸，而思想的自由完全不為人所知，好像希臘未曾存在似的。文藝復興與希臘的再發現使局面完全改觀而趨於另一極端。殘酷悲慘的生活在義大利的城市不再是理所當然的事。人們開始享樂，開始用他們的心。他們要求思想，愛生命及人世之美的自由，但是這次輪到他們認為看不見的東西是不足道的，他們終於以道德和倫理的代價來換取他們獲得的東西。宗教改革（Reformation）維護道德與思想自由的權利，但否定美與享樂的權利。最後的變動發生於十九世紀末葉，當人們為科學的真理而戰時，由於科學的勝利，宗教、藝術及精神的地位全被輕視、拋棄。

希臘之後，這種平衡已經很難達到了，即便僅在一門學術上也不常達到平衡。歷代以來，平衡偶而在這門或那門上出現，但儘管如此，它仍然產生了偉大而且永遠良好的後果。當羅馬最賢明的立法者說實施一種絕對公正、不顧特殊差別而毫無例外的法律會造成絕對的不公正時，他等於宣稱羅馬在這件事上能看見特殊與普遍、個人與大眾、情與理之間的平衡。羅馬在這方面達到希臘在各方面都達到的平衡，羅馬因此成為世界的立法者。

我們今天致力以求，看得尚稱清楚的，唯一的平衡是差不多和羅馬完成的那個一樣。我們意識到的精神與理性之間的相對性是個人與團體之間的對壘。我們的大成就，將成為我們時代的主要代表成就，是科學，但現代科學與希臘的不同，它獨偏重理性，因此在那兒法則與例外、特殊與普遍之間的平衡僅是智性的；精神的不能進入。至於我們的藝術與文學，尚看不出什麼確定的東西。著重個性的傾向在莎士比亞與文藝復興的畫家之時代到達最高峰；其後並未產生與那時同樣偉大的作品，但個人一直成為我們一切藝術的焦點。

目前似乎可察覺出一種背離這種極端的個性化的趨向，但這個運動太新，我們無法知道它有什麼重要性，或會為將來帶來什麼希望。在我們之前越來越清楚可見的平衡，假如能成功的話，將是一個新的平衡，因為我們將主要的精力用於社會與經濟的新部門，而尤其重要的是，我們對個人的知識與觀點是世界上前此未有的。

一千九百年來，西方一直受著特殊與普遍相對立的教育。我們曾經在那宣稱連每個人的頭髮也可點數清楚的個人主義大師下受教。那種強烈的個人主義已經鑄造了我們的精神，它為我們帶來人類歷史上的新問題，在從前安逸且一致無異議的地方產生苦惱與激烈的爭論。使今日世界充滿了混亂與紛爭的，不是人類的貪婪，不是他們的野心，也不是他們的機器，甚至也不是因為古道掃地，而是我們以個人的權利來對抗大多數人的權利的這種新看法。

在古代，當個人與公共的利益衝突時，個人就完全沒有權利，他的生命可為任何眾人的幸福犧牲，他的血可以為豐收而灑在田野上，所以事情都很簡單。然後一個新的觀念，一個最使人煩惱不安的觀念──認為每個人都有權利──萌發了。人們開始問太古以來不成問題的問題：父親的、皇帝的和蓄奴者的權威。在從前簡單明白的地方，出現了困惑和分歧。個人已經露了頭角，沒有任何東西再會是簡單明白的；在公平與不公平之間不能再劃下清楚的界線。今天我們間歇地、朦朧地，但越來越持續清楚地看見個人──煤礦工人、死牢裡的囚犯──為最多數人最大的好處犧牲。到處有個人的要求與公共福利相衝突，使我們心煩慮亂。

緊接著在大眾中有個體的這個認識是一個對我們自己過度的體認。我們馱著過度體認的包袱。並不是我們能把每個人的對與錯看得太清楚，而是我們太過關心自己，以致在最後不能察覺僅對個人有意義的東西根本沒有意義。

希臘的科學家在他們一、兩世紀的生命中再造了宇宙。他們憑直覺躍向真理，他們看見一個由相關聯的部分組成的整體，而在他們銳利的眼光橫掃之下，那混亂的、魔術的舊世界瓦解了，代之而興的是一個有秩序的世界。他們僅能開始詳細地研究小處，但是，自他們之後，科學以不懈的努力證明了他們對整體的直覺是正確的。希臘的藝術家發現一個雜亂無章的人世，一個由無關聯、無秩序的單元組成的複雜團體，而他們也有部分屬於整體的一種直覺，他們看見了一個人所具有的永遠重要的東西，這東西把他與其他的一切結合在一起。

我們不能重新捕捉希臘的觀點，他們眼光的簡單直接都不是為我們而設的。時間之輪從不後轉，也幸虧是如此。自希臘以來經過許多世紀久積而成的個人觀念是永遠不會喪失的。但是現代科學由於對個別的事實有更廣泛的知識而歸納了許多希臘人辨不到的真理法則。假如我們能循著那個方法，藉我們對自己強烈的體認而與全人類結合成一體，跟古代偉大的悲劇詩人一樣，深深地看到在我們身上有任何重要性的東西即我們與大家共有的東西，那麼天平兩端就會有新的分配，而在偉大的希臘時代不偏不倚的平衡也可能是我們的。我們缺乏明確的方法和希望而想去努力追求的目標，是不能假其他途徑達到的：在一個絕沒有人不得已而犧牲的世界，一般人的便利（即人類的理性），與對每一個人的感情（即人類的精神與心境），應取得協調一致。

「我們要討伐的不是血與肉，」聖保羅寫道，「而是邦國與強權……」那使人心分了壁壘，使家族械鬥、兄弟鬩牆的勢不兩立的鬥爭，並不一直是為皇帝國王打的，為的是一邊的真理想要壓倒另一邊。然而我們今天的奮鬥又再度證明，我們內心有某種東西不肯讓我們在分裂的真理中安息。雖然自希臘迄今，西方之道總是使理性與精神對抗，從不了解全人類的兩面，我們仍不能把自己完全歸附於一面而把另一面忘掉。每一代勉為其難地設法把精神認識的真理與理性認識的真理協調，使內在的世界配合外在世界變動不居的框架。對每一代這件事都顯得不可能；不是圖畫就是畫架，總有一件得放棄，但是調整的奮鬥永不休止，因為我們的天性非教我們完成它不可。

東方能拋棄框架而停止奮鬥。我們西方人，理性的奴隸，不能。我們曾在幾段短暫的期間內以為我們能放棄圖畫，但是對每個人自己十分確知的事物之否定，總是偏頗不全且不能持久。我們現在致力追求調整中，但因為我們知道的遠比從前多，調整顯得——事實上也真的是——比從前困難。過去完成的調整因此十分值得我們借鑑。在它們之中，希臘的最為圓滿。希臘人既不捨棄外在的世界來偏愛內在的世界，也不否定精神而支持它的化身。對他們而言，框架和圖畫恰恰相合，可見的東西與不可見的東西像琴瑟一樣和諧。

一百年間，雅典是一座在人們心中，戰爭的各種偉大精神力量和平地匯流在一起的城市；法律與自由、真理與宗教、美與善、客觀與主觀——它們永恆的戰爭休止了，其結果是平衡與明晰、和諧與完整，這就是希臘這個詞所代表的東西。他們看見真理正反的兩面而不偏向任何一方，因而在一切希臘的藝術中沒有鬥爭的戾氣而有一種調解的力量，一種安詳肅穆的東西，這是我們的世界尚未再看到的。

聯經文庫
希臘之道

2018年7月初版
2018年8月初版第二刷

定價：新臺幣390元

著　　者　Edith Hamilton
譯　　者　林耀福
叢書編輯　張彤華
校　　對　施亞蒨
　　　　　蘇暉筠
內文排版　極翔排版公司
封面設計　謝佳穎
編輯主任　陳逸華

出版者　聯經出版事業股份有限公司
地址　新北市汐止區大同路一段369號1樓
編輯部地址　新北市汐止區大同路一段369號1樓
叢書主編電話　(02)86925588轉5306
台北聯經書房　台北市新生南路三段94號
電話　(02)23620308
台中分公司　台中市北區崇德路一段198號
暨門市電話　(04)22312023
郵政劃撥帳戶第0100559-3號
郵撥電話　(02)23620308
印刷者　文聯彩色製版印刷有限公司
總經銷　聯合發行股份有限公司
發行所　新北市新店區寶橋路235巷6弄6號2F
電話　(02)29178022

總編輯　胡金倫
總經理　陳芝宇
社長　羅國俊
發行人　林載爵

行政院新聞局出版事業登記證局版臺業字第0130號

本書如有缺頁，破損，倒裝請寄回台北聯經書房更換。　ISBN 978-957-08-5145-8 (平裝)
聯經網址 http://www.linkingbooks.com.tw
電子信箱 e-mail:linking@udngroup.com

國家圖書館出版品預行編目資料

希臘之道/Edith Hamilton著．林耀福譯．初版．新北市．
聯經．2018年7月（民107年）．400面．14.8×21公分
（聯經文庫）
譯自：The Greek W ay
ISBN 978-957-08-5145-8（平裝）
[2018年8月初版第二刷]

1.古希臘 2.古希臘文學 3.文化史

740.215 107010220